Der unbekannte Christus
im Hinduismus

Dialog der Religionen
Herausgegeben von Hans Waldenfels
in Verbindung mit Heinrich Dumoulin, Raimundo Panikkar,
Ary A. Roest Crollius und R. J. Zwi Werblowsky

Raimundo Panikkar

Der unbekannte Christus im Hinduismus

Matthias-Grünewald-Verlag · Mainz

Aus dem Englischen von Heike Riße
unter Mitarbeit von Bettina Bäumer und Hans Waldenfels

Die Zeichnung für den Umschlag stammt von Iyoti Sahi. Er schreibt dazu: »Die Skizze stellt die dreiköpfige Gottheit dar. Solch ein Bildnis ist in Indien sehr bekannt, aber ich habe es im Kontext mit Christus als ›Iswara‹, als ›Herr‹ verstanden. Auf beiden Seiten dieser zentralen Figur des Herrn sind die männlichen und weiblichen Aspekte, und zwar die Vaterschaft Gottes und der Geist als ›Sophia‹ oder Weisheit, der hier weiblich dargestellt ist.«

CIP-Kurztitelaufnahme der Deutschen Bibliothek

Panikkar, Raimundo:
Der unbekannte Christus im Hinduismus / Raimundo Panikkar.
[Aus d. Engl. von Heike Riße]. –
Mainz : Matthias-Grünewald-Verlag, 1986.
(Dialog der Religionen)
ISBN 3-7867-1217-4

Umschlag: Ulrike Bettermann
Satz: Georg Aug. Walter's Druckerei GmbH, 6228 Eltville
Druck und Verarbeitung: Echter, Würzburg
Fränkische Gesellschaftsdruckerei und Verlag GmbH.

madhye vāmanam āsīnam
viśve devā upāsate

Der Geist, dem alle Götter huldigen,
wohnt mitten unter uns.
KathU V,3

μέσος ὑμῶν στήκει ὅν ὑμεῖς οὐκ οἴδατε

Mitten unter euch steht der,
den ihr nicht kennt.
Joh 1,26

τῷ ἀγνωστῷ Χριστῷ

Dem unbekannten Christus

Abkürzungen hinduistischer Texte

AV	Atharva-Veda
BG	Bhagavad-Gītā
Bh	Bhāṣya
BS	Brahma-Sūtra
BSBh	Brahma-Sūtra Bhāṣya des Śaṅkara
BU	Bṛhadāranyaka Upanishad
CU	Chāndogya Upanishad
IsU	Īśa Upanishad
KathU	Kaṭha Upanishad
KausU	Kauṣītaki Upanishad
KenU	Kena Upanishad
MaitU	Maitrī Upanishad
MandU	Māṇḍūkya Upanishad
MundU	Muṇḍaka Upanishad
PrasnU	Praśna Upanishad
RV	Ṛg-Veda
SB	Śatapatha Brāhmaṇa
SU	Śvetāśvatara Upanishad
TB	Taittirīya Brāhmaṇa
TMB	Tāṇḍya Mahā Brāhmaṇa
TU	Taittirīya Upanishad
YS	Yoga-Sūtra des Patañjali

INHALT

VORWORT

vedāham samatītāni vartamānāni cārjuna,
bhaviṣyāṇi ca bhūtāni māṃ tu veda na kaścana.

Ich kenne, o Arjuna, die Wesen der Vergangenheit, der Gegenwart und der Zukunft, aber niemand kennt mich.
BG VII, 26

πότε δε σέ εἴδομεν ξένον καὶ συνηγάγομεν, ἢ γυμνὸν καὶ περιεβάλομεν;

Wann haben wir dich als Fremdling gesehen und haben dich beherbergt oder nackt und haben dich bekleidet?
Mt 25,38

Auf meinen Reisen durch die verschiedensten Länder der Erde hatte ich einen Wegbegleiter. Als Kind meiner Zeit und meines Milieus (Europa) glaubte ich zu wissen, wer dieser Gefährte meiner intellektuellen und spirituellen Pilgerschaften seit mehr als einem halben Jahrhundert war (Jesus Christus). In dem kritischen Augenblick, als ich auf dem Höhepunkt meines Lebens den Ort meiner Ahnen (Indien) erreichte, verschwand jedoch mein Begleiter. Ich hatte oft über Emmaus gepredigt, aber der Ort, den ich da erreicht hatte, war mein eigenes Dorf. Und anstatt mich auf den Rückweg zu der Stadt des Friedens (Jerusalem) zu machen, um dort nach meinem verlorenen Gefährten zu suchen und ihn vielleicht wiederzufinden, schritt ich voran, allein, auf ein vom Bruderkrieg verwüstetes Schlachtfeld (Zankereien zwischen den Religionen). Erschüttert und voller Schmerz, weigerte ich mich, für eine Seite Partei zu ergreifen. Der Dunkle (Krishna bzw. die Hindus) wollte mich als Streiter auf dem Feld der Gerechtigkeit (Dharmaleshetna) anwerben, der Weiße (Christus bzw. die Christen) wünschte, daß ich ein Priester sei im Dienste des meiner Meinung nach ungerechten Status quo. Beide (Christen und Hindus) waren meine Freunde und Verwandten, doch ich blieb ein Kriegsdienstverweigerer mit dem Ergebnis, daß beide mir mißtrauten. Hatte ein drittes großes Symbol (Buddha) in der Form des Mitleidens von mir Besitz ergriffen? Unter Lebensgefahr bot ich beiden Seiten meine Dienste an, ohne aber deren eigene Dialektik anzunehmen. Plötzlich fand ich mich in der Welt der Säkularität wieder. Da ging mir auf, daß alles heilig ist, auch das Weltliche. So finde ich mich nun am Zusammenfluß *(sangam)* von vier Strömen: der hinduistischen, der christlichen, der buddhistischen und der säkularen Tradition. Dieses Buch wird ein wenig von diesem abenteuerlichen Ereignis spüren lassen.

Warum aber wird in unserer Zeit des gesellschaftlichen und individuellen Wandels ein Buch, das vor einem Vierteljahrhundert geschrieben worden ist, überarbeitet und zum zweitenmal herausgegeben. Der Grund dafür ist ein persönliches Gewissensproblem. Das Wort »persönlich« steht hier nicht nur für meine eigene Individualität, sondern es bezieht sich auch auf mein Verhältnis zur Welt. Der beste Weg eine Tradition zu überwinden, besteht nicht darin, daß man aus der Tradition aussteigt (als wäre sie ein Ochsenkarren) oder die Mitgliedschaft aufgibt (wie es in einem Club üblich wäre), sondern darin, daß man diese *Tradition* lebt, d. h. sie weitergibt, fortsetzt, ihren Gipfel besteigt, von wo andere Bergspitzen sichtbar werden, oder in die Tiefen hinabsteigt, wo der Pulsschlag der Welt spürbar ist. Ich meine, daß ich vielen eine Erklärung schuldig bin über die Kontinuität meines Weges trotz der Wandlungen, die es in mir selbst und in unserer Welt gegeben hat. Ich kann mich sicherlich von einem bestimmten Typ des Christentums oder des Hinduismus nur dann befreien (und demzufolge auch von einem bestimmten Typ des Buddhismus und des Säkularismus), wenn ich ein besserer Christ und ein vollkommenerer Hindu werde. Wenn man ein Buch mit seinem Leben schreibt und es mit seinem Blut bezahlt, und wenn die intellektuelle Tätigkeit darin besteht, sein Leben zu leben und Erfahrungen zu erleiden, und nicht nur eine reine Sekretion des Gehirns ist, dann ist das, was ich geschrieben habe, ein Teil dessen, was ich war; doch das, was ich einmal war, kann ich nicht auslöschen. Es wäre sinnlos, es zurückzuweisen. Unsere schnellebige Zeit, die von erhöhter Geschwindigkeit und wachsender Ungeduld gekennzeichnet ist, neigt dazu, Brüche, gefährliche Reaktionen und schnelle Revolutionen hervorzurufen. Innerhalb des Christentums finden wir bereits extreme Haltungen, die in genau dieselben Fehler verfallen, nur umgekehrt zu denen, die sie zu korrigieren beabsichtigen: War Gott früher auf der rechten Seite, so ist er heute auf der äußersten Linken. War Christus früher ein göttliches Idol, ist er heute nur noch ein revolutionärer Jude. Ähnliche übertriebene Reaktionen finden wir im Hinduismus: Waren früher für die Mehrheit der Inder die Riten das Rückgrat des Hindu-Alltags, so werden sie heute völlig aufgegeben. Wo es einst religiöse Inflation gab, gibt es heute spirituelle Hungersnot. Mein Gewissensproblem ist dann das folgende: Viele Menschen in Ost und West haben unabhängig von ihrer Konfession einen ähnlichen Prozeß durchgemacht. Entweder lehnten sie die Religion (oder eine bestimmte Religion) überhaupt ab, oder sie wandten sich dem ›wissenschaftlichen‹ Studium der Religion zu. Die junge Generation des Ostens wie auch des Westens neigt offenbar zu Extremen, indem sie ihre eigenen Traditionen vollkommen ablehnt oder zu Anhängern spiritueller oder profaner Kulte und Sekten wird. Ich hoffe, daß diese überarbeitete Studie ein Beispiel darstellt für einen Wandel ohne totalen Bruch, und für eine Kontinuität, die mehr als eine bloße Fortsetzung ist. Die Herausforderung, meine persönliche Alternative als Antwort auf die Lage, in der sich

heute viele Menschen befinden, anzubieten, schien mir ein hinreichender moralischer Imperativ, um meine vielen anderen »Pflichten« und »Arbeiten« liegenzulassen und mich der Revision dieses Buches zuzuwenden.
Bei der Überarbeitung habe ich mich von drei Prinzipien leiten lassen. Das vorliegende Buch versucht:

1. das explizit auszudrücken, was in der ersten Auflage nur angedeutet wurde;
2. all das von der ersten Ausgabe zu behalten, von dem ich auch jetzt noch glaube, daß es gültig ist;
3. davon Abstand zu nehmen, den Text im Licht meiner gegenwärtigen Ansichten völlig umzuändern, da das bedeutet hätte, ein neues Buch zu schreiben.

Die Vorworte, die für verschiedene Übersetzungen in den Jahren zwischen 1957 und 1976 entstanden sind, wurden so umgearbeitet, daß sie den ersten Teil der Einleitung bilden. Ihr zweiter Teil geht auf einzelne Anmerkungen zurück, die sich in den letzten Jahren als Reaktionen auf mein Buch (eigene wie auch anderer Personen) eingestellt haben. Mein Wunsch ist es, daß ebenso, wie die erste Ausgabe in einer sehr schwierigen Zeit zu einem kritischen christlichen Selbstverständnis beigetragen hat, die überarbeitete Fassung einen neuen Schritt in Richtung auf ein tieferes Verständnis darstellt. Sie lädt den Leser zu einer kontemplativen Einsicht in das Geheimnis ein, von dem wir nur im Vokativ sprechen können und dessen Name ein Über-Name ist, eingeritzt auf einen weißen Stein, der eigentlich nur in der Höhle des Herzens – der Welt – bewahrt werden kann.
Ich schulde all denen Dank, die auf die eine oder andere Weise zu dieser Überarbeitung beigetragen haben, besonders Madelon Bode und Bettina Bäumer, die mir bei der Erstellung des neuen Manuskripts behilflich waren.

Santa Barbara, Ostern 1979

Raimundo Panikkar

EINLEITUNG

naiva vācā na manasā prāptum śakyo na cakṣuṣā
astīti bruvato' nyatra kathaṃ tadupalabhyate

Nicht mit der Rede,
nicht mit dem Verstand,
nicht mit dem Auge kann
Er erreicht werden.
Einzig von dem
der sagt: ER IST
kann Er erfaßt werden.
KathU VI, 12

ὅς ἐν ταῖς παρῳχημέναις γενεαῖς εἴασεν πάντα τὰ ἔθνη πορεύεσθαι ταῖς ὁδοῖς αὐτῶν. καίτοι οὐκ ἀμάρτυρον αὐτὸν ἀφῆκεν.

In den vergangenen Zeiten
ließ Er alle
Völker
ihre eigenen Wege
gehen und blieb
dennoch nicht unbezeugt.
Apg 14,16–17

1. Traditum: Die Last der Vergangenheit

»Gott, der oftmals und in mancherlei Gestalt seit alters zu den Vätern durch die Propheten gesprochen hatte, sprach am Ende dieser Tage zu uns durch seinen Sohn, den er zum Erben des Alls einsetzte und durch den er die Welt schuf.«[1] Wir dürfen daher annehmen, daß der Sohn nicht nur die Propheten Israels inspirierte, sondern auch die Weisen des Hinduismus und daß er bei allen Bemühungen der Menschheit gegenwärtig gewesen ist, da wir wissen, »daß er durch sein machtvolles Wort alles erhält«[2] und die Welt niemals im Stich gelassen hat. Wir glauben, daß dieses Wort in jener Religion wirkt, die seit Jahrtausenden viele Millionen von Menschen führt und begeistert. *Vāc*, das Wort, ist der Erstgeborene der Wahrheit[3] und war mit dem Absoluten von Anfang an.[4]

1 Hebr 1,1–2.
2 Ebd. 1,3.
3 Vgl. TB II, 8,8,5; RV I, 164, 37.
4 Vgl. TMB XX, 14,2; Das (am Anfang) war allein der Herr des Universums. Das Wort bei ihm, es war sein Helfer. Er dachte nach und sagte: »Ich will das Wort aussprechen, auf daß die Welt geschaffen und mit Leben erfüllt wird.« Vgl. ebenfalls BU I, 2,4–5; I, 3,21.

Die vorliegende Studie erhebt nicht den Anspruch, dieses Geheimnis zu enthüllen oder die Sprache zu diktieren, die der gläubige Christ anwenden soll, denn nur der Heilige Geist gibt seinen lebendigen Zeugen die Worte ein, und er hat dafür gesorgt, daß geschrieben steht, daß wir nicht vorausdenken sollen, was und wie wir etwas sagen.[5] In dieser Untersuchung beabsichtige ich einige Gedanken über drei besondere Aspekte meines Themas zu entwickeln.

Das erste Kapitel beschreibt die Begegnung von Hinduismus und Christentum auf der ontologischen und existentiellen Ebene, um zu zeigen, daß es im Hinduismus eine lebendige Gegenwart des Geheimnisses gibt, das die Christen ›Christus‹ nennen. Nun bedeutet Gegenwart nicht notwendig eine historische Gegenwart. Christen sollten keine Schwierigkeit haben, dem zuzustimmen, denn sie erkennen die gleiche Wahrheit in einem so zentralen Punkt wie der Eucharistie, die die reale Gegenwart Christi feiert, ohne sie mit der historischen Realität gleichzusetzen. Um es direkt zu sagen: Christen nehmen nicht die Proteine ›Jesu‹ zu sich, wenn sie die Eucharistie empfangen. Die westliche Welt ist im großen und ganzen von einem übertriebenen Historizismus beeinflußt, als ob Historizität der einzige Faktor der Realität sei.

Christen sind im allgemeinen gut mit dem Gedanken vertraut, daß Christus am Ende der Zeit kommen wird und daß alle Religionen auf ihn hinweisen, der die Erwartung der Völker ist.[6] Dieser Gedanke sollte aber nicht die ergänzende und in gewisser Hinsicht vorausliegende Wahrheit überschatten, die besagt, daß Christus nicht nur das Ende, sondern auch der Anfang ist. Er könnte nicht das Omega aller Dinge sein, wenn er nicht auch das Alpha wäre.[7] Christus ist vom christlichen Standpunkt aus nicht nur das ontologische Ziel des Hinduismus, sondern auch dessen wahre Inspiration, und seine Gnade ist die führende, wenn auch verborgene Kraft, die den Hinduismus zu seiner vollen Blüte bringt.[8] Er ist das Prinzip, das zu den Menschen sprach, und er war bereits vor Abraham am Werk.[9] Er war in dem Stein gegenwärtig, auf den Moses ungläubig schlug,[10] und er wirkte in Moses, als er ihn erwählte, das Leben mit seinem Volk[11] zu teilen. Er mag mit vielen Namen

5 Vgl. Mt 10,19–20.

6 Vgl. Gen 49,10; Jes 2,2; 11,10; 42,4; 49,6; 55,5; 60,3–5; Lk 2,30–32; Mt 12,21; Röm 15,12; etc. Es ist allgemein bekannt, daß entsprechende Prophezeiungen in nahezu allen Weltreligionen zu finden sind: eine Prophezeiung über einen, der kommt, über die Mitte und über das Symbol.

7 Vgl. Offb 1,8; 21,6; etc.

8 Vgl. Joh 1,1; 1,9–10; etc.

9 Vgl. Vulgata Joh 8,25, obgleich sie nicht mit der griechischen Übersetzung übereinstimmt; vgl. auch Joh 8,58.

10 Vgl. 1 Kor 10,4; Ex 17,6; Ps 18,2; etc.

11 Vgl. Hebr 11,24–26.

angerufen worden sein, aber seine Gegenwart und sein Wirken waren immer da. Die Begegnung ist nicht ideologischer Art, sondern vollzieht sich in der letzten Tiefe der Realität, die die christliche Tradition Mysterium nennt.

Das zweite Kapitel behandelt ergänzend die Frage der Berührungspunkte von hinduistischer und christlicher Lehre. Das bedeutet nicht, daß wir zwei Lehren miteinander vergleichen, sondern daß wir untersuchen wollen, wie der Christ sich verhalten sollte gegenüber einem Hinduismus, der als eine voll entwickelte, legitime und gültige Religion verstanden wird. Nun versteht sich das Christentum als katholisch, d. h. als vollkommener und universaler Glaube. In der Tat betrachtet sich ein Christentum, das von innen heraus gelebt wird, nicht als *eine* Religion unter anderen oder als prima inter pares. Das Christentum ist überzeugt, daß es dem Menschen die Botschaft einer vollkommenen Erlösung bringt, und sieht sich somit selbst als Fülle aller Religion und als Vervollkommnung jeder Religion.

Das Verhältnis der wirklichen Christen zu anderen Religionen ist nicht das des einfachen Nebeneinanders oder der totalen Ablehnung oder der absoluten Unterwerfung. Es ist ein Verhältnis sui generis, das ich in dem betreffenden Kapitel über den Hinduismus zu beschreiben versuche. Ich hoffe, diese Überlegungen werden nicht nur Licht auf den Gegenstand der Untersuchung werfen, sondern auch auf die Frage nach dem »Heil« der »Nicht-Christen« und der missionarischen Annäherung an »nicht-christliche« Religionen. Ich werde es jedoch in den meisten Fällen dem Leser überlassen, einen Schluß zu ziehen. Ein entsprechendes Verhältnis in umgekehrter Richtung, d. h. vom Hinduismus zum Christentum, drängt sich ebenfalls auf, doch da eine weitere Entwicklung dieses Gedankens außerhalb des Rahmens der Studie liegt, muß die bloße Andeutung genügen. Es sollte jedoch von Anfang an klar sein, daß die christliche Haltung nicht nur der entsprechenden hinduistischen Haltung nicht widerspricht, sondern diese auf homöomorphe Weise[12] hervorruft; denn genauso wie ich, wenn ich den anderen wirklich liebe, ihm erlauben muß, auch mich zu lieben, so gilt auch hier: Wenn ich jemandem das Beste mitteilen will, was ich habe, ihn gar bekehren will, so werde ich dem anderen erlauben müssen, mir sein Bestes mitzuteilen, selbst bis zu dem Punkt, daß er mich bekehrt.

Die Unterschiede zwischen den beiden Religionen ergänzen sich häufig. Um es kurz zu sagen, wenn der Hinduismus sich als *Religion der Wahrheit* ansieht, so betrachtet sich das Christentum als die *Wahrheit der Religion*. Der Hinduismus ist bereit, jede authentische religiöse Wahrheit in sich aufzunehmen, das Christentum ist bereit, jeden authentischen religiösen Wert anzunehmen. Die eigentlich christliche Haltung besteht darin, die

[12] Topologisch verstehen wir unter »homöomorph« die entsprechende (analoge) Funktion (eine funktionale Entsprechung) in einem anderen Kontext, in diesem Fall dem Hinduismus. Vgl. *R. Panikkar,* The Intrareligious Dialogue, XXII.

»Wahrheit« des Hinduismus herauszuholen, ohne seine Identität zu zerstören. Dem Christentum bietet der Hinduismus seinerseits die authentische hinduistische Gabe einer neuen Erfahrung und Interpretation – in der Tat eine neue Dimension des Mysteriums. Die ›Katholizität‹ des Hinduismus ruft die wahre ›Katholizität‹ des Christentums hervor, während die Wahrheit des Christentums wiederum die Wahrheit des Hinduismus hervorruft. Der Übergang von einer engen Katholizität und zur Anerkennung der Tatsache, daß die Wahrheit weder begrenzt noch monopolisiert werden kann, ist das Pascha-Ereignis jeder Religion. Ein wachsendes Christentum ist dasjenige, das zu größerer Fülle strebt. Das ist das Geheimnis des Kreuzes. Diese Überlegungen sollen nicht mißverstanden werden. Das Christentum kann in zweifacher Weise erfahren werden: zum einen als eine Religion (in dem Fall kann sie nicht für sich beanspruchen, von anderen Religionen wesentlich verschieden zu sein), zum anderen als ein greifbarer, historischer und damit konkreter und dynamischer Ausdruck des letzten Mysteriums, das sich in einem Glauben offenbart, der christlich genannt wird. Das will sagen: Das Christentum darf als die konkrete Verkörperung des (christlichen) Glaubens angesehen werden. Das gleiche würde, mutatis mutandis, für den Hinduismus gelten: Er mag entweder als eine Religion unter anderen Religionen stehen oder als ein erfahrbarer, konkreter und dynamischer Ausdruck des letzten Mysteriums, wodurch man die allumfassende Transzendenz erreichen kann. Das bedeutet: Der Hinduismus, darf als eine konkrete Verkörperung des (Hindu-)Glaubens betrachtet werden. Es sollte von Anfang an klar sein: Wenn wir über hinduistischen und christlichen Glauben sprechen, beziehen wir uns nicht auf die Rivalität zwischen zwei Religionen, sondern auf das Verhältnis zwischen dem tiefsten Glauben der Anhänger der vedischen Tradition und dem Glauben, den die Christen nicht anders als ›christlich‹ nennen können. Aus diesem Grunde ist der Titel des zweiten Kapitels, Hinduismus und Christentum, nicht abgeändert trotz der Doppeldeutigkeit des Ausdrucks. Wir sollten ebenso bedenken, daß das Adjektiv ›christlich‹ in diesem Buch nicht ein Monopol von Vorrechten bezeichnet, die den Anhängern des Christentums reserviert bleiben, sondern daß es auf all das hinweist, worin der Reichtum jener Wirklichkeit zum Ausdruck kommt, für die die Christen keinen anderen Namen haben als Christus.

Und mit Recht so. Die große Gefahr einer Studie über die Begegnung der Religionen liegt heute darin, daß entweder alle Differenzen um des Einvernehmens willen eliminiert werden oder die Verständigung auf einer so minimalistischen Grundlage geführt wird, daß sie sich im nachhinein als unbrauchbar erweist, irgendein religiöses Leben aufrechtzuerhalten. Beide Methoden schließen eine wahrhaft religiöse Begegnung aus. Es gibt sicherlich verschiedene Symbole und unterschiedliche Namen. Wir haben verschiedene Möglichkeiten, die zwischen zwei Extremen schwanken: a) Meine Symbole sind die besten, sie sind einzigartig, somit sind deine unangemessen oder gar falsch. b) Alle Gruppen von Symbolen und Namen sind nicht miteinander vergleichbar, auch wenn sie für die einzelne Gruppe, die sich dazu bekennt, ausreichen. Die erstgenannte Haltung führt leicht zum Fanatismus, die letztere zu agnostischem Relativismus. Die ganze Hypothese dieses Buches ist es, die Macht des Symbols so zu erweitern und zu vertiefen, daß jedes Symbol – auch wenn es in erster Linie und unmittelbar in der Umgebung, in der es entstanden ist, von Bedeutung ist – Erfahrungen und Realitäten erschließt, die im aktuellen Symbol nicht beabsichtigt sind. Ich behaupte, daß in unserer heutigen Zeit ein Christus-Symbol, das nur für die Christen Gültigkeit hat, aufhört, ein lebendiges Symbol zu sein, selbst für die Christen oder zumindest für all diejenigen, für die die christliche Zugehörigkeit nicht bloß eine sektenhafte Religiosität bedeutet.

Das gleiche sollte für die hinduistischen Symbole gelten. Die Absicht, den Hinduismus innerhalb der ethnischen, geographischen und kulturellen Grenzen einer alten und unveränderlichen Tradition zu belassen, würde dem Selbstverständnis des *sanātana dharma* nicht gerecht werden. Die Gültigkeit des *sanātana dharma* ist nicht von einer strengen und unwandelbaren gesellschaftlichen und lehrhaften Struktur abhängig, sondern wird aus dem immer gültigen Anspruch, der wahre *dharma* zu sein, abgeleitet. Obgleich der Hinduismus in der Lehre flexibler ist als das Christentum, leistet er soziologisch oder kulturell Veränderungen stärker Widerstand.

Um es noch allgemeiner zu sagen: Von Christus zu reden, scheint einigen sektiererisch wegen der Mißbräuche und der Mißverständnisse, die mit dem Namen verbunden sind. Viele hätten keinen Einwand, wenn ich die gleichen Aussagen über Gott machen würde. Andere wiederum würden es vorziehen, vom allgegenwärtigen Geist zu sprechen, der uns ohne Unterschied vereint. Hierin liegt das Problem. Ich werde dabei an die Reaktion eines afrikanischen Stammes erinnert, der des Polytheismus beschuldigt wurde. Sie erwiderten, daß der eine und einzige Gott, höchster Schöpfer des Universums, durch den wir alle sind, keine Schwierigkeiten bereitet und nichts braucht, während die verschiedenen Götter der einzelnen Sphären Aufmerksamkeit, Beschwichtigung und Verehrung fordern würden. Gerade weil es ein eigentümliches Band zwischen Gott und den Göttern gibt, gibt es auch eine subtile Relation zwischen dem konkreten Namen (ob es nun »Krishna« oder »Gerechtigkeit« oder »Frau« ist), mit dem wir das kosmotheandrische Geheimnis ausdrücken, und der namenlosen, völlig transzendenten Realität selbst. Der Gebrauch verschiedener Namen ist jedoch nicht von ungefähr. Wir möchten behaupten, daß wir alle das gleiche »meinen«, wenngleich von verschiedenen Standorten aus und mit unterschiedlichen Auffassungen; aber das ist nicht überzeugend. Zum einen, weil das Verhältnis zwischen Name und Benanntem in diesem Zusammenhang tiefer ist als das Verhältnis eines materiellen Gegenstandes zu dessen nominalistischer Etikettierung. Zum anderen, und das ist wichtiger, ist die Sphäre der Religion nicht der Bereich

reiner Intention und hoher Ideen, sondern der Bereich der Freude und des Leidens des täglichen Lebens, großer Entscheidungen ebenso wie der gewöhnlichen Routine im konkreten Austausch von Menschen, Erde und Mächten. Wenn wir von der Begegnung der Religionen sprechen, können wir nicht in elfenbeinernen Türmen und versteckten Höhlen bleiben: Der eigentliche Platz für eine Begegnung ist der Bazar, der Marktplatz, die Stadt (wo die Bürger), und das Land (wo die Heiden, pagani, leben).
Der dritte Teil des Buches handelt von einem konkreten Beispiel, nämlich der Auseinandersetzung zwischen einem vedantischen Lehrsatz und einem christlichen Dogma. Das Kapitel versucht an einem einzigen Beispiel aufzuzeigen, was man in vielen anderen Fällen genauso erläutern könnte: das Vorhandensein einer religiösen Wahrheit in mehr als einer Religion, und wie die Entdeckung dieser Wahrheit der gegenseitigen Erleuchtung der Angehörigen der jeweiligen Religionen dient. Wenn nun eine religiöse Wahrheit von beiden Seiten anerkannt ist und somit zu beiden Traditionen gehört, so bezeichnet doch jede einzelne Tradition diese Wahrheit mit dem ihr eigenen Vokabular. Wenn Christen im Glauben an die Wahrheit der eigenen Religion außerhalb ihrer Religion Wahrheit erkennen, werden sie dazu neigen zu sagen, daß sie da eine »christliche« Wahrheit entdeckt haben. In diesem Sinne wird der dritte Teil dieser Untersuchung eine christliche Wahrheit in der Tradition des Hinduismus aufdecken. Ebenso wird ein Hindu, wenn er einen positiven Wert außerhalb seiner Religion sieht, entweder versuchen, diesen ohne Rücksicht auf seine Herkunft zu übernehmen, oder er wird sagen, daß dieser Wert schon in seiner eigenen Tradition – wenn auch schlummernd – vorhanden ist.

Die Sprache dieser Studie ist vor ihrem *Hintergrund* und im Hinblick auf das *Ziel* zu verstehen: Der Hintergrund setzt sich zum einen aus dem weiten Horizont der Weltreligionen zusammen, insbesondere der reichen Welt des Hinduismus, und zum anderen aus der gegenwärtigen Problematik allgemeiner Fragen der Religionsphilosophie und Theologie.
Das Ziel dieser Studie ist es nicht, eine Übereinstimmung auf Kosten fundamentaler christlicher oder hinduistischer Prinzipien zu erreichen. Im Gegenteil, es ist ein Versuch, zu einer echten Verständigung zu gelangen, ohne irgendeine spezielle christliche oder hinduistische Wahrheit aufzugeben. Diese Perspektive versucht nicht die christliche Position unnötigerweise zu erschweren oder zu komplizieren oder den Hinduweg als zu exotisch oder sektiererisch darzustellen. Die Wahrheiten, die die christliche Lehre auf der einen Seite und die hinduistische auf der anderen Seite als allgemeingültig betrachten, wurden oft als partikulare und beschränkte, wenn nicht gar als fanatische Standpunkte interpretiert. Tatsächlich sind sie Formulierungen einer universalen Wahrheit, die jedoch notwendigerweise von kulturellen Faktoren begrenzt sind.

Die Perspektive des Buches ist eindeutig die der Erweiterung und Vertiefung des christlichen Verständnisses des Geheimnisses Christi. Doch eine andere Untersuchung, um die der Autor schon häufig gebeten wurde, soll hier nicht vorgenommen werden: ein Buch über Christus, das Hindus ansprechen wird.[13] Ich frage mich, ob solch ein Buch überhaupt verfaßt werden sollte, da es bereits existiert: die *Śruti*, die Hindu-Offenbarung. Manchmal fühlt sich der Autor geneigt, als Einleitung für solch eine Studie ein Buch mit dem Titel *Der unbekannte Christus im Christentum* zu schreiben. Er kommt immer mehr zu der Überzeugung, daß Gott nicht nur ein »verborgener Gott« ist,[14] sondern daß die Verborgenheit, in der Christus dreißig Jahre lang lebte, sich zweitausend Jahre fortgesetzt hat.[15] Das Reich Gottes leidet Gewalt[16], gerade weil es unter uns ist[17], und unser eigenes Dasein ist somit ohne unser Wissen die Stätte unseres täglichen Kampfes.

Ich möchte hier die Worte eines christlichen Heiligen anführen:

»Wie das physische Auge geschriebene Buchstaben betrachtet und Wissen von ihnen erhält..., so schaut der Verstand, wenn er geläutert wird, ...auf Gott und empfängt göttliches Wissen von IHM. Anstelle eines Buches hat er den Geist, anstelle einer Feder hat er Gedanken und Zunge: ›Meine Zunge ist die Feder‹ heißt es im Psalm (45,1); anstelle von Tinte hat er Licht. Taucht er Gedanken ins Licht..., zeichnet der Verstand, vom Geist geleitet, Worte in die reinen Herzen der Hörenden. Dann versteht er die Worte: ›Und sie werden alle von Gott belehrt werden‹ (Joh 6,45).«[18]

Ich brauche kaum hinzuzufügen, daß wir Christus niemals vollkommen erkennen werden, da das bedeuten würde, den Vater[19], den niemand sehen kann[20], gesehen zu haben. Es war sogar gut, daß Christus fortging[21], andernfalls hätten die Menschen ihn zum König[22] oder zu einem Gott[23] gemacht. Was aber den Grund angeht, warum ich dennoch darauf bestehe, von Christus zu sprechen, so brauche ich nur einen christlichen Mystiker zu zitieren, der zu einer Zeit lebte, in der seine Worte fremder geklungen haben mögen als heute: »Ein wahrer Christ, der durch den Geist Christi wiederge-

[13] *Th. Ohm*, Geben Sie uns ein Christusbuch: Der christliche Sonntag 39 (1961) 306.

[14] Vgl. Jes 45,15; KthU II,12; MundU II, 2,1; SU III, 7; II,11; VI, 11; etc.

[15] Vgl. Joh 7,3–5; Kol 3,3; etc.

[16] Vgl. Mt 11,12; BG II, 37–38.

[17] Vgl. Lk 17,21; SU VI, 11–12; CU III, 13,7; VIII, 3,2–3; etc.

[18] *Gregorios Sinaïtes*, Texts on Commandments and Dogmas 23 in Writings from the Philokalia on Prayer of the Heart; *E. Kadloubovsky/G. E. H. Palmer* (Übers.). London 1951, 42.

[19] Vgl. Joh 14,9.

[20] Vgl. Joh 1,18.

[21] Vgl. Joh 16,7.

[22] Vgl. Joh 6,15.

[23] Vgl. Mk 10,18; LK 18,19; Mt 19,17.

boren wurde, befindet sich in der Einfalt Christi und hat mit niemandem Hader oder Streit über Religion.[24]
Da Einleitungen im allgemeinen nachträglich geschrieben werden, mögen folgende Überlegungen, die für die italienische Übersetzung geschrieben wurden, hier noch geeignet sein.
Die biblische Mahnung, neuen Wein nicht in alte Schläuche zu füllen, ist mehr als eine einfache Mahnung zur Klugheit.[25] Sie bedeutet zumindest für mich, daß das Leben in seiner ständigen Neuheit nicht in alte Systeme gezwängt und Wandlung nicht mit überholten Maßstäben gemessen werden kann. Sie bedeutet ebenfalls, daß Inhalt und Form eine Einheit bilden, so daß jeder Inhalt, der nicht sozusagen seine eigene Form hervorbringen kann, eine Art existenzielle Lüge wäre, sowie jede Form, die etwas anderes als ihren eigenen Inhalt ausdrückt, zur bloßen Heuchelei wird. Wahrheit, so pflegte Augustinus zu sagen, ist »sine ulla dissimilitudine«, ohne jede Unähnlichkeit.
Dennoch wird es, wenn die Menschen den Wunsch nach einem neuen (einem besseren) Wein haben, das heißt, wenn das Leben Wandel und Bewegung ist, Spannung und Polarität geben zwischen Inhalt und Behälter, Symbol und Darzustellendem, *nāma-rūpa* und *avyakta*. Ein lebendiger Inhalt wird unter Umständen die ihm eigene Form durchbrechen müssen, obwohl er von seiner Form abhängig ist, um sich auszudrücken. Ebenso wird eine Form, obwohl sie mit einem bestimmten Inhalt verbunden ist, soll sie lebendig bleiben, ihrem Inhalt früher oder später nicht mehr genügen können. Doch was ein circulus vitiosus zu sein scheint, ist in der Tat ein lebendiger Kreis. Wie der Brief an Diognet sagt, enthält nicht so sehr der Körper die Seele als vielmehr die Seele den Körper.[26]
Haben wir nicht allzu oft beobachtet, wie der Geist unterdrückt wird, wenn er eingekapselt ist, wie ein Ideal beschränkt wird, wenn man es in logischen Begriffen formuliert, und wie die Botschaft eines Propheten verwässert wird, wenn seine Vision aufgeschrieben wird oder sein Ruf nach Reformen in Organisationen übergeht (so wichtig diese Dinge zu ihrer Zeit auch sein mögen)? Sind nicht auch Bücher eine Form von Institution? Doch kann man ohne sie auskommen?
Als ich vor etwa 25 Jahren begann, die Gedanken dieses Buches niederzuschreiben, hatte ich sie bereits auf verschiedene Weise durchlebt, was ich hier nicht weiter auszuführen brauche, wenngleich ich mich mit Dank daran erinnere. Als ich jedoch damit begann, meine Einsichten zu formulieren – wozu ich mich nahezu gezwungen sah –, mußten meine Überlegungen in »alte Schläuche« gefüllt werden, aus dem einfachen Grund, da weder für

[24] *J. Böhme*, Dialogue on the Supersensual Life, W. Law (Übers.), *B. Holland* (Hrsg.). New York, o. J., 1.
[25] Vgl. Mt 9,17.
[26] ›Inclusa quidem est anima corpore, sed ipsa continet corpus...‹ VI.

mich noch für den Leser andere »Gefäße« zur Verfügung standen. Kein Wunder, daß die alten Schläuche barsten und den neuen Wein verschütteten. Ich habe mich von Anfang an darum bemüht, neuen Most zu gewinnen und neue Schläuche zu besorgen, aber der menschliche Weinberg und die irdenen Gefäße bleiben mehr oder weniger die gleichen. Das Verfahren mag abgeändert und die Ergebnisse noch genauer, noch geeigneter für unsere Zeit sein, aber die Trauben reifen stets unter derselben Sonne.

Selbst jetzt kann ich keine neuen Schläuche zur Verfügung stellen, in die der Leser gegebenenfalls neuen Wein füllen könnte. Die neuen Schläuche werden in derselben Schnelligkeit hergestellt, in der der Most zu neuem Wein gärt. Das waghalsige Unternehmen, neue Formen menschlichen Bewußtseins zu entdecken, vielleicht sogar zu schaffen – und entsprechend neue Formen der Religiosität –, erfordert eine enge Zusammenarbeit. Die anhaltende Nachfrage nach diesem Buch beweist, daß sich viele schon auf dieses Unternehmen eingelassen haben.

Das einzige, was ich hier tun kann, ist auf einige Merkmale, die die Inhalte und die Behälter betreffen, hinzuweisen. In Fortführung der Metapher möchte ich, was die Schläuche betrifft, den Ursprung des Leders (meine ursprüngliche Leserschaft) berücksichtigen und die Gerbmethode (das Modell der Intelligibilität, das heute in Bezug auf solche Probleme auftaucht). Soweit es den Inhalt des Buches angeht, möchte ich zwei Weinsorten dieser neuen Ernte betrachten: die Bedeutung der Katholizität und die Bedeutung der Identität.

Ich möchte jetzt kurz folgende vier Punkte erläutern. Die beiden ersten betreffen die Struktur, die beiden folgenden Punkte den Inhalt.

Der erste Punkt a) ist ein soziologischer, da er sowohl die kulturelle Umgebung der Menschen betrifft, für die ich schreibe, als auch bis zu einem gewissen Grad meine eigene Situation. Der zweite Punkt b) ist erkenntnistheoretischer Art und betrifft die Theorie, die dem Verstehen zugrundeliegt. Der dritte Punkt c) ist theologischer Art und behandelt das Problem der Universalität einer Religion. Der vierte Punkt d) ist philosophischer Art und befaßt sich mit dem Problem der eigenen Identität.

a) Der *soziologische* Standpunkt ist folgender: Obgleich ich beiden, Christen und Hindus, zu einem besseren und tieferen gegenseitigen Verständnis verhelfen will, erlaube ich mir, vor allem zu Christen und in der christlichen Terminologie zu sprechen. Ich wollte in der Tat den Christen zeigen, daß die Ideen in diesem Buch die christliche Botschaft nicht abschwächen oder sich der »Torheit des Kreuzes« entziehen oder das christliche »Ärgernis« aufheben. Letzteres als einen Vorwand für das Verurteilen anderer zu gebrauchen oder hartnäckig an der eigenen Meinung festzuhalten, macht eigentlich nicht das christliche Ärgernis[27] aus, sondern, um weiter mit Paulus zu sprechen, es

[27] Vgl. 1 Kor 1,18–23.

ist die Weisheit des Fleisches.[28] Im Gegenteil, ich meine, daß der Anspruch auf eine umfassende Erkenntnis des Geheimnisses Christi das Kreuz seiner Kraft berauben kann. Ich war immer der Meinung, daß die alten Schläuche aus den christlichen Kellern entfernt werden sollten, so daß es den Christen möglich wäre, ihre eigene Identität ohne jede Entfremdung zu wahren und sich gleichzeitig ohne Mißverständnis für das Verständnis und die Einsichten anderer zu öffnen, anstatt diese, wie es nicht selten geschieht, in der intoleranten Pose der Überlegenheit zu beleidigen. Mit einem Wort, ich versuchte zu zeigen, daß es einen Weg gibt, die Botschaft Christi voll anzunehmen, ohne sie zu verfälschen, und zugleich offen zu bleiben für andere, bereit sie anzunehmen, ohne sie von oben herab zu behandeln oder gar einzuverleiben.

Ich wollte vor allem sagen, daß die Wahrheit, die wir ehrlich als universalen Wert verteidigen können, eine existentielle Wahrheit ist, eine Wahrheit, die uns wirklich befreit, und nicht bloß eine Doktrin.[29] Demgemäß bin ich der Überzeugung, daß die wahre Bedeutung von Orthodoxie nicht in einer objektivierten Interpretation der »rechten doxa« besteht, das käme der Bedeutung einer Lehrmeinung gleich, sondern in einer authentischen Herrlichkeit und einer bedachten Meinung (beides sind Bedeutungen des Wortes doxa). In gewissem Sinne bedeutet Orthodoxie eher *Orthopraxis* als korrekte Lehrsätze, so wahr diese in ihrem eigenen Bereich auch sein mögen.

Dennoch hat diese christliche Perspektive manchmal – besonders für die Hindus – den Anschein erweckt, daß ich zu christlich sei und damit im Grunde unfair gegenüber dem Hinduismus, trotz aller Offenheit und Sympathie. Man hatte den Eindruck, daß ich das angeborene Gefühl christlicher Überheblichkeit noch nicht abgelegt habe und daß die »gefährlichen« Christen heutzutage nicht die Missionare der alten Schule seien, sondern diejenigen, die subtiler seien wie ich – und den Lebenssaft des Hinduismus aufsaugen, um seine Lebenskraft zu neutralisieren.

Nun genügt es sicher nicht, wenn ich behaupte, daß dies nicht meine Absicht gewesen ist, da es nur den Verdacht erhärten würde, daß der Standpunkt der Überheblichkeit so im christlichen Denken verwurzelt ist, daß er auch in einem so offenen und sympathischen Ansatz wie dem meinen nicht überwunden werden kann. Ich will nicht leugnen, daß sich meine Überzeugungen entwickelt und meine Ansichten vertieft haben seit dem Beginn meiner Arbeit, aber ich muß es deutlich sagen: Von Anfang an bestand ich darauf, daß das Verhältnis der beiden religiösen Traditionen, Christentum und Hinduismus, nicht von Assimilation oder Antagonismus oder Substitution bestimmt ist (letzteres unter der falschen Bezeichnung von Bekehrung),

[28] Vgl. 2 Kor 1,12.17. etc.

[29] Vgl. meinen Aufsatz: Die existenzielle Phänomenologie der Wahrheit: Philosophisches Jahrbuch der Görresgesellschaft 64 (1956) 27–54.

sondern durch *gegenseitige Befruchtung*. Was ich jedoch bekennen muß, ist, daß ich zeitweilig eine ambivalente, manchmal sogar undeutliche Sprache verwendet habe, so z. B. im Vorwort der ersten Auflage, wo ich schreibe, daß *›das‹* »Buch« (welches Hindus begrüßen würden) bereits existiert, ohne dabei klarzustellen, daß ich nicht auf die Bibel Bezug nahm, sondern vor allem auf die *śruti*, den Veda und die anderen Hindu-Offenbarungen.
Nach diesem offenen Bekenntnis kann ich nur hinzufügen, daß ich praktisch in allen meinen Veröffentlichungen, außer in den wissenschaftlichen Schriften, vielfach Gebrauch von der Multivalenz der Sprache gemacht habe. Die Wirklichkeit hat in der Tat viele Schichten und kann infolgedessen auf verschiedenen Bedeutungsebenen ausgeschmückt werden. Wenn Worte nicht nur algebraische Zeichen sind (die ich Begriffe nenne), so haben sie reine konstitutive Vielschichtigkeit, die nicht nur von den verschiedenen möglichen Zusammenhängen abhängig ist, sondern insbesondere von der Eigenart der Wirklichkeit, die sie ausdrücken.
Meine »Weinschläuche« waren sicher aus christlichem Leder gemacht. Sollte ich nun ein anderes Buch für Hindus schreiben? Habe ich zuviel von ihnen erwartet oder mich zu sehr auf ihre Toleranz berufen, da ich vergaß, den Hindustandpunkt adäquat darzustellen? Ich werde jetzt sicherlich nicht das Buch so umschreiben, daß die ursprüngliche Absicht verloren geht und dies aus folgenden zwei Gründen: Erstens bin ich gerade dabei, ein neues Buch zu schreiben, und zum anderen wäre das nicht relevant, da es meiner Meinung nach heute nicht so sehr das Anliegen des Hinduismus ist, seine Orthodoxie zu verteidigen, als vielmehr dem gegenwärtigen *kalpa* oder Äon zu begegnen, ohne daß das menschliche *karma* Schaden nehme. Ich möchte sagen, daß die Tatsache der Existenz anderer Religionen nie ein Problem für Hindus gewesen ist. Der Hinduismus mag sich für überlegen halten, aber er ist nicht exklusiv.
b) Der *erkenntnis-theoretische* Standpunkt besagt, daß der Gerbungsprozeß der Weinschläuche nach einer fundamental westlichen Methode vollzogen wurde. Das Prinzip des Widerspruchs dient als Gerbsäure, und es war meine Absicht zu zeigen, daß nichts von der Realität, der Lebenskraft und der Wahrheit Christi verloren ginge, wenn er nicht das Monopol der Christen wäre. Das Reich Gottes kommt nicht, wenn und wo wir danach suchen. In der Tat, die »non venit regnum Dei cum observatione«, d. h., weder ist das Reich Gottes mit den Augen sichtbar, noch ist Christus selbst überall erkennbar.[30] Wie ich an anderer Stelle ausgeführt habe, ist es typisch für das westliche Christentum, Identität auf dem Wege der Differenzierung zu erreichen, was seine eigenen Probleme mit sich bringt.[31] Andererseits entstehen für den Hinduismus kaum Probleme. Für den Hindu ist es

[30] Vgl. Lk 24,13–16ff; Joh 20,14.
[31] Vgl. z. B. Kultmysterium in Hinduismus und Christentum, 127ff.

akzeptabel, ein »anonymer Christ«[32] zu sein, vorausgesetzt man gibt auch zu, daß Christen »anonyme Hindus« sind (obgleich dieser Ausdruck wenig Sinn hat in einer Tradition, in der Polynomie als selbstverständlich gilt, seit dem bekannten rigvedischen Ausspruch: »Einer ist der, den die Weisen mit vielen Namen benennen«).[33] Daher ist es nicht verwunderlich, daß ich für die Diskussion spezifisch westlicher Probleme westliche christliche Kategorien verwendet habe. Um das erkenntnistheoretische Problem auf das wesentliche zu beschränken, habe ich in diesem Buch versucht aufzuzeigen, daß das christliche Bekenntnis »Jesus ist der Christus« mehr ist als eine abstrakte Aussage, d. h. als ein Glaubenssatz. Dennoch ist dieser Satz nicht identisch mit der Aussage »Christus ist Jesus«. Entsprechend behaupte ich, daß die Aussage »Christus ist der Herr« nicht einfach umkehrbar ist. Es ist in der Tat nicht notwendig, daß der Name des Herrn Christus ist oder daß er unter diesem Titel bekannt wird, da der erlösende Name Christi ein übergeordneter Name ist, der alle Namen übersteigt.[34]

Natürlich glauben die Christen, daß »Jesus der Christus ist«, und daß »Christus der Herr ist«. Jesus, der für die Christen der Christus ist, ist nicht mehr und nicht weniger als Jesus von Nazareth vor seiner Auferstehung. Der Christ glaubt darüber hinaus, daß die Aussagen »Jesus ist nicht Christus« und »Christus ist nicht der Herr« sich gegen den christlichen Glauben wenden und mit ihm unvereinbar sind. Der Christ kann jedoch philosophisch gesprochen nicht sagen, »Christus ist *nur* Jesus«, da das Wörtchen »ist« nicht »ist nur« bedeuten muß, und theologisch gesehen ist in der Tat der auferstandene Jesus mehr als (aliud, nicht alius) nur der Jesus von Nazareth, was nur eine praktische *Identifikation* ist, die sich von der persönlichen *Identität* unterscheidet. Der Christ kann ferner nicht behaupten, »der Herr ist *nur* Christus«, da unsere Erkenntnis des Herrn begrenzt ist. Dennoch gibt es weder mehrere Christusse noch viele Herren. Im Gegenteil, und das ist das zentrale Argument dieses Buches: »Der Herr *ist* (da)«, auch wenn sein Name nicht wie »Christus« klingen mag oder wie irgendein anderer der uns vertrauten Namen. Die vorliegende Arbeit behandelt diese spezifische und schwierige Transplantation.

Wie ich bereits erwähnt habe, sieht jeder Gläubige seine Tradition von innen, so daß sie für ihn zum Symbol alles Wahren wird. Folglich neigt man dazu, eine Wahrheit, die »außerhalb« des eigenen Glaubens gefunden wurde, in

[32] Vgl. *K. Rahner*, Das Christentum und die nichtchristlichen Religionen. Schriften zur Theologie V (1962): 136–158; Die anonymen Christen: Schriften zur Theologie VI (1965) 545–554.

[33] RV I, 164,46.

[34] Vgl. »The Meaning of Christ's Name in the Universal Economy of Salvation« in Evangelisation, Dialogue and Development (Documenta Missionalia). Rom 1972, 195–218.

den eigenen Glauben zu integrieren, indem man diese Wahrheit entweder einfach – mehr oder weniger – in den eigenen Glauben aufnimmt oder indem man in dieser Wahrheit eine im eigenen Glauben – wenn auch in anderer Form – vorhandene Wahrheit wiedererkennt. Nun, da wir zum Kern der Problematik vorgestoßen sind, wird ein vorwiegend analytisches Denken einige Schwierigkeiten haben, Aussagen wie diese zu akzeptieren: »Du bist auch ein Christ« oder »Ich bin ebenso ein Hindu«, da diese Aussagen für ein solches Denken eine restriktive und exklusive Bedeutung haben (»was immer ein Christ auch sein mag, er ist kein Hindu«). Wenn ich daher behaupte, daß Christus im Hinduismus real und wirksam ist – wenn auch verborgen und unbekannt – so verletze ich angeblich die »geheiligten« westlichen Regeln, die zur Identifizierung Christi gebräuchlich sind, da Christus nur in Begriffen einer *differenzierten Identifikation* verstanden wird, anstatt in Begriffen einer *identifizierenden Identität.*[35]

Das ist selbstverständlich auch ein semantisches Problem. Ich habe nicht immer die notwendigen Unterscheidungen und Erklärungen gegeben. Beim Gebrauch der Wörter »Christentum« oder »Hinduismus« z. B., hätte ich klarer unterscheiden müssen zwischen 1. der sozialen und historischen Bedeutung dieser Religionen, d. h. dem Christentum als einer besonderen Kirchenzugehörigkeit, oder dem Hinduismus als einem besonderen Hindubekenntnis, einem besonderen *sampradāya* oder einem bestimmten religiösen Lebenswandel, und 2. dem inneren Kern einer bestimmten Religion, der nicht vorwiegend durch das soziologische Gewand bestimmt ist, sondern durch Glaubenssätze, die sakramentale oder sakrale Strukturen in sich vereinen und kulturelle und zeitliche Veränderungen überdauern, und 3. der transzendenten göttlichen Wirklichkeit (welchen Namen auch immer wir ihr geben mögen und in welchem Maße wir auch bereit sein mögen, diese Realität anzunehmen), von der alles andere nur Ausdruck, Manifestation, Symbol oder Schöpfung ist.

Nun sollten wir beim Vergleich von Christentum und Hinduismus, der unser Thema ist, sorgfältig zwischen diesen drei Ebenen oder Aspekten unterscheiden. Man kann sicher sein, daß die drei Aspekte so miteinander verflochten sind, daß der Gläubige die niedrigere Ebene einfach akzeptiert, weil er an sie als einen konkreten Ausdruck der höheren glaubt; wenn man aber die Grenzen einer Religion überschreitet, darf man solche Unterscheidungen nicht übersehen. Ein Nicht-Hindu zum Beispiel, der das Kastensystem und das Nicht-Töten der Kühe als nur soziologische oder als die Ernährung betreffende Probleme ansieht, versteht nicht, worum es eigentlich geht, ganz ähnlich wie ein Nicht-Christ, der die Eucharistie nur als ein

[35] Vgl. Singularity and Individuality. The Double Principle of Individuation: Revue Internationale de Philosophie, ›Méthode et Philosophie de l'histoire‹, hommage à *Raymond Klibansky,* no. 111–12, fasc. 1–2, Brüssel 1975, 141–166.

dürftiges Mahl beurteilt. Es ist offensichtlich, daß wir nicht das kanonische Recht mit den Upanischaden oder das gegenwärtige Kastensystem in Indien mit der Bergpredigt oder die Kreuzzüge mit der Advaitalehre vergleichen können.

c) Der dritte Punkt, der die Natur des Weinbergs betrifft, handelt von dem *theologischen* Verständnis von Katholizität. Vereinfacht zusammengefaßt könnte man sagen, daß sich der Begriff der Katholizität den politischen und historischen Bedingungen der Zeit angepaßt hat. Daher ist es nicht verwunderlich, daß während der kolonialen und imperialen Periode des christlichen Westens die geographische Expansion der christlichen Staaten einen Begriff von Katholizität mit sich brachte, der geographische Universalität bedeutete. Der katholische Glaube wurde tatsächlich als eine geographisch *universale* Religion angesehen, und er hatte somit das Recht – ja sogar die Pflicht –, sich über die ganze Erde auszubreiten. Es ist jedoch nicht notwendig, sich des griechischen Ursprungs des Wortes »katholisch« zu erinnern, um zu verstehen, daß die geographische, extensive und häufig quantitative Bedeutung nicht die einzig mögliche ist. Tatsächlich bedeutet »katholisch« auch – und vielleicht in erster Linie – »perfekt« oder vollkommen, also eine vollkommene Lebensweise, Religion und Offenbarung, die in sich all das vereint, was notwendig ist, um den Menschen zu seinem Ziel zu führen, indem sie dem Menschen Erfüllung schenkt und so einen Weg bereitet, der es dem Menschen ermöglicht, zu seiner eigentlichen Bestimmung als Mensch zu finden, »secundum totum«, wie Augustinus wörtlich übersetzte. Die katholische Religion wird folglich als das Gegenteil von Sektierertum und Begrenztheit betrachtet. Hier liegt der Akzent auf der *Qualität* der Katholizität, und demzufolge wird die Einheit und Einmaligkeit betont. Aber genaugenommen ist etwas »einmalig«, wenn es unvergleichbar ist. Wenn es vergleichbar wäre, wäre es nicht mehr einmalig; es wäre mehr oder weniger etwas anderem ähnlich, nicht einmalig.

Mein *Theologumenon* ist nun, daß die Katholizität des Christentums nicht in geographischen Begriffen gedeutet werden muß. Es stimmt in der Tat, daß die Bedeutung, die heute den lokalen Kirchen beigemessen wird, sowie das mystische Verständnis des sakramentalen Keimes des Christentums und auch der religiöse Pluralismus (der sich ja nun als offensichtlich notwendig herausgestellt hat) dazu beitragen, daß die Anerkennung dieser zweiten Bedeutung von Katholizität selbstverständlich geworden ist. In gewissem Sinne gibt es keine katholische (universale) Religion; aber in einem anderen Sinn ist die authentische und wahre Religiosität eines jeden Menschen katholisch.

Ich möchte eine analoge Aussage in Bezug auf den Hinduismus machen. Der hinduistische Begriff des universalen *dharma* ist keine geographische Idee. Die Religionshistoriker tun sich oft schwer, den existentiellen Charakter des Hinduismus zu verstehen, der eng mit der Bevölkerung Indiens verbunden ist,[36] und dennoch nicht bloß ethnischer oder historischer Art ist. Der traditionelle Hinduismus missioniert auch nicht, da *dharma* (Religion) eine natürliche Gabe der Existenz ist. Es hat keinen Sinn, eine Person völlig verändern zu wollen. Ich bin mir bewußt, daß dieser Punkt noch mehr erläutert werden müßte, ich bin jedoch ebenso überzeugt, daß das, was ich gesagt habe, nicht im geringsten den Anspruch des Christentums mindern noch die Stellung des Hinuismus schwächen wird. Heutzutage können Begegnungen zwischen Religionen nicht länger den Spuren politischer Ereignisse folgen, vielmehr sollten diese Begegnungen die Ereignisse bestimmen. Die Zeit der christlichen und hinduistischen Imperien ist vorbei, infolgedessen ist es nur richtig, daß die letzten Überbleibsel des christlichen Imperialismus völlig verschwinden, um gegenseitiges Ergänzen und Befruchten zwischen den Religionen zu ermöglichen.

d) Der letzte Punkt, der *philosophische*, handelt von dem neuen Most, den ich in dieser Studie zur Gärung zu bringen versuchte, vielleicht ohne ausreichende Klarstellung, und er besagt, daß ein neues Bewußtsein von der Einheit des Menschen geschaffen werden soll, nicht nur auf der biologischen, historischen oder politischen Ebene, sondern auch – und zwar wesentlich – im religiösen Bereich. Solange die Völker der Erde nicht religiös auf die gleiche existentielle Stufe gestellt werden, kann es keine sichere Grundlage für die menschliche Würde geben. Diese negative Einstellung hat die erschreckende Begleiterscheinung, daß man infrage stellt, ob ein religiös Außenstehender (Ungläubige, Sklaven, Schwarze, *mleccha, kafir, goy* usw.) eine menschliche Seele hat oder ob er menschliche Rechte besitzt. Die »Hölle« wäre eine intellektuelle Verirrung, wenn man den Verdammten die gleiche menschliche Würde zugestehen würde wie den Auserwählten. Wenn meine Religion der Inbegriff der Vollkommenheit ist und diese Vollkommenheit den Menschen zu einem vollen menschlichen Wesen macht, dann ist es nur logisch, daß »extra ecclesiam nulla salus«,[37] d. h., daß die Außenstehenden nicht die gleichen Rechte haben wie die Gläubigen. Um solch

[36] Vgl. mein Kapitel Alcuni aspetti fenomenologici dell' odierna spiritualità indù: Māyā e Apocalisse, L'incontro dell'Induismo e del Cristianesimo. Rom 1966, 3–32.

[37] »Außerhalb der Kirche gibt es kein Heil.« Diese Auffassung gilt nicht exklusiv für die Christen, sondern wir finden sie in fast allen Religionen. Und sie hält sich konstant trotz der möglichen »Brutalität« ihrer Interpretation, wenn man sie als Privileg einer Kirche auffaßt. Es gibt selbstverständlich viele Auslegungsmöglichkeiten. *H. Küng* scheint all dem abzusagen in: The World Religions in God's Plan of Salvation: Christian Revelation and World Religions, hrsg. v. *J. Neuner*, 67–122. Meine Interpretation geht dahin, daß ich den Sinn dieser Erklärung verändere und sage: Die Kirche ist der Ort der Erlösung, wo immer dieser Ort sein mag und wie immer er beschaffen sein mag. Vgl. *R. Panikkar*, ›Salvation in Christ: Concreteness and Universality, the Supername‹, Vorlesung gehalten zur Eröffnung des Ecumenical Institute of Advanced Studies, Tantur. Jerusalem 1970, 13ff.

unmenschliche Konsequenzen zu vermeiden, sage ich nicht, daß es nur eine Religion geben sollte, oder daß alle Religionen gleich sind, ich vertrete auch nicht den Standpunkt, daß alle menschlichen Rassen gleich sind. Manche sind zweifellos stärker, reicher oder glücklicher in irgendeiner Hinsicht, während andere in einer anderen Hinsicht Vorteile haben. Nichtsdestoweniger glaube ich, daß die Gleichheit eines jeden Menschen als Menschen logisch nur aufrechterhalten werden kann, wenn wir bereit sind, die Gleichheit, d. h., die gleichberechtigte Stellung aller Rassen angesichts des grundsätzlichen Wertes der Menschlichkeit zu akzeptieren. Ebenso können sich Religionen voneinander unterscheiden, aber wenn es ihnen um die Würde und das Schicksal des Menschen geht, wenn sie verschiedene Ausdrucksformen einer konstitutiven menschlichen Dimension darstellen, sind sie insofern gleich, als sie der Ausdruck der gleichen fundamentalen menschlichen Religiösität sind. »Gleich« bedeutet nicht gleich gut (oder gleich schlecht), sondern es bedeutet, daß sie auf der gleichen Ebene liegen, namentlich der, die sich auf letzte menschliche Probleme einläßt. Ein Christ ist im religiösen Sinne nicht besser dran als ein Nichtchrist. Andererseits sollte man nicht alles wahllos in ein und denselben Topf werfen. Wenn Christus für den Gläubigen das letzte und unverwechselbare Symbol ist und der Christ wirklich an die Würde des Menschen glaubt, dann können auch andere an Christus teilhaben.

Ein ähnliches Argument kann man auf den Hinduismus anwenden. Wenn es verschiedene karmische Ebenen gibt, was ja der Fall ist, dann ist es legitim zu glauben, daß der eine nicht so fortgeschritten ist auf dem Weg zu *mokṣa* wie der andere. Es muß jedoch für alle Lebewesen, die tatsächlich oder potentiell an der Menschlichkeit teilhaben, ein Weg offen sein für die Teilnahme an *paramā gati* oder dem höchsten Ziel. Ähnlich verhält es sich mit dem *dharma*. Obgleich *dharma* im Hinduismus eine andere Bedeutung hat als im Buddhismus und im Christentum, durchdringt das Streben nach universalem Frieden und nach Freundschaft ohne Zweifel die hinduistische Religiosität. Hier könnte es beinahe so aussehen, als müßte man Christus oder sein eigenes Symbol aufgeben, um ihm vollkommen treu zu bleiben, wie es einige christliche Mystiker vorschlagen, oder man müßte letzten Endes Gott opfern, wie z. B. die trinitarische ›Heilsökonomie‹ lehrt (Gott der Vater opfert seinen Sohn). Aber worin besteht dann die Identität? Nur in der Differenzierung? Was macht eine Sache der anderen gleich, und was unterscheidet sie? Nur die äußeren Faktoren von Raum und Zeit? Haben wir nicht vielleicht selbst die Vielfalt der Welt in dialektische Unterschiede verwandelt und uns dann gewundert, daß wir keine dialektisch überzeugende Lösung finden können? Oder, um zu unserem Thema zurückzukommen, worin liegt die Identität Christi? Wenn er, so werde ich oft gefragt, bereits in der anderen Religion gegenwärtig ist, wozu dient dann die christliche Mission?

Es ist nicht die Aufgabe dieser Einleitung, Fragen zu beantworten, sondern Probleme im Licht der gegenwärtigen Arbeit zu stellen. Meine erste Reaktion auf das spezifische Problem der Mission ist einerseits die Erinnerung an die Evangelien und andererseits die Bhagavad Gītā, um zu erfahren, was *Spontaneität, Loslösung von allen Resultaten* und Handeln aus Liebe[38] bedeuten. Der Versuch, die christliche Mission durch die Zahl der »bekehrten Seelen« zu rechtfertigen, wäre heute theologischer Anachronismus und Verletzung des Gewissens des Menschen. Andererseits ist die christliche Mission – vorausgesetzt, wir verwenden diesen Begriff weiterhin – noch nicht beendet, doch auch die Mission des Hinduismus ist nicht abgeschlossen. Die menschliche Solidarität muß die Menschen dazu bewegen, Erkenntnisse und ebenso materielle wie spirituelle Güter zu teilen; die gegenseitige Durchdringung mag uns befähigen, eine wahre ›Menschheitsfamilie‹ aufzubauen. Wer etwas teilt, der wird immer gesegnet sein in seinem Teilen.

Im Verlauf dieser Einführung habe ich mein Buch einer rücksichtslosen Kritik unterworfen. Zu seiner Verteidigung kann ich jedoch sagen, daß ich dem Titel treu geblieben bin. Ich spreche weder von einem dem Hinduismus unbekannten Prinzip noch von einer göttlichen Dimension, die den Christen unbekannt wäre, sondern ich spreche von jener unbekannten *Wirklichkeit*, die die Christen Christus nennen, entdeckt im Herzen des Hinduismus, nicht als etwas Fremdes, sondern als dessen eigentliches Lebensprinzip und als das Licht; das jeden erleuchtet, der in diese Welt kommt.[39] Ein christlicher Lehrer sagte: »Alles Höhere und alles Göttliche, ist in dem Maße, wie es erhaben und göttlich ist, unbekannt, verborgen und verschleiert.«[40] Ich bleibe nicht nur dem Titel treu, sondern auch der Wirklichkeit, d.h. dem Mysterium selbst, das das Geheimnis Christi ist.
Die häufigste negative Kritik an diesem Buch resultierte aus engen, häufig einseitigen historischen Gesichtspunkten – genauer gesagt, aus einer begrenzten Konzeption des Mysterium. Es steht jedoch geschrieben: »Wer immer an mich glaubt, der glaubt nicht an mich, sondern an den, der mich gesandt hat« (Joh 12,44). »Ich bin der Weinstock, ihr seid die Reben« (Joh 15,5). Und Nikolaus von Kues schrieb über den zweiten Text: »Auf daß die Menschheit Christi in allen Menschen und Christi Geist in jedem Geist sei; somit muß alles in ihm sein, auf daß ein Christus aus allen sei«.[41]

[38] Vgl. BG II, 47ff; Joh 15,12ff.
[39] Vgl. Joh 1,9.
[40] ›Omne superior et omne divinum, in quantum huiusmodi, est incognitum, latens et absconditum‹ (Meister Eckhart).
[41] ›...ut sit una Christi humanitas in omnibus hominibus, et unus Christi spiritus in omnibus spiritibus; ita ut quodlibet in eo sit, ut sit unus Christus ex omnibus‹ (De docta ignorantia III,12).

Ein Christus, der nicht im Hinduismus gegenwärtig wäre, oder ein Christus, der nicht dem geringsten Leidenden beistände, ein Christus, der seinen Tabernakel nicht in der Sonne hätte,[42] ein Christus, der nicht die kosmotheandrische Wirklichkeit verkörpern und mit seinem Geist nicht in alle Herzen sehen, diese wiederbeleben und das Gesicht der Erde erneuern würde, wäre sicherlich nicht mein Christus, noch wäre er, so glaube ich, der Christus der Christen.

Varanasi-Rom-Santa Barbara, 1957–1976

2. Tradendum: Die Herausforderung der Zukunft

»Cuius vultum desiderat universa terra – dessen Angesicht die ganze Erde ersehnt«, so singt die lateinische Kirche zum Weihnachtsfest. Nun ist es dieses »Angesicht«, von dem die gleiche Liturgie singt: »Laetentur coeli et exultet terra ante faciem Domini, quoniam venit – laßt die himmlischen Mächte frohlocken und die Erde sich mit Freude erfüllen vor dem Antlitz des Herrn, wenn er kommt.« Dieses Angesicht Christi ist im christlichen Bewußtsein häufig objektiviert worden, was eine Nebenwirkung der alles erfassenden wissenschaftlichen Mentalität und deren Auswirkung auf die außerwissenschaftlichen Bereiche ist. Wenn auf einmal das Angesicht des Herrn zu einem Bild wird, die Ikone zu einem Idol, die Begegnung zu einer Idee, Christus zu einem Objekt und die Wirklichkeit zu einem Gedanken – wenn der Geist dem Logos untergeordnet wird, um es im traditionellen theologischen Vokabular auszudrücken – wird das Dilemma unaufhaltbar: Entweder man gibt die Universalität Christi auf, denn das gegenwärtige Bewußtsein kann nicht eine einzige Ideologie für den ganzen Erdball annehmen; oder man muß den christlichen Glauben aufgeben, denn das eigentliche Wesen des christlichen Selbstverständnisses besagt, daß Christus der universale Erlöser ist, der einzige Mittler und Gottes eingeborener Sohn. Die Grundaussage des Buches geht dahin, daß die Konkretheit Christi (im Gegensatz zu seiner Besonderheit) nicht seine Universalität aufhebt (im Gegensatz zu seiner Allgemeinheit), da die Wirklichkeit Christi sich erst in der persönlichen Erfahrung seiner Einmaligkeit enthüllt. Diese *Erfahrung* der Einmaligkeit Christi, die den christlichen Glauben ausmacht, kann nicht wiedergegeben werden durch den Begriff der Einmaligkeit, der nur eine formale Festlegung ist. Nur Vergleich und Diskussion garantieren die Intelligibilität eines Begriffs. Ein Begriff von etwas, das eine eigene Klasse und zugleich etwas Nicht-Klassifizierbares darstellt, ist ein unmöglicher

[42] ›Et posuit in sole tabernaculum suum…‹, Ps 18,6.

Begriff. Einmalig ist, was nicht zurückführbar, ohne Vergleich und mit keinem anderen Parameter des Verstandes meßbar ist. Einmaligkeit ist weder eines noch vieles, sie transzendiert den klassischen Gegensatz von Monismus und Dualismus. Gibt es einen oder mehrere Erlöser, einen oder mehrere Wege; das sind sinnlose Fragen im Hinblick auf jede endgültige menschliche Erfahrung. Mein Vorschlag vereint die traditionelle Lösung der Advaita-Lehre und die entsprechende traditionelle christliche Antwort: Religiöse Wahrheit ist existentiell und nicht objektivierbar. Aber ich würde gern diese These vertreten, ohne dabei auf die Metaphysik der Advaita oder auf den christlichen Standpunkt zurückzugreifen, obgleich – im Verlauf meiner Studie – sicherlich nicht auf die spirituellen und mystischen Einsichten in das Wesen der Wirklichkeit verzichtet werden kann. Hier mag das menschliche Gesicht als ein Symbol aufschlußreich sein. Ein Gesicht ist ein wahres Gesicht, wenn es mehr, aber nicht weniger ist als die Physiognomie des menschlichen Hauptes. Es ist nur dann ein Gesicht, wenn es mich anblickt. Das Gesicht ist konkret und ist dieses Gesicht nur für mich. Es ist sinnlos, zu sagen, daß man ein »anderes« Gesicht in ihm entdeckt hat. Jedes Gesicht hat seine Enthüllung für mich, zum Inhalt. In beiden Fällen ist es ein Gesicht, wenn es spricht und antwortet, und wenn es von demselben Lebensstrom belebt ist wie ich.

Das ist keine neue These, aber sie betont eine Dimension, die in der letzten Zeit vernachlässigt wurde. Könnte man sagen, daß in der christlichen Theologie ein strategischer Rückzug stattgefunden hat? Ein Rückzug von dem Anspruch, die wahre, alleinige und gar absolute Religion zu verkörpern, zu der Auffassung, nur eine Religion unter vielen zu sein? Ja und nein. Ja, insofern der gläubige Christ und der Theologe bisher ehrlich daran glaubten, daß das Christentum wahr, einzig und absolut ist. Nein, insofern dieser Glaube eine richtige Einsicht war, die nur in einer unangemessenen Art und Weise zum Ausdruck kam. Das Anliegen des Buches ist, einen möglichen Mittelweg aufzuzeigen zwischen totalitärer Ausschließlichkeit und liberaler Gleichmacherei.

Diese Studie unterscheidet sich von den vielen anderen, die in der letzten Zeit erschienen sind, durch ihren »inneren« Charakter. Sie geht über die bloße Phänomenologie und die »äußere« Beschreibung dessen hinaus, wie sich Religionen verhalten sollten, nach Jahrhunderten gegenseitigen Mißtrauens und Mißverständnisses. Solche Anliegen sind legitim und wichtig, aber die Aussage dieses Buches liegt anderswo. Es ist kein andächtiges oder frommes Buch, aber es betont den inneren und personalen Aspekt der Religion. Es spricht zu den bona fide als Hindus und Christen Lebenden, die sich nicht länger einer gegenseitigen Verständigung verschließen wollen, die aber auch nicht ihre eigene Religiosität aufgeben oder ihre eigene Identität verlieren möchten, auch wenn sie zur Offenheit bereit sind und sogar zu einer Wandlung, sollte sie von ihnen gefordert werden.

Es gibt Ex-Katholiken, Ex-Marxisten, Ex-Buddhisten usw., aber ich kenne keine Ex-Mystiker. Die Verwandlung, die eine echte mystische Erfahrung bewirkt hat, ist nicht wieder aufhebbar.

Die These meines Buches ist mystischer Art. Sie kann verschieden formuliert werden, es werden bessere und zutreffendere Formulierungen nötig sein, jedoch der Kern bleibt bestehen. Ich sage nicht, daß die These »dieselbe« bleiben wird: Weder ist Ausdauer das gleiche wie Beständigkeit, noch Kontinuität begriffliche Identität.

Der Christus, von dem dieses Buch handelt, ist die lebendige und liebevolle Wirklichkeit des wahrhaft gläubigen Christen, in welcher Form auch immer der gläubige Christ diese Realität zum Ausdruck bringt und begreift. Kein Gläubiger schenkt die existentielle und ursprüngliche Treue seines ganzen Seins einer Idee oder einer Formel, sondern einer Wirklichkeit, die alles Verstehen übersteigt, die den Verstand nicht »verleugnet« oder ablehnt, sondern über ihn hinausgeht. Und dennoch sind Namen und Formeln nicht ohne Bezug zur Realität.

Die These dieses Buches lautet weiterhin: Wenn der Christ in Christus das zentrale Symbol des Lebens und die letzte Wahrheit wiedererkennt, an ihn glaubt und ihn liebt, dann ist er von demselben Mysterium eingenommen, das alle anderen menschlichen Wesen anzieht, die ihren eigenen gegenwärtigen Zustand zu überwinden suchen. Obgleich das Wort »Mysterium« einer bestimmten Tradition angehört, steht es für »dasjenige«, was mit vielen Namen benannt und in mancherlei Formen erfahren wurde. Daher kann es weder »eines« noch »viele« genannt werden. Das Problem des Einen und der Vielheit stellt sich erst sekundär, wenn der Geist beginnt, etwas in Begriffe zu fassen.

Ich verteidige nicht die naive und unkritische Auffassung, daß es »etwas gibt«, das die Menschen mit verschiedenen Namen benennen – als ob die Bezeichnung des Mysteriums einfach eine Frage von Etiketten wäre, die wir ihm anhängen; Etiketten, die uns die Kultur und die Sprache zur Verfügung stellen. Diese Auffassung ist übrigens nicht identisch mit dem bereits erwähnten Vers des *Rgveda*: »(Gott ist) Einer, (obgleich) die Weisen ihn mit vielen Namen benennen.«[43] Dieses Zitat deutet vielmehr darauf hin, daß jeder authentische Name das Mysterium, das weder rein transzendent noch nur immanent ist, bereichert und qualifiziert.

In der christlichen Sprache – die eine legitime, wenn auch nicht die einzige Weise wahrer und sinnvoller Rede ist – ist das Paradigma dieses Mysteriums die *Trinität*. Im Gegensatz zu einem einzigen Zentrum, in dem alle letzten menschlichen Erfahrungen zu einer Einheit verschmelzen (was letztlich zu einem gewissen Monismus führen würde), erlaubt das Paradigma der Trinität eine unendliche Fülle. Die »Personen« der christlichen Trinität sind

[43] RV I, 164,46.

unendlich verschieden – nichts ist endlich in der Trinität –, so daß die Bezeichnung »Person« selbst mehrdeutig ist. In diesem Modell ist die Harmonie oder die Übereinstimmung mit einer nicht mathematischen Gleichheit ungebrochen.
Im Indischen ist die Intuition des *Advaita* das Paradigma für das Mysterium; sie weist auf etwas hin, das weder als »eines« noch als »zwei« bezeichnet werden kann. Das Mysterium, auf das die religiösen Erfahrungen der Menschheit abzielen, ist weder das gleiche noch verschieden: Es ist nicht dualistisch. Um diesen Sachverhalt auszudrücken, möchte ich das moderne Wort *Pluralismus* gebrauchen. Wir können über das Mysterium nicht nur im »objektiven« und nominalistischen Sinne reden. Unsere Rede behandelt nicht etwas, was nur »ist« oder nur »da ist«. Es ist eher eine Mitteilung des Realen: Ich *bin* und du *bist*. Das Mysterium ist nicht objektivierbar, da »Du« und »Ich« ein wesentlicher Bestandteil von ihm sind. Es ist auch nicht nur subjektiv, da »wir«, die Subjekte, nicht alles sind, was in ihm enthalten ist.
Wenn der Christ in und durch Christus mit dem Mysterium in Berührung kommt, kann ich dann behaupten, und wenn ja, warum, daß die Gegenwart Christi im Hinduismus – oder in irgendeiner anderen Religion – versteckt und unbekannt ist? Ist nicht Christus der Weg? Endet nicht die traditionelle christliche Liturgie immer mit: per Christum Dominum nostrum, »durch Christus, *unseren* (und nicht den universalen) Herrn«?
An dieser Stelle findet die These dieses Buches ihren Höhepunkt. Der Weg kann nicht vom Ziel losgelöst werden. Hier mag die räumliche Metapher irreführen, wenn man sie oberflächlich betrachtet. Es gilt nicht nur, daß verschiedene Wege zu einem Gipfel führen, sondern der Gipfel selbst würde einstürzen, wenn alle Wege verschwinden würden. Der Gipfel ist in gewissem Sinne das Ergebnis der Abhänge, die zu ihm hinführen. Unsere Position unterscheidet sich hier von der bereits erwähnten nominalistischen Auffassung. In christlichen Begriffen heißt es: »Philippus, wer mich gesehen hat, der hat den Vater gesehen.«[44] Ein Ausdruck der hinduistischen Überzeugung besagt, daß das andere Ufer bereits hier sei, Realisierung nichts »anderes« bedeute und es keinen Ort gebe, wohin wir gehen: Die Realität *ist*.[45] Der Buddhismus erklärt ähnlich: *saṃsāra* ist *nirvāṇa* und *nirvāṇa* ist *saṃsāra*.[46]
Und dennoch kann das Ziel nicht mit einem Wege identifiziert werden. Obgleich Christus in dem Sinne das Mysterium ist, als die Christuserfahrung das Erreichen des Mysteriums bedeutet, ist das Mysterium doch nicht vollkommen mit Christus identisch. Christus ist nur ein Aspekt des ganzen

44 Joh 14,9.
45 Vgl. Aṣṭāvakra Gītā, 19,2ff, 20,1ff; Śaṅkara, Upadeśasāhasrī, Padyabandha, 10 etc.
46 Vgl. Nāgārjuna, Mādhyamakaśāstra XVI.

Mysteriums, obgleich er *der Weg* ist, wenn wir auf diesem Weg sind. Nur wenn wir nicht auf diesen Wegen wandeln, d. h., wenn wir nur Linien auf der Landkarte sind, gibt es auch »viele« Wege. Für den eigentlichen Wanderer gibt es nur einen Weg. Er ist nicht nur einmalig, sondern es gibt nur einen »Weg«, der zu dem höchsten Ziel führt. Für das spekulative Denken ist es ein pars pro toto, denn es ist in ihm und durch ihn, daß der Christ, daß Christus und seine Erfahrung des Mysteriums untrennbar und nicht unterscheidbar sind; somit entdeckt man Christus in all denjenigen, die das Mysterium erreicht haben, auch wenn deren Weg nicht der christliche Weg gewesen ist. Ebenso wird man dem Hindu, der die Selbstverwirklichung erlangt hat oder erleuchtet ist oder das *ātman-brahman* oder was immer erreicht hat, zugestehen müssen, daß er das letzte Mysterium erkannt hat. Nur für den Christen ist das Mysterium untrennbar mit Christus verbunden; nur für den Vishnu-Gläubigen ist das Mysterium ohne Zweifel mit Vishnu verbunden, oder mit der Form des Göttlichen, die ihn zur Befreiung, mokṣa, geführt hat. Dies würde ebenso für die sogenannten Ungläubigen, Atheisten und Humanisten gelten; aber wir brauchen hier nicht weiter darauf einzugehen.

Mein Anliegen ist, daß das Kreuz Christi nicht banalisiert oder entwertet werden soll. Das »ut non evacuetur crux Christi« geht nicht aus einer vorgefaßten Meinung oder einer sektiererischen Sicht hervor; gerade das Gegenteil ist der Fall. Ich denke, daß wir uns an der Schwelle einer Verwandlung der menschlichen Zivilisation befinden und daß keine Religion länger fähig sein wird, die Bürde der gegenwärtigen menschlichen Lage zu tragen und den Menschen durch den »Lebensstrom« zu führen. Es ist notwendig, Kontinuität in der Tiefe anzustreben und die Bande wiederzuentdecken, die zwischen den menschlichen Traditionen bestehen und die Menschen verbinden. Unsere tiefste menschliche Gemeinsamkeit rührt z. B. nicht daher, daß wir alle Mägen haben oder ein bequemes Bett bevorzugen, sondern daher, daß die Unzufriedenheit, die innere Unruhe, die Sehnsucht nach dem Glück und der Drang nach »mehr« uns gemeinsam sind. Mit anderen Worten, die Gemeinsamkeit entspringt unserem Glauben, auch wenn wir uns zu unterschiedlichen Religionen bekennen.

Ich versuchte, den ganzen Inhalt mit dem Titel des Buches auszudrücken. Aber war der Titel kryptisch oder apokalyptisch, war er bergend oder enthüllend? Es ist bezeichnend, daß nicht viele Kritiker über die Bedeutung der Genitivkonstruktion[47] nachgedacht haben. Mein Hauptanliegen war es nicht, a) von dem unbekannten Christus der Hindus zu sprechen, der den Christen »bekannt« ist, b) von dem unbekannten Christus der Christen zu sprechen, der, in welcher Form und unter welchem Namen auch immer, den Hindus »bekannt« ist. In beiden Fällen ist der Genitiv ein Genitivus

[47] Der englische Titel des Buches lautet: The Unknown Christ of Hinduism.

Objektivus. Doch meine primäre Absicht war c) über den »unbekannten« Christus des Hinduismus zu sprechen, der qua Christus für die Christen und die Hindus in gleicher Weise unbekannt oder bekannt sein mag. Während im Fall a) und im Fall b) der Genitiv objektiv ist, wollte der Titel des Buches den subjektiven Genitiv betonen.

Die Absicht des Autors war, einen Standpunkt zu vertreten, der von verschiedenen Gruppen unterschiedlich interpretiert werden könnte und dennoch mit dem Grundsatz der folgenden Aussage übereinstimmt: Es gibt ein für beide Seiten qua Christus unbekanntes, für das der Name Christus zutreffen könnte, wenn geklärt ist, daß beide Seiten den Namen sinnvoll gebrauchen können. Ich stelle den unbekannten Christus *des* Hinduismus vor, d. h. den mystischen Aspekt, der auch im Hinduismus gegenwärtig ist und dem mystischen Verständnis der christlichen Tradition entspricht. Sobald die Christen zu der Überzeugung gelangen werden, daß der Hinduismus als eine wahre Religion anzusehen ist, werden sie sich verpflichtet fühlen, diesem mystischen Aspekt den Namen »Christus« zu geben. Der Titel lautet nicht: *Der verborgene Christus*, als ob die Christen das Geheimnis wüßten und die Hindus nicht. Ich wollte darauf hinweisen, daß es ein Mysterium in beiden Religionen gibt – wenn auch nicht unbedingt das gleiche. Nun ist dieses Mysterium nicht eine reine transzendente göttliche Realität, in der wir alle in unterschiedlicher Weise ein und denselben transzendenten »Gott« anbeten oder erkennen. Das Mysterium ist ebenso immanent und ›diesseitig‹; es hat auch einen *saguṇa*-Charakter und verfügt über eine historische Dynamik. Damit sollte zum Ausdruck gebracht werden, daß wir uns nicht auf einer transzendenten Ebene treffen, wo es keine Unterschiede mehr gibt, wo wir zwischen dem nicht mehr in der Welt und von dieser Welt sind, sondern wir begegnen einander als brüderliche Pilger hier in dieser Welt, in der wir durch unser Menschsein durch das *saṃsāra*-Abenteuer und in unserer historischen Situation eng miteinander verbunden sind.

Wenn diese Studie so versöhnlich sein will, warum habe ich dann den Namen ›Christus‹ gebraucht? Warum nicht Rāma? Oder warum nicht ein neutrales Wort, das nicht von der Vergangenheit belastet ist?

Ich werde diese Fragen ausführlich beantworten. Zunächst habe ich den Namen ›Christus‹ gewählt, gerade wegen der Bürde der Geschichte. Symbole entstehen nicht willkürlich, noch werden sie von einzelnen Individuen geschaffen. Christus war und ist noch immer eines der lebendigsten Symbole der Menschheit, wenn auch ambivalent und vielumstritten. Christus ist ein historischer Name, der das ganze Gewicht der guten oder schlechten Geschichte mit sich trägt. Die negativen Aspekte tragen ebenso zu dieser Realität bei wie die positiven. Es muß hier wohl nicht mehr gesagt werden, daß der historische Name Christi nicht auf den sogenannten historischen Jesus beschränkt werden soll.

Zweitens ist die Bedeutung des Namens, trotz seiner Ambivalenz, für die hier zur Diskussion gestellte Problematik äußerst relevant. Der lebendige Christus war stets mehr als ein bemerkenswerter jüdischer Lehrer, der das Glück bzw. das Unglück hatte, in relativ jungen Jahren zu sterben. Ein Christus, der weniger als eine kosmische, menschliche und göttliche Manifestation wäre, kann uns nicht genügen.

Drittens, habe ich keinen anderen Namen gewählt, weil die Bemühungen dieser Studie sich auf die Vertiefung und Erweiterung dieses besonderen Symbols und nicht auf ein anderes Symbol richten. Das Buch war, wie schon gesagt, hauptsächlich – obgleich nicht ausschließlich – für eine christliche Leserschaft bestimmt.

Viertens ist Christus immer noch ein lebendiges Symbol für die Totalität der Wirklichkeit: menschlich, göttlich und kosmisch. Die meisten der offensichtlich neutraleren Symbole, wie z. B. Gott, Geist, Wahrheit, beschneiden in gewisser Hinsicht die Realität und beschränken das Zentrum des Lebens auf ein desinkarniertes Prinzip, auf eine ungeschichtliche Epiphanie und häufig auf ein Abstraktum.

In diesem Buch steht Christus stellvertretend für das Zentrum der Wirklichkeit, den Kristallisationspunkt, um den herum das Menschliche, das Göttliche und das Materielle wachsen kann. Rāma mag auch solch ein Name sein oder Krishna oder (wie ich glaube) Īśvara oder Purusha oder gar Mensch. Jedoch Gott, Substanz, Bewußtsein oder Berechnungen wie Zukunft, Gerechtigkeit und Liebe sind nicht die lebendigen Symbole, die einer Nachforschung bedürfen.

Unser gewähltes Symbol bewahrt uns vor den Verfehlungen der Pseudomystik bzw. der einseitigen Mystik, die unter anderen Martin Buber verurteilte. Der Name Christi wird weder den Gedanken an eine unpersönliche, undifferenzierte (letzten Endes inhumane) Einheit zulassen noch eine letzte Dualität. Derselbe Christus, der ›zur Rechten des Vaters sitzt‹[48] ist der Erstgeborene des Universums,[49] geboren von Maria;[50] er ist das Brot,[51] ebenso wie der Hungrige, Entblößte oder Gefangene.[52]

Innerhalb der christlichen Tradition ist Christus ohne die Trinität nicht denkbar. Ein nicht-trinitarischer Gott kann nicht Menschengestalt annehmen. Ein nicht-trinitarischer Christus könnte nicht ganz Mensch und ganz Gott sein. Im ersten Fall würde es sich um eine Absurdität handeln, wie Juden und Muslime mit Recht betonen, wenn sie die »Inkarnation« in einem monotheistischen Rahmen kritisieren; der zweite Fall käme einer doketistischen Farce gleich, wie es der Hinduismus und der Buddhismus betonen,

48 Vgl. Mt 22,44; 26,64; Mk 14,62; 16,19; Lk 20,42; 22,69; etc.
49 Joh 1,1 etc.
50 Mt 1,20ff.
51 Joh 6,35.
52 Mt 25,36 etc.

wenn sie die christliche Position ausschließlich aus einem historischen Blickwinkel betrachten und als theohistorischen Imperialismus kritisieren. Wenn Christus ein *avatāra* wäre, warum sollte ein *avatāra* alle anderen vereinnahmen?

Ich gebe die christliche Tradition nur dann wieder, wenn ich berücksichtige, daß das Christus-Symbol das Symbol ist, das die Wirklichkeit in ihrer Totalität – geschaffen oder ungeschaffen– ›zusammenfaßt‹. Christus ist das Zentrum der göttlichen Hervorgänge, er ›ist verursacht‹ und ›er verursacht selbst‹ (d. h. in theologischer Sprache, er ist gezeugt und ist zugleich der Mit-Schöpfer): Als das Zentrum der Zeit vereinigt er in sich die drei Zeiten, und er ist überall auf die entsprechende Weise gegenwärtig, nämlich am Anfang, am Ende und dazwischen, im Mittelpunkt aller Sphären des Seins; dem Göttlichen, dem Engelhaften, dem Menschlichen, dem Physischen, dem Materiellen. Es gibt keine Weise der Wirklichkeit, die nicht in Christus vergegenwärtigt wäre, wie ich gezeigt habe, indem ich nicht nur Johannes und Paulus zitiert habe, sondern auch die griechischen und lateinischen Väter, die Scholastiker und die Renaissance-Schriftsteller, die Repräsentanten der Devotio moderna, spanische und französische geistliche Schriftsteller, die Rheinländer, Lutheraner und moderne Theologen. Christus ist nicht nur das Sakrament der Kirche, sondern auch das Sakrament der Welt und das Sakrament Gottes. Jede andere Vorstellung des Christus-Symbols bleibt hinter dem zurück, was die christliche Tradition unter diesem Symbol verstanden hat.[53]

Die These des unbekannten Christus besagt: Es gibt etwas in jedem menschlichen Wesen, das den Menschen nicht verfremdet, sondern ihn vielmehr befähigt, die Fülle des Seins zu verwirklichen, ungeachtet der Tatsache, ob wir an Gott oder Götter glauben oder nicht. Ob der Weg der einer Verwandlung oder ein anderer Prozeß ist, ob das Prinzip ein göttliches

53 Ich kann der Versuchung nicht widerstehen, einen Text zu zitieren, der alle erwähnten Gesichtspunkte zusammenfaßt, sogar historisch gesehen, da er aus der Übergangszeit der Vergangenheit zur Moderne stammt: »Nam et congruum fuit ut qui est imago Dei invisibilis, primogenitus omnis creaturae, in quo condita sunt universa, illi copularetur unione ineffabili qui ad imaginem factus est Dei, qui vinculum est omni creaturae, in quo conclusa sunt universa.« (»Denn es war ebenso angemessen, daß der, der das Ebenbild des unsichtbaren Gottes ist, der Erstgeborene der ganzen Kreatur, und in dem alle Dinge des Universums ihre Ursache haben, daß er alles in einer unsagbaren Union zusammenfassen sollte, da der, der in die Welt kam, um Gott darzustellen (zu bekunden), der, von dem die ganze Schöpfung zusammengehalten wird, der, in dem alle Dinge des Universum zusammengefaßt sind.«) *Pico della Mirandola,* Heptaplus, Exp. V, c. 7 (zitiert nach *H. de Lubac,* Pic de la Mirandole. Paris 1974, 182, der in verschiedenen Passagen interessante Belegstellen zur christlichen Tradition anführt). Erasmus schrieb: »Wir etablieren Altes und initiieren nichts Neues; nos vetera instauramus, nova non prodimus«, und de Lubac kommentiert: »instauration n'est pas restauration«, ebd. 241.

Prinzip oder eine ›menschliche‹ Bemühung ist oder ob wir einen oder verschiedene Namen zur Bezeichnung des Göttlichen verwenden, das ist hier nicht die Frage. Fest steht nur, daß dieses kosmotheandrische oder trinitarische, *purusha-* oder *īśvara-*Prinzip existiert. Die Christen haben es Christus genannt, und zwar mit Recht. Ich schlage vor, daß die Christen diesen Namen nicht zu leicht aufgeben und nicht einfach mit Jesus zufrieden sein sollen – auch wenn er vergöttlicht ist. Es geschah in und durch Jesus, daß die Christen den Glauben an die Wirklichkeit fanden, die sie Christus nennen, aber dieser Christus ist die maßgebende Realität.
Ich wiederhole: Das bedeutet nicht, daß diese Wirklichkeit viele Namen *hat*, als ob es eine Wirklichkeit außerhalb des Namens gebe. Diese Wirklichkeit *ist* viele Namen, und jeder Name ist ein neuer Aspekt, eine neue Manifestation und Offenbarung der Realität. Jedoch lehrt sozusagen jeder Name das ungeteilte Mysterium oder bringt es zum Ausdruck.
Ich möchte eine Metapher anfügen: Jede Religion und letztlich jedes menschliche Wesen steht unter dem Regenbogen der Wirklichkeit und sieht ihn als weißes Licht – gerade deswegen, weil wir durch den ganzen Regenbogen hindurchsehen. Jenseits des Regenbogens sehe ich dich, als intellektuelle Abstraktion, im grünen Bereich, und du siehst mich im orangen Bereich. Ich nenne dich grün, und du nennst mich orange, weil wir nur aufeinander schauen und nicht die Totalität berücksichtigen. Wir neigen nicht dazu, die Totalität zu erfassen, an die wir glauben, jedoch beurteilen wir einander und machen uns eine Vorstellung von dem anderen. Und obgleich es richtig ist, daß ich im orangen Bereich stehe mit allen Begrenzungen einer orange gefärbten Spritualität, würde ich ›weiß‹ sagen, wenn du mich nach meiner Farbe fragen würdest!
Der ›Unbekannte Christus‹ bleibt unbekannt und hört dennoch nicht auf, Christus zu sein. Gerade weil es keine Pluralität von Göttern geben kann in der jüdisch-christlich-islamischen Gottesvorstellung (sie würden verschmelzen), kann es keine Pluralität von ›Christussen‹ geben (sie müßten irgendwie vereinigt sein). Entweder wird der Christ seine Vorstellung von Christus an andere Völker herantragen (was häufig von den Christen unter Mission verstanden wurde, aus Gründen, die hier nicht weiter erläutert werden), oder er wird die unbekannten Aspekte Christi anerkennen müssen.
Der Autor war überrascht von der großen Anzahl Buchrezensionen und Studien, die die englische Originalversion des Buches hervorgerufen hat. Er hat aus alledem gelernt und ist nicht nur für das Lob dankbar, das er erhielt, sondern ebenso für die Kritiken. Nichtsdestoweniger scheint eines mit dieser Studie erreicht zu sein: Man kann nicht länger das erörterte Problem übergehen und weiter fortfahren, ›Missiologie‹ oder vergleichende Religionswisscnschaft nach ›alter‹ Manier zu betreiben. In diesem Sinne hat das Buch, gleich welche Verdienste oder Mängel es haben mag, viele Aspekte einer gewissen Unkenntnis oder Selbstsicherheit aus dem Weg geräumt. Der

Autor wäre heute noch viel radikaler in seinen Ansichten, aber mit Rücksicht auf den Rhythmus des Kosmos und der Geschichte halten wir uns an das Prinzip der kleinen Zwischenschritte, das immer eine unerläßliche Bedingung für das sichere Erreichen eines Fortschritts ist. In der Ausdauer werden wir das Leben gewinnen.[54]

Barcelona
15. August 1979

[54] Lk 21,19.

I. DIE BEGEGNUNG

avijñataṃ vijānatāṃ vijñātam avijānatām.

Die verstehen es nicht, die es zu verstehen glauben;
es wird von denen verstanden, die es nicht begreifen.
Kena Up. II,3

εὑρέθην τοῖς ἐμὲ μὴ ζητοῦσιν,
ἐμφανὴς ἐγενόμην τοῖς ἐμὲ μὴ ἐπερωτῶσιν.

Ich ließ mich von denen finden, die mich nicht suchten;
ich ward denen offenbar, die nicht nach mir fragten.
Röm 10,20[1]

1. Die Suche nach einem Treffpunkt

Über die Begegnung zwischen Ost und West gibt es heutzutage eine ungeheure Menge Literatur.[2] Diese Tatsache beweist nicht nur, daß hier ein brennendes Problem vorliegt, sondern auch, daß sich das Problem heute in einer gänzlich neuen Perspektive zeigt. Wir beabsichtigen nicht, das offensichtlich komplexe Thema noch mehr zu komplizieren, sondern wir möchten nur eine Antwort auf folgende Frage aufzeigen: Wo treffen sich Hinduismus und Christentum? Das heißt, wo liegt der Treffpunkt für ein fruchtbares Gespräch zwischen Hinduismus und Christentum? Kann es einen Dialog oder vielleicht sogar eine gegenseitige Befruchtung geben? Oder sind sie nur zwei rivalisierende Religionen, die um den gleichen Wählerkreis ringen?

Welche Bedeutung mag die Begegnung mit dem Hinduismus haben, wenn auf der einen Seite das Christentum danach strebt, die universale Religion zu sein? Inwiefern kann der Hinduismus die Herausforderung des Wesens und der Gegenwart des Christentums annehmen? Wenn der Hinduismus auf der anderen Seite behauptet, »sanātana dharma«, d. h. die höchste »immerwährende Religion« zu sein, wie kann dann ein echter Dialog mit dem Christentum zustandekommen? Ist das Christentum dieser Anforderung gewachsen?

[1] Vgl. Jes 65,1; Röm 9,30.
[2] Vgl. die Angaben in Kapitel 2.

Es hat keinen Zweck, das Problem zu bagatellisieren, indem man von gegenseitiger Toleranz und friedlicher Koexistenz spricht, wenn beide Religionen im Grunde unvereinbar sind.
Die Begegnung der Religionen ist heutzutage eines der dringendsten menschlichen Probleme. Fünf Lösungsmöglichkeiten oder Stellungnahmen bieten sich an, die alle noch auf verschiedene Weisen vorhanden sind. Wir sollten fundamentalistische Haltungen und Fanatismen nicht ignorieren, die in vielerlei Formen in allen Religionen existieren. Corruptio optimi pessima!
Die *erste* Lösungsmöglichkeit des erwähnten Problems ist die strikte Trennung der Religionen. Diese Forderung ist jedoch kaum mehr haltbar, da die Erde schon aufgrund der Technik ›zusammengeschrumpft‹ ist. Ferner wäre eine stolze Isolation ohne die Sorge um den anderen gottloser Egoismus und würde in der Tat den Ruin jeder Religion bedeuten. Wir können nicht die gegenwärtigen großen Probleme, die allen Rassen und Religionen gemein sind, ignorieren. Krieg, Hunger, Ungerechtigkeit, Mangel an menschlicher Freiheit und ähnliches: Diese Probleme sollten für jede zeitgenössische und lebendige Religion von zentraler Bedeutung sein.
Der *zweite* Lösungsvorschlag lautet, eine Religion durch eine andere zu ersetzen. Dieser Vorschlag ist nicht nur nicht praktikabel und utopisch, er ist zugleich a-religiös und falsch, und würde auf beiden Seiten nur Unruhe und Verwirrung auslösen. Ein christliches missionarisches Verhalten, das danach trachtet, die Grundlagen des Hinduismus zu untergraben, wäre nicht nur unredlich und nicht vereinbar mit den Prinzipien des Christentums, sondern auch zum Scheitern verurteilt. Entsprechend gilt: Wenn ein Hindu-Guru den christlichen Hintergrund seiner westlichen Schüler unterminiert oder ignoriert, so wird er nicht nur die fundamentalen Hindu-Prinzipien wie Toleranz und Offenheit verletzen, sondern wäre gleichfalls zum Scheitern verurteilt. Denn Psychologie und Geschichte zeigen uns, daß solche radikale (d. h. entwurzelnde) Konversionen nicht von Dauer sind, es sei denn, es findet eine echte Integration beider Traditionen statt.
Der *dritte* Lösungsvorschlag, der permanente Traum von einer eklektischen Einheit und einer idealistischen Umarmung, mißachtet die wirklich schweren Konflikte, die zur Zeit bestehen. Dieser Vorschlag ist daher unrealistisch und in Wirklichkeit undurchführbar. Die ›Liberalen‹, ob es nun Christen oder Hindus sind, die behaupten, wir seien alle gleich und die beiden Religionen seien in ›transzendentaler‹ Hinsicht letztlich eins, übersehen die konkrete und historisch-religiöse Situation der wirklichen Menschen.
Eine einfache friedliche Koexistenz wäre *viertens* auf den ersten Blick eine wünschenswerte und praktikable Lösung, die jedoch kurzsichtig und oberflächlich ist. Eine Koexistenz kann nur von Dauer sein, wenn beide Parteien eine ›gemeinsame Substanz‹ aufweisen. Eine erzwungene Koexistenz, die nur angestrebt würde, um Probleme zu vermeiden, wird in dem Moment auseinanderbrechen, in dem eine der Parteien davon überzeugt ist, daß die

Werte, die sie vertritt, von größerer Bedeutung sind als das anstehende Problem. Dann wird man es als lohnend erachten, den ›friedlichen‹ Status quo zu durchbrechen. Wahre Koexistenz impliziert, wie wir bereits erwähnten, immer eine vorherige Übereinkunft über ein gewisses gemeinsames Wesen. Das aber ist genau der Punkt, den wir nicht a priori annehmen können.

Koexistenz wird ferner nicht der traditionell christlichen Auffassung gerecht, die besagt, das Christentum verkörpere das *Mysterium*, das Gott für die ganze Welt offenbart hat.[3] Dieser vierte Vorschlag mag auf lange Sicht gesehen zur Quelle eines Verfalls innerhalb des Christentums werden und nach außen hin zu ›Kompensationen‹ führen in der Form von aggressiven und nicht legitimen Angriffen auf andere Religionen. Nichts ist so schädlich wie das, was moderne Psychologen ›unnatürliche Unterdrückung‹ und ›pathologische Repression‹ nennen. Entweder gibt das Christentum den Anspruch auf Universalität und Katholizität auf und koexistiert in Frieden mit den anderen Religionen, oder es wird seinen Anspruch mit einer Theorie – im klassischen Sinn des Wortes – beweisen müssen, indem der Grund und die Richtigkeit dieses Anspruches aufgezeigt werden. Anderenfalls wird es die Bürde zu tragen haben, eine fanatische und exklusive Religion zu sein, die darauf aus ist, alles zu zerstören, was nicht ihrem eigenen Geschmack entspricht.

Das gleiche gilt für den Hinduismus. Die Koexistenz mit einem militanten Christentum, das das ›Recht und die Pflicht‹ (die Jurisdiktion) über die ganze Welt beansprucht, kann den Hinduismus nicht zufriedenstellen. Auch wenn das Christentum diese Forderung aufgeben würde, was ich voraussetze, gäbe es immer noch einen Dorn im Auge der Hindus, solange die Regeln für die Koexistenz von der anderen Religion vorgeschrieben werden und sich von den verbindlichen Gesetzen des sanātana dharma unterscheiden. Mit anderen Worten, entweder gibt der Hinduismus seinen Anspruch auf, die ›immerwährende Religion‹ zu sein (zumindest, was die Inder betrifft), oder man wird erklären müssen, wie ein anderer dharma den Erfordernissen des eigenen Selbstverständnisses gerecht werden kann. Sollte der Hinduismus mit einem rein passiven Christentum, das den gegenwärtigen Status quo akzeptiert, koexistieren, dann würde das die Überführung des Christentums in eine der vielen Gruppen des Hinduismus bedeuten. Ein solches Verhalten entspräche auch einem fundamentalen Prinzip des modernen Hinduismus, dem Prinzip der relativen Gleichheit aller Religionen. Widersprüche übertreiben und den Streit schüren, ist eins. Etwas anderes ist es, wenn man Differenzen und im Grunde widersprüchliche Gesichtspunkte übersieht.

[3] Vgl. Mt. 13,35; Röm 16,25–26; Eph 3,8–9; Kol 1,26 etc.

Die gute Absicht, Harmonie zu schaffen, ist zwar eine notwendige, aber keine hinreichende Bedingung für das gegenseitige Verständnis.
Wenn die Menschwerdung Christi nur als eine partielle Offenbarung des Göttlichen interpretiert würde und das Christentum von seinem Anspruch auf die ganze Erde abließe oder das, was es als seine Verantwortung der Welt gegenüber versteht, aufgäbe, dann würden die meisten Christen glauben, daß sie ihre Mission verraten hätten. Wenn der Hinduismus seinerseits von dem Glauben abließe, er sei die gültige Religion für die Inder, würden die Inder das als einen Verrat des Hinduismus empfinden. Wir sind wieder zu unserem Ausgangspunkt zurückgekehrt. Es sieht so aus, als sei eine Begegnung zwischen den beiden Religionen nicht möglich, wenn beide Religionen ihrem Wesen treubleiben wollen.
Gewiß sieht sich jede Tradition von innen und hält sich für fähig, die religiösen Fragen der Gläubigen zu beantworten, und sie neigt dazu, die anderen Traditionen nur von außen zu betrachten und sie als unvollkommen zu verurteilen. Nur wenn wir die andere Religion genauso ernst nehmen wie unsere eigene Religion, wird sich eine neue Perspektive öffnen. Jede menschliche Gruppierung muß daher aufhören, nur die eigenen Interessen zu berücksichtigen. Das setzt jedoch voraus, daß wir uns irgendwie außerhalb der Tradition stellen, zu der wir uns bekennen. Dies aber scheint das Schicksal unserer Zeit zu sein.
Es ist ein so dringendes und schwieriges Problem, daß wir es nicht unter dem Vorwand ignorieren können, es sei besser, wenn eine scheinbare und oberflächliche Herzlichkeit ungestört bliebe. Falls wir dem Problem nicht in völliger Demut und Aufrichtigkeit begegnen, werden wir nie ein tiefes Unbehagen überwinden können, das immer wieder auftreten wird, um beiden Parteien – zu einer für die einzelnen wie für die Gemeinschaft kritischen Zeit – Schaden zuzufügen oder sie zu zerstören. Das Beispiel von Unruhen zwischen Hindus und Muslimen in Indien ist eine Warnung, von der wir mit Vorsicht Notiz nehmen sollten, es ist auch ein Beispiel für die Unzulänglichkeit einer nur politischen oder nur pragmatischen ›friedlichen Koexistenz‹. Die Christen wünschen, daß der Hindu Christ werde, obgleich sie nicht genügend den Umstand berücksichtigen, daß es viele Weisen gibt, Christ zu sein. Der Hinduismus seinerseits wünscht nicht, die Christen mögen sich zum Hinduismus bekehren, denn ein Grundsatz der Hindus lautet: Man kann nicht werden, was man nicht *ist*; ein Christ kann nie ein Hindu ›werden‹, aber dann gilt nach demselben Grundsatz: Ein Hindu kann kein Christ ›werden‹; folglich muß der Hinduismus die ›Konversion‹ bekämpfen.
Besteht eine Möglichkeit, dieses Problem zu lösen? Hiermit kommen wir zu dem *fünften* Lösungsvorschlag: gegenseitige Durchdringung und Befruchtung – und eine Veränderung in der Selbst-Interpretation der betreffenden religiösen Traditionen.

Eine solche Begegnung scheint drei unentbehrliche Voraussetzungen zu erfordern: eine tiefe menschliche Ehrlichkeit auf der Suche nach der Wahrheit, wo immer sie zu finden sein mag; eine große intellektuelle Offenheit bei dieser Suche, ohne bewußte Voreingenommenheit und willkürliche Vorurteile; schließlich eine tiefverwurzelte Loyalität gegenüber der eigenen Religion. In vergangenen Zeiten, als die Menschen entweder in der Isolation oder in der Unterdrückung lebten, war das religiöse Streben im Grunde nur auf die eindimensionale Vertiefung des eigenen Glaubens gerichtet. Heutzutage jedoch können die echten religiösen Kräfte nicht länger das Verlangen nach einem offenen Gespräch und nach gegenseitigem Verständnis ignorieren. Die Religion meines Bruders wird auch für mich zu einem persönlichen religiösen Anliegen.
Weitsichtige Gläubige aller Religionen sehnen sich nach gegenseitiger Hilfe und Aufklärung – nicht nur unter dem Druck der äußeren Ereignisse, wie etwa durch die gegenwärtigen Konfrontationen zwischen den traditionellen Religionen, sondern auch aus internen Motiven, die einer intellektuellen und existentiellen Dynamik entspringen. Auf intellektueller Ebene kann sich keine Religion rühmen, das Geheimnis der Wirklichkeit völlig enthüllt zu haben; auf der existentiellen Ebene erfährt der Mensch mehr und mehr die Anziehung und auch die Abneigung anderer Religionen.
Der erste Schritt in die Richtung der Lösung des Problems besteht in der Erkenntnis, daß eine wirkliche Begegnung nur dort stattfinden kann, wo sich die beiden ›Wirklichkeiten‹ wirklich treffen. Jede Begegnung ist notwendigerweise gegenseitig. Mit einem Filmschauspieler auf der Leinwand kann ich nicht wirklich zusammenkommen, zunächst, weil sie oder er, obgleich ich sie oder ihn irgendwie kennenlernen mag, mich dort nicht treffen kann. Das Christentum kann dem Hinduismus nicht begegnen, wenn die Hindus die Christen einfach nicht beachten; und der Hinduismus wird umgekehrt nie fähig sein, dem Christentum zu begegnen, wenn die Christen sich nicht besinnen und den Hindus entgegenkommen. Jede Begegnung bedarf eines gemeinsamen Nenners oder Treffpunktes. Die wahre Begegnung geschieht nicht auf der rein lehrmäßigen Ebene, da wir es hier mit zwei voll entwickelten, unabhängigen sozialen und anthropologischen Erscheinungen zu tun haben. Die vergleichenden Religionsstudien werden keine Lösung auf Dauer hervorbringen, es sei denn, die Lehrmeinungen werden lediglich als Ausgangspunkt für das Erfassen der ihnen zugrundeliegenden Wirklichkeit betrachtet. Es geht hauptsächlich nicht um eine lehrmäßige Angelegenheit, sondern, wie gesagt, um ein religiöses Problem.
Ich werde nun versuchen, diesen Treffpunkt zu beschreiben. Da das Buch die Reflexion eines Christen in Gegenwart des hinduistischen Partners ist, wird meine Argumentation eine christliche Meditation sein, die auf die Reflexion der eigenen Position abzielt, ohne die Natur des Christentums zu schwächen und ohne dem Hinduismus Unrecht zu tun.

2. Christus, der Ort der Begegnung

Die wahre Begegnung zwischen zwei Religionen findet nicht so sehr im lehrmäßigen Bereich statt als vielmehr auf einer tieferen Ebene, die man existentiell oder als die Ebene des Bewußtseins oder der ›ontischen Intentionalität‹ bezeichnen könnte.

Die beiden Gruppen von Lehren sind trotz unbestreitbarer Ähnlichkeiten weit voneinander entfernt und haben dennoch in gewissem Sinne denselben *Zweck* und dasselbe *Ziel.* Darüber hinaus gehen beide von der gleichen anthropologischen Voraussetzung aus, sie berücksichtigen beide das gleiche vergängliche und verwundbare menschliche Wesen, das danach strebt, die Fülle und Vollendung zu erreichen. Ebensowenig wird man bestreiten, daß die ›ontische Intentionalität‹ in beiden Religionen die gleiche ist: die größtmögliche Einheit mit Gott. Mit Sicherheit wird der Christ behaupten, daß die christliche Existenz vor allem eine übernatürliche Gabe und eine neue Schöpfung sei. Aber man wird nicht abstreiten, daß dieser neue Zustand der ›Gnade‹ jeder menschlichen Existenz als solcher zufällt und irgendwie allen Menschen zuteil wird, da Gott die Erlösung aller Menschen will und es ohne ›Gnade‹ kein Heil geben kann. Das Christentum wird auch zu bedenken geben, daß sein bestimmtes Ziel schon im christlichen Sinne geprägt ist, nämlich als Vergöttlichung des Menschen. Das heißt, das Christentum erhebt den Anspruch, ein einzigartiges Wissen zu besitzen: eine ›gnoseologische Intentionalität‹, die Erkenntnis nämlich, daß Gott der Dreifaltig-Eine ist und wir mit Gott in Christus vereinigt sind. Aber es wird auch nicht bestreiten, daß die hinduistische ›ontische Intentionalität‹ der christlichen entspricht, nämlich als ›Einheit mit dem Absoluten‹.

Worte können diese ›ontische Intentionalität‹ oder das Ziel des Daseins nicht hinreichend erklären. Wir haben z. B. den Ausdruck ›Vereinigung mit dem Absoluten‹ gebraucht, während ein Yogi es vorziehen würde, von ›völliger Isolation‹ (*kaivalya*) zu sprechen, und ein Buddhist den Begriff »nirvāṇa« benutzen würde. Manche werden sagen, daß es weder ein Absolutes gibt, mit dem man sich vereinigen könnte, noch irgendeine Dualität, die einer solchen Vereinigung einen Sinn gäbe; und dennoch ist die Ausrichtung auf das, was ich die ›ontische Intentionalität‹ nenne, ein und dieselbe: Es ist genau das ›Ziel‹, der endgültige Zustand, nach dem alle streben, und dem man sich von verschiedenen Standorten aus nähern kann. Folglich begegnen Christen und Hindus einander in einem gemeinsamen Bestreben, das denselben Ausgangspunkt und dasselbe ontische Ziel als Grundlage hat. Es gibt einen terminus a quo und einen terminus ad quem in der seinshaften Ordnung, wenngleich sich die Interpretationen voneinander unterscheiden.

Ich möchte gern diese Idee mit Hilfe der christlichen Sprache entwickeln. Tatsächlich ist es keine Bevorzugung des Christentums, wenn ich den christlichen Standpunkt wähle. Schließlich ist es das Christentum, das die

Initiative ergreift, um dem Hinduismus näherzukommen. Da der Hinduismus bisher nicht so sehr nach dieser Begegnung verlangte, liegt es nun bei den Christen, ihre Position darzulegen. Es gibt gegenwärtig eine Tendenz im Hinduismus, die vierte Lösungsmöglichkeit, d. h. die gegenseitige Nichteinmischung, vorzuziehen. Das hat zweierlei Gründe: bittere Erfahrungen mit der Einmischung von Christen in der Vergangenheit und ebenso die charakteristische Eigenart des Hinduismus, sich nicht allzusehr für die gesellschaftliche und historische Situation der Menschheit zu interessieren. Im modernen Indien beginnt man jedoch das Problem als sehr dringend zu erkennen.

Unsere These ist einfach, wenngleich ihre Erklärung nicht vereinfacht werden darf: Christentum und Hinduismus begegnen sich in einer Wirklichkeit, die sowohl göttliche als auch menschliche Züge hat, d. h., christlich gesprochen, sie treffen sich in Christus. Christus ist ihr Ort der Begegnung. Es ist nicht möglich, diese Aussage rational zu beweisen. Wir können jedoch versuchen zu zeigen, daß sowohl nach hinduistischer als auch nach christlicher Auffassung eine Begegnung – wenn überhaupt – nur in der Wirklichkeit geschehen kann, der die Christen den Namen Christus geben.

Würden wir ein hinduistisches Symbol wählen, so könnten wir es möglicherweise nicht in einem einzigen Wort zum Ausdruck bringen. Es gibt zwei Gründe für diese Schwierigkeit. Der erste Grund ist, daß der Hinduismus kaum als eine Religion bezeichnet werden kann. Er ist eher ein Bündel von religiösen Traditionen. Wir sollten bereit sein, die Reaktion des indischen Volkes zu verstehen, die sich dagegen wehrt, auf das Niveau eines einzigen ›Hinduismus‹ eingeebnet zu werden. Streng genommen gibt es den Hinduismus nicht. Auch wenn wir uns vor dem analogen Gedankenschluß hüten sollten, das Christentum als einen monolitischen Block zu betrachten, gibt es im Fall des Christentums doch die zentrale Figur Christi – auch wenn sie verschieden interpretiert wird –, die in einem gewissen Grade die Bezeichnung ›Christentum‹ rechtfertigt.

Hier haben wir bereits den zweiten Punkt angesprochen. Es ist die Tatsache, daß der Hinduismus nicht ein einheitliches Symbol besitzt wie das Christentum. Er hat nicht nur eine Vielzahl von Symbolen, sondern keines seiner Symbole besitzt dieselbe pluralistische Polyvalenz wie das Christus-Symbol. Innerhalb einer einzigen Hindu-Tradition würde ich wahrscheinlich den Namen Rāma wählen. Rāma ist in der Tat vollkommen menschlich und göttlich, Rāma ist materiell und spirituell, zeitlich und ewig. Jeodoch würden wiederum nicht alle ›Rāmalogien‹ dem zustimmen, ebensowenig wie nicht alle Christologien dem Standpunkt dieses Buches zustimmen werden.

3. Die Unzulänglichkeit lehrhafter Vergleiche

Offensichtlich kann eine wirkliche und lebendige Begegnung nicht einfach darauf beschränkt sein, gewisse Ähnlichkeiten oder gemeinsame Züge im praktischen oder theoretischen Bereich aufzudecken. Christentum und Hinduismus sind zwei lebendige Religionen, die man nicht mit einer bloßen Ansammlung von Begriffen verwechseln darf. Die meisten der gemeinsamen Auffassungen stimmen tatsächlich nur dann überein, wenn sie aus ihrem jeweiligen Kontext gelöst und vor einem abstrakten und sterilisierten Hintergrund miteinander verglichen werden, der mit der einen Religion ebensowenig zu tun hat wie mit der anderen. Da die Ähnlichkeiten darüber hinaus notwendigerweise nach den individuellen Kriterien des Wählers ausgesucht werden, bewirkt dessen synkretistische Intention meist eine Verschleierung. Ganze Bereiche der anderen Religion können einfach abgelehnt oder ignoriert werden, weil sie verschieden sind. Dies entspricht nicht so sehr einer offenen Begegnung als vielmehr einer Wunschvorstellung. Solche Ähnlichkeiten haben eine relative Bedeutung, aber sie treffen nicht den Kern der wirklich gelebten Religionen.

Die Gnadenlehre der christlichen Patristik und der Scholastik berührt z. B. eine entsprechende Lehre im Śaiva-sid-dhānta und im Śaivismus von Kashmir. Dennoch, trotz vieler Gemeinsamkeiten in der Lehre bietet diese Übereinstimmung nur einen Treffpunkt für eine lehrhafte Diskussion zwischen Fachleuten der beiden Theologien. So wichtig diese auch sein mag, dieser oder jener lehrhafte Vergleich wird nie die letzte Grundlage für eine umfassende Begegnung zwischen den beiden Religionen sein. Ausschlaggebend ist nicht, ob die Gnadenlehre der Hindus und die der Christen übereinstimmen, sondern daß der Christ und der Hindu wirklich ›begnadet‹ sind – gemäß der Lehre des anderen.

Hinduismus und Christentum haben viele analoge Begriffe und Bestrebungen, die Ausgangspunkte für einen Dialog darstellen. Ein dialektischer Dialog kann aber nur eine Zwischenstufe auf dem Weg zu einer Begegnung sein, der eine tiefgehende Erforschung bis zu den letzten Konsequenzen folgen muß, wenn eine echte Begegnung stattfinden soll. Wir wollen nicht die Bedeutung theoretischer Studien herabmindern. Gegenseitige Kenntnis ist unerläßlich, aber das Wissen darf nicht von der Wirklichkeit getrennt werden und muß von einer höheren Weisheit geleitet werden, denn jede sich ergebende Begegnung entspringt letztendlich dieser höheren Weisheit und ist von ihr abhängig.

Die Schlußfolgerungen, die aus vergleichenden Studien der beiden Religionen hergeleitet werden, können nach einem einfachen dialektischen Schema eingestuft werden: Entweder werden die beiden verglichenen Lehren als fundamental richtig befunden oder nicht.

Im ersten Fall kann die Übereinstimmung entweder absolut sein, sofern die beiden Lehren tatsächlich identisch sind, oder die Übereinstimmung ist relativ, sofern beide dieselben Funktionen innerhalb verschiedener Lehrsysteme erfüllen. Im letzten Fall wären die beiden Lehren eher äquivalent als identisch. Ob identisch oder äquivalent, wir werden soweit fortschreiten müssen, bis die Unterschiede der beiden Religionen zutage treten, und dann müssen wir die Ursache dafür finden. Trotz aller theoretischen Ähnlichkeiten werden wir an einem gewissen Punkt historische oder zumindest faktische Unterschiede feststellen, denn die eine Religion ist in der Tat nicht auch jede andere. Stellen wir uns beispielsweise vor, Śaṅkaras Vedānta entspräche theoretisch der Scholastik des Thomas von Aquin. Trotz des theoretischen Parallelismus bliebe die Tatsache bestehen, daß das eine eine *hinduistische* und das andere eine *christliche* Lehre ist. Sie wären dasselbe theoretische Gewand für verschiedene historische Realitäten.[4]

Wenn die beiden Theorien unter einem dialektischen Gesichtspunkt untersucht würden und die eine nicht für genauso richtig befunden würde wie die andere, sollte die weniger genaue Lehre verschwinden oder zumindest von der richtigen korrigiert werden. Tatsächlich aber beweist uns die Erfahrung nicht nur, daß wir unser Gegenüber in dieser Frage nur schwer überzeugen können, sondern auch, daß er nicht fähig sein wird, seine Lehre aufzugeben, weil sie tief im Innern seiner Religion verwurzelt ist, an der er aus über- und außerrationalen Gründen festhält. Man stelle sich einen Thomisten vor, der gezwungen ist, zuzugeben, daß seine Gottesbeweise hinfällig sind. Er wird dann seine Beweise aufzugeben haben, aber er wird nicht so leicht bereitsein, zu erklären, daß die Existenz Gottes nicht beweisbar ist. Auch die Dialektik hat ihre Grenzen in der unleugbaren Existenz des anderen als der Quelle des Selbstverständnisses und in nicht rationalen Faktoren, die einen Einfluß auf unsere Überzeugungen haben. Es gibt zwei *Voraussetzungen* für einen Dialog: die grundlegenden Glaubenslehren, aus denen sich die Theorien entwickelt haben, und die Realität, die *existentielle Wahrheit*, die die Theorien zu erklären versuchen. Beide gehen über den lehrhaften Bereich hinaus. Die Ebene des Dialogs bietet mehr Möglichkeiten als nur lehrhafte Diskussionen und ausschließlich begriffliches Denken. Es sollte jedoch nicht der Schluß gezogen werden, daß wir die Bedeutung theoretischer Studien mißachten oder unterschätzen. Man macht es sich oft zu leicht, wenn man sich nur auf (existentielle oder mystische) ›Erfahrung‹ stützt, während man die weitreichenden theoretischen Implikationen jedes existentiellen Standpunktes ignoriert. Die Praxis bedarf der Theorie, und die Theorie muß von der Praxis geleitet sein. Aus diesen Gründen ist, wie wir im 3. Kapitel sehen

[4] Vgl. *R. Panikkar,* La philosophie de la religion devant le pluralisme philosophique et la pluralité des religions: Pluralisme philosophique et pluralité des religions, hrsg. v. *E. Castelli.* Paris 1977, 193–201.

werden, eine Begegnung im lehrhaften Bereich genauso notwendig für eine echte und dauerhafte Begegnung.

4. Die Unzulänglichkeit einer kulturellen Synthese

Eine tiefgreifende Begegnung zwischen Hinduismus und Christentum kann nicht auf der profanen Ebene einer rein kulturellen Beziehung zustande kommen. Wir sprechen ja nicht über die Begegnung zweier Kulturen, sondern über die Begegnung zweier Religionen. Dieser Punkt muß in unserer Zeit besonders unterstrichen werden, denn es gibt die wohlgemeinte, aber falsche Tendenz, die Begegnung der Religionen auf ein Problem gegenseitiger kultureller Beziehungen zu reduzieren. Das Verhältnis zwischen Religion und Kultur ist kompliziert.

Ohne Zweifel hat der Hinduismus eine eigene Kultur hervorgebracht, mit der er eng verbunden ist, und ungeachtet aller notwendigen Einschränkungen können wir die Existenz einer christlichen Kultur – zumindest als ein Nebenprodukt des Christentums – nicht abstreiten. Doch die Gesetze gegenseitiger kultureller Beziehungen unterscheiden sich von denen einer Begegnung zwischen Religionen.[5] Die Geschichte zeigt uns, daß kulturelle Beziehungen auch religiöse Begegnungen ermöglichen, auf der anderen Seite haben religiöse Fragen enormen Einfluß auf kulturelle Probleme. Für die letzteren sind pragmatische Kriterien und rein kulturelle Werte entscheidend, für die ersteren spielt die Treue zur Vergangenheit und die Wahrhaftigkeit gegenüber sich selbst eine bedeutende Rolle, manchmal auf Kosten vieler anderer Werte.

Die Abhängigkeit und zugleich Unabhängigkeit von Kultur und Religion könnte man wie folgt beschreiben: Ohne Zweifel formt jede Religion eine Kultur, doch die Kultur bietet auch die konkreten Grenzen, innerhalb derer sich die Religion entfaltet. In gewisser Weise ermöglicht daher die Kultur erst die Religion. So sind sie weder unabhängig voneinander – da es in einem Sinne keine Religion ohne Kultur und in einem anderen Sinne keine Kultur ohne Religion gibt –, noch sind sie miteinander identisch. Es ist bekannt, daß eine Religion mehrere Kulturformen befruchten oder beeinflussen kann und daß eine Kultur mehr als eine Religion beherbergen kann. Darüber hinaus hat fast jede größere Religion eine über die Kultur hinausgehende Intention, denn sie beansprucht für sich, weiter fortzubestehen, auch wenn die Kultur, in der sie beheimatet ist, zerstört würde. Ähnliches gilt für die meisten Kulturen. Sie haben eine über die Religion hinausgehende Gültigkeit, da sie nicht unbedingt an eine bestimmte Religion gebunden sind. Als zwei beispielhafte Volksgruppen könnte man die Kerala-Christen und die nord-

[5] Vgl. *R. Panikkar,* The Intrareligious Dialogue. New York 1978, passim.

amerikanischen Hindus anführen, die eine Religion akzeptieren und in einer anderen Kultur ›leben‹.

Die religiöse Begegnung fordert den ganzen Menschen. Entsprechend kann eine kulturelle Begegnung – und noch viel weniger eine Begegnung von Religionen – keine rein akademische Angelegenheit sein. Es muß vielmehr eine Begegnung von lebendigen und liebenden Personen sein, die versuchen, höheren Werten, die nicht von Menschen gesetzt sind, treu zu bleiben. Eine wahre Begegnung der Religionen vollzieht sich nur im religiösen Geist. Dabei sollten alle Beteiligten jegliche Art von Parteilichkeit gegenüber der eigenen Tradition und alle Vorurteile gegenüber anderen Religionen ablegen, während sie zugleich der eigenen religiösen Überzeugung wirklich treu bleiben. Die Begegnung von Religionen ist nicht nur ein intellektuelles Bestreben, auch nicht einfach ein praktisches Unternehmen, sondern die Frucht religiöser Erfahrung und religiösen Engagements. Religion *besteht* nur *in* der Religiosität, in der Liebe zu Gott und den Mitmenschen, darin, das Selbst in allem zu sehen und alles in dem Selbst zu sehen – Religion ist die Sehnsucht nach dem Zustand, der auf verschiedene Weisen als ›selig‹ bezeichnet wird, der z. B. nur durch eine zweite Geburt oder durch die Gnade Gottes erreicht werden kann. Wenn die Begegnung nicht in diesem Geist vollzogen wird, dann ist es nicht so sehr eine Begegnung von Religionen als vielmehr eine Begegnung von ethischen Systemen oder kulturellen Sitten, die in Begriffe gefärbt werden können. Begriffe, sogar Begriffe von Gott, von der letzten Wirklichkeit oder dem Absoluten, können nicht, obgleich sie in gewissem Sinne unvermeidlich sind, das Herz einer Religion sein, da das ›Letzte‹, sei es ›immanent‹ oder ›transzendent‹, für den Verstand nicht erreichbar ist. Religionen treffen sich in ihrem gemeinsamen Ursprung, nicht auf der Ebene der Ideen oder Ideale, sondern in der innersten Tiefe. Im Augenblick können wir diesen Punkt nicht weiter entwickeln.[6]

5. Die existentielle Begegnung

Wir haben bisher versucht zu zeigen, daß die wahre Begegnung von Religionen primär nicht in den Bereich begrifflicher Grundlagen fällt, sondern in den existentiellen Bereich. Religionen treffen sich in den Herzen,

[6] Ich wohnte einmal einer Debatte über religiöse Probleme bei, in der der Dialog ausschließlich synkretistisch geführt wurde: Dort wurden Berührungspunkte betont. Es hatte jedoch jeder eine andere Vorstellung von ›Toleranz‹ und ›Verstehen‹. Tot capita quot sententiae! Obwohl man in einem eher vagen und liberalen Rahmen übereinkam, hatte jeder innerhalb des Rahmens seine eigene Meinung. Nur ein katholischer Priester und ein buddhistischer bhikku, die maximalistische Haltungen einnahmen, fanden sich in wirklicher Übereinstimmung, und ihre Stimmen waren die einzigen, die in der Versammlung übereinstimmten.

weniger in den Köpfen. Unter ›Herz‹ verstehen wir nicht die Gefühlssphäre, sondern die konkrete Wirklichkeit unseres Lebens. Das Zusammentreffen von zwei unterschiedlichen Wirklichkeiten ruft den Schock der Begegnung hervor, aber es gibt nur einen *Ort* der Begegnung, das Innere des Menschen. Mit dem Herzen kann ich beide Religionen in einer persönlichen Synthese erfassen, die intellektuell betrachtet mehr oder weniger vollkommen sein mag. Es ist auch mein Herz, das die eine der beiden Religionen in die andere integrieren kann. Tatsächlich können Religionen nicht ehrlich koexistieren oder gar als lebendige Religionen fortbestehen, wenn sie nicht ›koinsistieren‹, d. h. wenn die eine nicht in den Kern der anderen Religion eindringt. Ein Christ wird den Hinduismus nie vollkommen verstehen, wenn er sich nicht irgendwie zum Hinduismus bekehrt. Auch wird ein Hindu niemals das Christentum begreifen, es sei denn, er werde auf irgendeine Weise Christ.[7] Es gibt gewiß verschiedene Ebenen des Verstehens, ebenso wie es verschiedene Ebenen der Bekehrung gibt. Es ist nicht jeder verpflichtet, jedem auf dieser Ebene zu begegnen. Es gibt sicherlich äußerst gefährliche Begegnungen. Es ist auch nicht jeder fähig – noch viel weniger verpflichtet –, sich in einer anderen Religion zu verwurzeln. Aber wenn eine Begegnung mehr sein soll als nur ein diplomatischer Zug, können wir ihren Forderungen nicht ausweichen. Da es sich nicht nur um eine individuelle Angelegenheit handelt, sondern um eine kollektive und gesellschaftliche, müssen die Beteiligten die Dynamik der Heilsgeschichte aufgreifen, indem sie ihre Impulse aufnehmen und auf sinnvolle Weise fortsetzen.

Wir wollen die Begegnung zuerst allgemein in ihrer fundamental existentiellen Dimension beschreiben: Da ist auf der einen Seite der Hinduismus als eine Lebensform, ein mystischer Weg, eine Gruppe von Traditionen, die die Menschen Indiens zu ihrem Ziele führt, zu ihrer Erfüllung und Erlösung. Das Wort ›führen‹ mag hier nicht ganz zutreffend sein: Der Hinduismus kann kaum als eine Religion bezeichnet werden, die anordnet oder führt. Der Hindu wird *mokṣa* (Erlösung, Befreiung) finden, wenn er sich führen läßt und dem eigenen *dharma* folgt. Man braucht nicht zu erwähnen, daß Erfüllung und Erlösung völlig verschieden ausgelegt werden können. Andererseits beansprucht das Christentum für sich, die Menschen auf den Weg zur Erlösung zu führen; folglich versucht es, seine »Pflicht« gegenüber der Hindu-Kultur und Hindu-Religion zu erfüllen. Beide Religionen mögen in verschiedenen Punkten übereinstimmen oder auseinandergehen, aber es bleibt bei der historischen, konkreten und beinahe juridischen Tatsache, daß auf der einen Seite der Hinduismus als ein Weg zur ›Erlösung‹ oder ›Befreiung‹ steht, und auf der anderen Seite das Christentum dieselben

[7] Zum ›Verstehen als Überzeugtsein‹ vgl. *R. Panikkar,* Verstehen als Überzeugtsein: Neue Anthropologie, vol. vii, hrsg. v. *H. G. Gadamer und P. Vogler.* Stuttgart 1975, 132–167.

Ansprüche hat. Der geborene Inder und die Konvertiten von beiden Seiten stehen befangen zwischen diesen beiden Ansprüchen.
Die Begegnung mag zu einem Zusammenstoß entarten. Wir wollen offen sein. Der Hindu folgt einer bestimmten Richtlinie und hält eine bestimmte Lebensregel ein. Das Christentum mischt sich jedoch ein und verlangt, daß der Hindu nur auf dem ›christlichen Weg der Erfüllung‹ fortfahren soll. Da die Christen sich nur einen Weg vorstellen können,[8] muß die Hindu-Lehre in eine christliche Lehre umgewandelt werden. Die Initiative dazu geht vom Christentum aus, daher ist es die Pflicht der Christen, sie zu rechtfertigen. Was ist es, das den Christen veranlaßt, eine Vollmacht über den Hinduismus zu beanspruchen? Will das Christentum den Hinduismus wirklich zerstören? Besteht das christliche Verhalten nur in taktischen oder zweckmäßigen Handlungen, die die Absicht verfolgen, den Hindu auf die Seite des Christentums zu bringen und sich auf diese Weise zahlenmäßig zu vergrößern, wie es oft von den Hindus empfunden wurde? Wir wollen hier nicht nach historischen Gründen, Erklärungen oder Entschuldigungen für die Tatsache suchen, daß der Hindu diesen Eindruck vom Christentum gewonnen hat, denn der mögliche Mißbrauch eines ›Rechtes‹ bzw. Gefahren, die offensichtlich jeder Dynamik eigen sind, liegen außerhalb dieser Studie.
Unser Problem ist vielmehr folgendes: Ist es gerechtfertigt, daß das Christentum bei der Begegnung ein Recht über den Hindu oder gar über den Hinduismus beansprucht? Manche Christen würden eher von ihren Pflichten gegenüber dem Hindu und dem Hinduismus sprechen, aber ob Recht oder Pflicht, es läuft schließlich auf dasselbe hinaus. Ein rationaler Nachweis solcher Rechte oder Pflichten kann kaum gegeben werden. Das Christentum ist davon überzeugt, gewisse Verpflichtungen zu haben – diese Überzeugung gehört zum christlichen Selbstverständnis und ist die logische Konsequenz seines Wesens. Die Anerkennung dieser Tatsache ist praktisch gleichbedeutend mit der Anerkennung des Christentums selbst. Es gehört zu der tragischen geschichtlichen Spannung, daß solch eine Begegnung von Religionen häufig kein friedliches Unternehmen ist, sondern eine schmerzliche Konfrontation, die entweder das Wachstum und die Entwicklung fördert oder zu Vernichtung und Verwirrung beiträgt.
Hinduismus und Christentum begegnen sich nicht in einer intellektuellen Übereinstimmung, sondern in der letzten Spannung oder Gegenüberstellung der beiden lebendigen Religionen. Es wird jetzt nützlich sein, die unter-

[8] Wenn wir hier von ›Christentum‹ im allgemeinen Sinne sprechen, vergessen wir dabei nicht, daß die meisten indischen Christen nicht militant oder aggressiv ›missionarisch‹ sind, aber es würde zu weit führen, wenn wir die historischen Unterschiede zwischen den vielen Formen des Christentums in Indien anführen wollten. Im übrigen ist die erwähnte Haltung keineswegs auf ausländische Missionare beschränkt.

schiedlichen Positionen klarzulegen und die Erfordernisse der Begegnung in aller Klarheit und Offenheit darzustellen. Aus diesem Grunde werde ich versuchen, die elementaren Grundlagen der Begegnung von Hinduismus und Christentum zu definieren und zu beschreiben, zuerst aus der hinduistischen und dann aus der christlichen Sicht. Wir sollten nicht blind gegenüber den oft brutalen Vergehen der Vergangenheit sein, wir sollten aber ebensowenig den unüberhörbaren Herausforderungen der Gegenwart gegenüber taub sein.

6. Die hinduistische Grundlage der Begegnung

Der Hinduismus ist eine so überaus reiche Religion, daß er das Christentum nicht zu fürchten braucht. Darüberhinaus glaubt der Hinduismus, er habe noch Raum für das Christentum innerhalb seiner vielfältigen Struktur, obgleich seine Vorstellung vom Christentum nicht mit dem christlichen Selbstverständnis übereinstimmt. Während sich der Hindu für tolerant hält, mißverstehen die Christen das Hindu-Anliegen und fürchten, diese Toleranz könnte die subtilste Form von Intoleranz sein, die darin besteht, anderen nur den Platz zu gewähren, den man ihnen zuerkennt.[9]

Der Hinduismus hat nicht immer den beschriebenen Standpunkt vertreten. Obgleich Toleranz ein typisch hinduistisches Merkmal ist, ist sie in besonderer Weise für den modernen Hinduismus charakteristisch. Die Hindutraditionen der Vergangenheit behaupteten, jede auf ihre eigene Art und Weise, daß die Anhänger anderer Glaubensrichtungen auf einer vergleichsweisen niederen Stufe stehen, während sie ihnen aber zugestehen, auf dem Weg zu demselben letzten Ziel zu sein, dessen endgültige Offenbarung Śiva oder Krishna ist. Die Bhagavad Gītā sagt, daß jede Anbetung letztlich auf Krishna gerichtet ist, daß er es ist, der alle religiösen Handlungen zur Vollendung führt,[10] auch die Verehrung, die anderen Göttern dargebracht wird. Wenn wir diesen und ähnlichen Lehren anderer Schulen folgen würden, könnten wir zu einem Hindu-Treffpunkt gelangen, genannt Krishna oder Śiva, jedoch gibt es, wie wir bereits erwähnten, kein universal gültiges, von allen Hindus akzeptiertes Symbol.

Heutzutage jedoch sind die Hindus im allgemeinen davon überzeugt, daß alle Religionen insofern gut sind, als sie den Menschen zur Vollkommenheit führen. Deshalb heißen sie das Christentum als andere Religion und als ihre

[9] Vgl. *Paul Hacker*, Religiöse Toleranz und Intoleranz im Hinduismus: Kleine Schriften, 376 ff.

[10] Vgl. BG VII, 21 ff; IX, 23–24; 27. Diese und ähnliche Aussagen würden es uns erlauben, einen Begriff des ›anonymen Hindus‹ (oder Krishna-Anhängers) zu entwickeln.

jüngere Schwester willkommen. Der Hinduismus wäre bereit, das Christentum zu akzeptieren und sogar in sich aufzunehmen, wenn die Christen ihre Exklusivität und ihren Anspruch, die einzig wahre Religion zu sein, aufgeben würden. Wenn die Hindus beanspruchen, daß ihre Religion umfassender ist und mehr Möglichkeiten enthält, so gilt das für den Bereich theologischer Lehre und mystischer Erfahrung; jedoch ist die Überlegenheit, wie die einer älteren Schwester, nur von sekundärer Bedeutung für die Beziehung der Religionen untereinander. Was der Hinduismus gegenüber dem Christentum verteidigt, ist das Recht, die Religion der Hindus zu sein, um *für sie* der vollkommenste Ausdruck des sanātana dharma, der ewigen Religion, zu sein. Da der Hinduismus nicht mehr als eine lose Verbindung von vielen verschiedenen Wegen ist, die zum letzten Ziel hinführen, und theoretisch auf die Tradition der vedischen Offenbarung[11] zurückgeführt wird und praktisch auf einer Sammlung gemeinsamer Glaubenslehren beruht und da zumindest eine Form des modernen Hinduismus nichtvedische Religionen als legitime Wege zu demselben Ziel anerkennt, kann man die Tatsache, daß andere Religionen diesen Standpunkt der Hindus nicht akzeptieren und das aufrichtige und kooperative Angebot der Hindus zurückweisen, fast nicht verstehen. Die Hindus erkennen, daß für die Christen das Christentum *der* einzige Weg zur Erfüllung ist, dagegen behaupten die Hindus, »ein Weg ist für mich, ein anderer für dich – unser Ursprung ist derselbe, wir haben dasselbe Ziel, diese Welt ist notwendigerweise reich an Vielfalt und Unterschieden – man muß es als gegeben hinnehmen und seinen Weg bis zum Ende weitergehen«. Das ist eine sehr verbreitete Auffassung, was die Tatsache beweist, daß die Inder praktisch mit ihrem Kastensystem eine Institution geschaffen haben, die die Natur jedes einzelnen Menschen spezifisch reflektiert. Nach diesem System hat (zumindest theoretisch) jedes Individuum seine Funktion im Kosmos und erfüllt die seiner Natur angemessenen Pflichten. Der Hinduismus projiziert sozusagen das Kastensystem in die Begegnung mit anderen Religionen. Jede Religion wird implizit als separate Kaste verstanden (was für den Hindu theoretisch keine negative Bedeutung hat), innerhalb der Kaste strebt das Individuum sein Ziel an, indem es seine Pflichten erfüllt. »Was immer unsere Kaste oder unser *dharma* sein mag, wir treffen uns alle am Ende.«
Kurz gesagt, wir treffen uns entweder am Ende unserer Reise (alle Flüsse fließen in dasselbe Meer) oder am Anfang (alles wird ernährt von dem Wasser der Erde, von den Wolken oder von einigen Quellen). Nur während des »Interregnums« unserer irdischen Pilgerschaft fließen die Flüsse auf verschiedenen Wegen.

Es gibt jedoch eine neuere Hindu-Bewegung, die unter dem Einfluß der Erfordernisse der Zeit zu einer Art Synkretismus typisch hinduistischer

[11] Vgl. *Louis Renou*, The Destiny of the Veda in India. Delhi 1965.

Prägung neigt. Diese Form des Hinduismus wäre bereit, sich als bestimmte Religion ›aufzuopfern‹, vorausgesetzt, daß die anderen Religionen dasselbe täten und sich in eine universale, ›allgemeine‹ Religion verwandeln ließen, ohne Beschränkung hinsichtlich des Kultes, der Dogmen und dergleichen. Wir würden dann in der reinen Nacktheit einer Religion ohne jeglichen Inhalt zusammenkommen, in einem Streben des Menschen nach Vollkommenheit, Fülle und Freude. Diesem Neo-Hinduismus entsprechend, sollten wir alles aufgeben, was uns trennt und was unsere Freiheit und Selbstentfaltung bedroht.[12]

Seit langer Zeit schon hat der Hinduismus, der aufgrund der Vielfalt seiner religiösen Formen zumindest wie jede andere Religion die Unzulänglichkeit des Verstandes und die Beschränkung des Herzens erlitten und erfahren hat, von dieser universalen Religion ohne Grenzen geträumt. Wir treffen einander nur im Absoluten, wir begegnen uns am Ziel unserer Pilgerschaft; wir begegnen einander erst, wenn wir erkennen, daß wir ein und dieselbe Wirklichkeit sind. Wir können nicht in unseren Verschiedenheiten zusammenkommen; wir werden uns nur in dem begegnen, was uns vereint. Wir sollten aufgeben, was uns trennt und sollten auf all unsere Ideen, Vorstellungen und Praktiken verzichten. Wahrheit, Schweigen, Liebe – das wären die einzigen Dogmen der neuen Religion, in der alle Menschen einander begegnen würden.

Zusammengefaßt lautet die Position des Hinduismus wie folgt: Entweder treffen wir uns als Geschwisterreligionen, die nach dem gleichen Ziel streben, oder wir treffen uns unter Aufopferung unserer individuellen Wege und vereinigen uns auf dem geheimnisvollen göttlichen Grund unseres Ursprungs und Ziels.

7. Die christliche Grundlage der Begegnung

Das Christentum nimmt die Aufforderung des Hinduismus auf, und wir hoffen zu zeigen, daß die beiden Religionen einander in genau dem Rahmen begegnen werden, den der Hinduismus vorgeschlagen hat. Wir wollen zuerst den christlichen Standpunkt und dann die christliche Antwort auf die Hindu-Position darlegen.

Wir können den Standpunkt des Christentums vielleicht wie folgt kennzeichnen: Hinduismus und Christentum als zwei gottgläubige Religionen begegnen einander zweifellos in Gott. Wir sagen nicht, daß sie sich in ihren jeweiligen Gottesvorstellungen begegnen, sondern in Gott, dem Absoluten,

[12] Vgl. *S. Radhakrishnan,* The Hindu View of Life. London 1927; *R. Tagore,* The Religion of Man. London [4]1953; *R. N. Dandekar,* Some Aspects of the History of Hinduism. Poona 1969.

der letzten Wirklichkeit. Die christliche Darstellung der Begegnungsgrundlage verlangt von den Hindus nicht ein völliges Einverständnis, sondern nur deren Verständnis.
Wir alle begegnen einander in Gott. Er ist nicht nur überall, sondern alles ist in ihm, und wir mit all unserem Streben und Handeln sind *von* ihm und *in* ihm, kommen von ihm und gehen *zu* ihm. (Man könnte hier statt »er« ebensogut »es« oder »sie« sagen.) Es gibt aber nur ein Bindeglied, nur einen Mittler zwischen Gott und dem übrigen Seienden zwischen dem einen und den vielen.
Mit anderen Worten, die Begegnung kann nicht nur auf einer transzendenten Ebene oder einer göttlichen, desinkarnierten Grundlage zustande kommen. Letztlich ist Gott das Ideal, das Ende und das Ziel, aber die Transzendenz kann offensichtlich nicht unser Ausgangspunkt sein. Wir benötigen zunächst einen konkreten Treffpunkt, der mehr ist als nur eine Idee, eine Vorstellung oder das bloße Menschsein mit seinen materiellen Bedürfnissen. Diese theandrische Wirklichkeit, die konkrete Verbindung zwischen dem Absoluten und Relativen, die alle Religionen auf die eine oder andere Weise zuerkennen, können wir »Herr« nennen, aber ebensogut »Christus«, da die christliche Christus-Vorstellung genau diese Funktion erfüllt, obgleich sie hebräischen Ursprungs und mit der jüdischen Tradition verbunden ist. Mit Christus ist hier nicht das Monopol der Christen oder *nur* Jesus von Nazareth gemeint. Es mag deshalb erlaubt sein, »Christus« zu nennen, was wir seinem Wesen nach als den Treffpunkt betrachten und was zugleich der christlichen Vorstellung entspricht.
Christus bedeutet dann folgendes: die Realität, von der alles kommt, in der alles existiert, zu der all das, was dem Wandel der Zeit unterworfen ist, zurückkehren wird.[13] Er verkörpert die göttliche Gnade, die jeden Menschen zu Gott hinführt; es gibt keinen anderen Weg als durch ihn.[14] Ist es nicht das, was die Christen ›Christus‹ nennen? Er ist es, der unsere Gebete inspiriert und sie für den Vater ›hörbar‹ macht; er ist es, der uns die göttliche Eingebung einflößt und in göttlicher Eigenschaft spricht, wobei es keine Rolle spielt, in welcher Form der Mensch glaubt oder denkt.[15] Ist nicht er das Licht, das jeden Menschen erleuchtet, der in diese Welt kommt?[16]

[13] Die folgenden Zitate sind mehr als nur lehrhafte Parallelen, da beide Traditionen diese Texte im Zusammenhang mit dem letzten Geheimnis sehen (vgl. TU II,9,1). Vgl. SU II,4; III,3; III,91; III,11; III,16; etc; BU I,4,7; II,4,5; TU II, 6,1; CU III,14,2.
[14] Vgl. KathU II,23; MundU III,2,3; SU I,6; II,4; III,4; III,8; III,20; CU III,15,3; BG IX,10–11; XVIII, 56; 58; 62.
[15] Vgl. MundU II,2,2ff; SU III,12; CU VIII,14,1.
[16] Vgl. KathU V,15; MundU II, 2,9–10, etc.; SU III,12; 17, etc.; CU III,12,8–9; III,13,7; III 17,7–8.

Daher ist vom christlichen Standpunkt aus Christus bereits im Hinduismus gegenwärtig. Der Geist Christi wirkt bereits im Gebet des Hindu. Christus ist in jeder Form der Anbetung gegenwärtig, sofern sie auf Gott gerichtet ist.[17] Der tiefer denkende Christ hält sich davon zurück, den Hinduismus zu verurteilen: Gott allein richtet, durch Christus. Solange der Mensch ein Pilger auf dieser Erde ist, hat das Christentum nicht das Recht, die Spreu vom Weizen zu trennen. Wenn die Christen dem Hinduismus begegnen und ihn so, wie er ist, annehmen, werden sie vielmehr erkennen, daß Christus dort bereits anwesend ist.

Christen und Hindus begegnen einander in der Unergründlichkeit des Todes, in der Selbstaufgabe – der Verzicht auf die alten Vorurteile gegen andere ist hier eingeschlossen – und der Annahme, daß es ein ›neues Leben‹ gibt, das im Herzen einer jeden echten Religion anwesend ist. Wir – ob Christen oder Hindus – können uns nicht länger rühmen, im Besitz der Wahrheit zu sein. Wir müssen akzeptieren, daß wir von der Wahrheit besessen sind, die größer ist als wir und die nicht erkannt werden kann, da das Erkennen ein Besitzen bedeutet und zu dem kleinen Selbst gehört, das enden muß, um das ›neue Leben‹ zu akzeptieren. Christus, der bereits wirksam ist im Hinduismus und den die Christen anerkennen und verehren, hat seine Botschaft hier auf Erden noch nicht abgeschlossen, weder im Christentum noch im Hinduismus. ›Wenn das Samenkorn nicht stirbt...‹[18]

8. Christus, der Treffpunkt

Die Gegenwart Christi im Hinduismus – im erwähnten Sinne – macht den Hinduismus in den Augen der Christen nicht zu einem *anderen dharma*, sondern zu einer Stufe desselben *sanātana dharma*, den das Christentum auch zu sein beansprucht. Wir sprechen von *dharma* und nicht von ›Religion‹, da das letztere Wort eine soziologische Komponente enthält, die uns hindert, eine tiefere Einheit zwischen Hinduismus und Christentum zu erkennen.

Der Hinduismus als solcher kennt keine Dogmen, keine verbindlichen Inhalte.[19] Da er nur den konkreten Ausdruck des existentiellen *dharma* verkörpert, kann er so viele Gestalten annehmen, wie die Menschen und die Umstände es erfordern, wobei jede Form Zeit und Raum unterworfen ist. Das Christentum stellt die kühne Behauptung auf, daß die Offenbarung sich im Laufe der Geschichte entwickelt und es ein pluralistisches Kontinuum

[17] Vgl. Spr 8,34–35; Joh 8,58; etc. Vgl. BG IX,24; 26; 29ff.
[18] Vgl. Joh. 12,24.
[19] Vgl. Mein Kapitel ›Algunos aspectos fenomenológicos de la espiritualidad hindú actual‹: Misterio y Revelación, Hinduismo y Cristianismo. Madrid 1971, 26–28.

gibt, das von Christus zusammengehalten wird. Das heißt, daß der lebendige *dharma* des Hinduismus zu dem gehört, was die Christen ›Heilsgeschichte‹ oder ›Heilsökonomie‹ nennen.[20] Die Christen glauben, daß Gott, der durch die Propheten und Weisen (Rishis) gesprochen hat, ein für allemal sein lebendiges und persönliches Wort – das mit ihm eins ist – gesendet hat, um alle Gerechtigkeit und alle *dharmas* zu erfüllen.[21]

Die Christen waren oft versucht, in übertriebenem Maße zu extrapolieren. Bereits Petrus trachtete, gerade weil er Jesus liebte und von ihm geliebt wurde, über die Beziehung Jesu zu Johannes Auskunft zu erhalten, und er wurde dafür zurechtgewiesen.[22] Christen haben dazu geneigt, Christus nur nach ihrem Verständnis zu interpretieren. Oder wir sollten vielleicht sagen: Der christliche Kontext ist immer als die universale menschliche Struktur angesehen worden – zuerst das Judentum, dann die europäischen Religionen, gefolgt von wissenschaftlichen Kosmologien, die ihren Höhepunkt in dem Mythos der Geschichte fanden. Andere Ausdrucksformen des menschlichen und religiösen Phänomens sind kaum ernstgenommen worden. Wenn die Christen mit einem Problem außerhalb ihres Horizontes konfrontiert wurden, versuchten sie die Reihen zu schließen mit einer Geste der Exklusivität. Folgende Versuchung ist in fast jeder Religion und Kultur zu finden und schwer auszurotten: »Wir sind das Zentrum der Welt und besitzen das Recht, andere zu beurteilen«; aber im Falle des Christentums ist die Sache noch ernster, weil die christliche Geschichte von einem Expansionsdrang geprägt ist. Heutzutage jedoch beginnt die christliche Reflexion, sich die Fehler der Vergangenheit bewußt zu machen.

Um das tiefverwurzelte Mißverständnis zwischen Hinduismus und Christentum zu überwinden, wird man die verschiedenen Annäherungen an das Zentrum analysieren müssen, von dem alles abhängig ist und das der Schlüssel zur Intelligibilität ist. Die christliche Tradition im Westen mit ihrer theistisch geprägten Sprache hat dieses religiöse Zentrum mit dem historischen Jesus gleichgesetzt, dagegen verweisen einige grundlegende hinduistische Intuitionen dieses Zentrums auf Brahman, Ātman, *vāc*, *bindu* oder je nach ihrem unterschiedlichen Kontext auf andere Symbole des Absoluten. Die Unterschiede in der Auffassung dieses Zentrums sind nicht unerheblich, ebenso ist die hier und da vorhandene Übereinstimmung in Bezug auf das Zentrum nicht von geringerer Bedeutung. Beide Religionen beziehen sich

[20] Vgl. *W. Bierbaum*, Geschichte als Paidagogia Theou. Die Heilsgeschichtslehre des Klemens von Alexandrien: Münchener Theologische Zeitschrift 5 (1954) 246–272; *J. Daniélou*, Le mystère du salut des nations. Paris 1948; *K. Rahner*, Weltgeschichte und Heilsgeschichte: Schriften zur Theologie V, 115–135; *A. Darlap*, Fundamentale Theologie der Heilsgeschichte: Mysterium Salutis I. Einsiedeln 1965, 3–153.

[21] Vgl. Joh 1,9–17; Hebr 1,1–2.

[22] Vgl. Joh 21,22.

jedoch auf dieses eine Zentrum, und die Unterschiede sollten die Identität nicht verwischen – noch sollte der umgekehrte Fall eintreten.
Wir können sogar einen Schritt weitergehen und sagen, daß die meisten Meinungsverschiedenheiten – oft Mißverständnisse – von diametral gegensätzlichen Kräften herrühren, die in dem tatsächlichen Prozeß, Verständnis zu erlangen, wirksam sind. Die überwiegend semitische Mentalität der christlichen Theologie wird das letztlich unbegreifliche Mysterium verständlich machen, indem es von dem konkreten und sichtbaren Ausdruck des Mysteriums ausgeht und von dort *aufsteigt*: Jesus Christus. Wenn erst einmal die Identifikation vollzogen ist, wird es unter großen Anstrengungen weitergehen in die entgegengesetzte Richtung; wenn Jesus Christus das Geheimnis ist, dann wird jeder andere Name oder wahre Ausdruck des Mysterium unangemessen erscheinen, da er dem christlichen Verständnis widerspricht. Die überwiegend arische Mentalität der Hindu-Theologie dagegen wird zu dem letztlich unbegreiflichen Geheimnis gelangen, indem sie zu jeder konkreten und sichtbaren Manifestation des Mysteriums *herabsteigt*: z. B. Rāma, Krishna etc. Die Identifizierung wird nie vollständig und geschlossen sein, somit wird es nicht schwierig sein, mehrere Ausdrucksmöglichkeiten gelten zu lassen, ohne die Identität des Mysteriums aufzuheben.[23]
An diesem Punkt müssen wir etwas weiter ausholen. Ich möchte behaupten, daß beide, der christliche Gedanke der Katholizität und der hinduistische Wunsch nach Universalität, nicht im Widerspruch stehen zum christlichen Dogma (wie es die Theologie definiert). Ein Dogma ist sicherlich ein geheiligter Ausdruck, der als der Träger der unergründlichen Wahrheit bezeichnet wird. Doch der Glaube richtet sich nicht auf die Dogmen, sondern auf die Wirklichkeit, die in und durch die Dogmen zum Ausdruck kommt.[24] Dogmen sind Mittel, Kanäle und haben nicht den Anspruch, die Wahrheit völlig auszuschöpfen oder festzulegen, die sie denjenigen zu vermitteln suchen, die im Kontext der Tradition leben, die ein bestimmtes Dogma verkündet hat. Beide, Hindus wie Christen, glauben an eine universale Wahrheit, die sich in konkreten Ausdrucksweisen manifestiert.

[23] Die volkstümliche Religiosität liefert verschiedene Beispiele. Während der durchschnittlich theologisch ungeschulte Christ ein anderes Symbol als Christus nicht akzeptieren wird, wird der Hindu keine Bedenken haben, Christus zu akzeptieren, wie er meint im christlichen Sinn. Er ist dann überrascht, wenn er im nachhinein feststellt, daß seine Annahme falsch gewesen ist.

[24] Vgl. die zentralen Aussagen des Thomas von Aquin, z. B. ›Fides non est de enuntiabilibus‹, ›actus fidei non terminatur ad enuntiabile sed ad rem‹, etc. Vgl. *K. Rahner,* Was ist eine dogmatische Aussage?: Schriften zur Theologie V, 54–81; *R. Panikkar,* La foi dimension constitutive de l'homme: Mythe et foi, hrsg. v. *E. Castelli.* Paris 1966, 17–63.

Die eigentliche Forderung des Hindu-dharma ist strenggenommen nicht eine Art Synkretismus – obgleich es oft diesen Anschein erweckt –, sondern es ist der Ruf nach Katholizität; das ist die eigentliche Dynamik des existentiellen *dharma*, die zur Sublimierung von Glaubensformen führt und die Exklusivität des Partikulären überwinden will, wobei sie das Recht des Individuums auf seine besondere Glaubensausübung bewahrt. Entsprechend gilt, wenn die Christen sagen, Christus ist Gott, die Freude ist der Logos und so weiter, so will man diese Aussagen nicht als Beschränkung verstehen, sondern man will sie mit lebendigen Inhalten und mit realen Bedeutungen füllen, um zu verhindern, daß sie zu vagen und bloß abstrakten Vorstellungen werden, die dann jeder einzelne auf seine eigene begrenzte Weise interpretieren wird. Dieses Prinzip ließe sich ohne Zweifel auf jede religiöse Aussage oder jeden Glauben übertragen.

Ebenso mag der Hindu das *saccidānanda brahman* als Höchstes verehren, während er das Bedürfnis nach einer konkreten Manifestation empfindet, und Śiva (oder Krishna oder Kālī) als Anfang und Ende des Universums bekennt, als einzigen Weg zum Absoluten, als Quelle derselben Wahrheit, Erfüllung und Freude, was in der Tat alles unfaßbar ist, wenn auch Hindus wie Christen in ihrer Sehnsucht danach darüber sprechen. Beide Religionen stimmen darin überein, daß Universalität, Katholizität, Offenheit und Vollkommenheit, nicht Unbestimmtheit, Unglaube, rein abstrakte Intention, Nihilismus und Entwurzelung von dieser Erde und diesem menschlichen Dasein bedeuten, solange wir hier auf dieser Erde wandeln. Ein christliches Dogma oder eine Hindu-Lehre ist weder ein Idol noch eine Begrenzung noch eine Definition des Glaubens noch ein Ort, an dem wir stehen bleiben, bevor wir das Ziel erreichen. Es sind nur Ausdrucksweisen, passende Kanäle, durch die wir zum Absoluten gelangen; gerade der Weg – nicht das Ende – ist es, dem wir folgen müssen, um die Fülle zu erreichen.

Der Christ bejaht das Opfer, das der Neo-Hinduismus von jeder Religion fordert: den Vollzug der Umgestaltung zu der einen Religion der Menschheit. Ist es nicht ein christliches Gebot, sich selbst und sein Leben aufzugeben und zu sterben, um wieder zu einem neuen göttlichen Leben aufzuerstehen? Ist nicht das Geheimnis des Kreuzes als ein Symbol der Auferstehung der zentrale Kern der christlichen Religion? Die katholische Bedeutung eines ›Dogmas‹ ist nicht eine ›Wahrheit‹ oder eine ›Formel‹, der man Glauben schenken muß, sondern ein Dogma ist vielmehr ein Mittel, um unseren Intellekt zu zügeln, damit unser höheres Wissen, soweit es und hier auf dieser Erde möglich ist, das unaussprechliche innere Wesen der Wirklichkeit erfassen kann. Das soll keineswegs als subjektive Auslegung der christlichen Wahrheiten oder als Relativierung der Dogmen in einem modernistischen Sinne verstanden werden. Dogmen sind solange notwendig, als wir denkende Wesen sind; wir sollten uns aber vor der Gefahr der ›Verherrlichung der Dogmen‹ in acht nehmen.

Der Anspruch, den das Christentum auf den Hinduismus erhebt, ist nicht eine Art juristisches Recht. Christus gehört nicht den Christen, er gehört nur dem Vater. Christen und Hindus schöpfen ihren Glauben aus dem theandrischen Mysterium, jeder auf seine Art und Weise.
Die Begegnung des Melchisedech mit Abraham[25] und später die Offenbarung an Petrus zu Joppe[26] und die vielen Erfahrungen des Paulus[27] sind einige der autoritativen Beispiele dieser christlichen Haltung und Überzeugung, allen voran natürlich das lebendige Beispiel Christi und seine ausdrücklichen Lehren.
Es sei mir erlaubt, noch einmal die christliche Position darzulegen und dabei die Hypothese der relativen Gleichheit aller Religionen gelten zu lassen. Der Hindu scheint zu sagen: ›Da wir alle gleich sind, bleiben wir getrennt; da wir letztlich eins sind, laßt uns einfach koexistieren und nicht nach einer sichtbaren Einheit trachten. Wir sind bereits derselbe Ozean, unser Unterschied besteht nur darin, daß ihr ein Strom seid und wir ein anderer; da wir eine Einheit bilden, laßt uns der gegenwärtigen Trennung keine Beachtung schenken, denn das ist nur eine vorübergehende Erscheinung.‹
Die Christen dagegen möchten antworten: ›Da wir letzten Endes alle gleich sind und die Unterschiede zwischen unseren Religionen nur in der äußeren Erscheinung liegen, laßt uns über die Trennung hinwegsehen, die zwischen uns als Menschen besteht. Diese Trennung ist trotz ihres großen historischen Gewichtes nicht notwendig. Laßt uns einander umarmen und nicht länger einander fern bleiben; laßt uns unsere tiefere Einheit entdecken, die Identität und deren Ausmaße erkennen und deutlich machen, von der ihr überzeugt seid und nach der wir uns sehnen. Sollte es noch weitere Unterschiede geben, so werden sie verschwinden wie der verschiedene Wasserstand zweier Gefäße, sobald sie miteinander verbunden werden. Derjenige, der mehr besitzt, wird freiwillig geben, wenn der andere das Geschenk nicht zurückweist.‹
Die Begegnung der beiden großen Flüsse mag ein paar vorübergehende Wellen oder unerwartete Strudel bewirken, dennoch wird sie gegenseitige Bereicherung und Entwicklung herbeiführen. Das Christentum beansprucht für sich, katholisch zu sein, doch logisch gesehen, ist es noch nicht vollständig oder allumfassend (d. h. ›katholisch‹), solange diese Einheit nicht verwirklicht ist. Der Fehler liegt darin, daß wir die *religiöse Einheit* – für die wir plädieren – mit der *Einheit aller Religionen* verwechseln. Wir sind nicht Monaden, die sich selbst genügen, sondern Bruchstücke desselben religiösen Glaubens. ›Damit alle eins seien‹: So lautet die christliche Berufung, die uns zum Streben nach Einheit drängt, die jedoch nicht als Uniformität verstan-

[25] Vgl. Gen 14,17–20.
[26] Vgl. Apg 10.
[27] Vgl. Apg 9, etc.

den werden soll. Da wir – wie ihr sagt – alle gleich *sind*, laßt uns wirklich danach *handeln*!‹ Das Christentum strebt nicht nach Assimilation oder nach Herrschaft, es will nicht zerstören; es teilt nur mit dem Hinduismus das grundlegende Verlangen nach Einheit.

Ich möchte es wagen noch weiter zu gehen: Dieser Durst nach Einheit, dieses Gebet für die Einheit ist im Christentum so grundlegend, daß es die Bedingung für alles andere ist. Natürlich ist eine Einheit, die nicht auf Wahrheit begründet ist, in Wirklichkeit keine Einheit. Eine Einheit, so würde der Christ sagen, die nicht wirklich von Gott gewollt ist, ist überhaupt keine Einheit. Damit ist gesagt, daß kein menschlicher Kompromiß einen Weg zur Einheit ermöglicht und diese Einheit nicht das Ergebnis einer gemeinsamen Sitzung ist, in der eine liberale religiöse Verfassung ausgearbeitet wird. Vielmehr geht die Einheit aus dem Gebet und aus dem gemeinsamen Bemühen hervor, Gottes Willen zu erkennen und seine Einheit zu verwirklichen. Aber damit ist auch gesagt, daß die Christen, obgleich sie von ihrem Glauben überzeugt sind, die weitere Entwicklung ihrer Kirche nicht kennen; sie haben keinen Zutritt zu den Plänen der göttlichen Vorsehung und sollten, wenn sie aufrichtig sind, nicht an einem festen Schema oder an einem eingefrorenen Glauben festhalten. Neue ›Dogmen‹ oder überarbeitete Formulierungen der alten Dogmen, wirkliche Entwicklung und Fortschritt, das sind die konstanten Merkmale des Christentums. Niemand weiß, wie das Christentum aussehen wird, wenn die gegenwärtigen christlichen Wasser sich mit anderen religiösen Gewässern vereinigen, um zu einem großen Strom zu werden, an dem die Völker der Zukunft ihren Durst löschen können, den Durst nach Wahrheit, Güte und Erlösung.[28]

Es hat wenig Sinn, in diesem Zusammenhang zu erörtern, was das Christentum als definitiv und was als veränderlich bezeichnet.[29] Es gibt eine Kontinuität, und es wird sie auch weiterhin geben, aber es ist nicht Sache des Theologen zu ›pontifizieren‹, und es ist nicht einmal Sache des Papstes, den Propheten Schweigen zu gebieten und über die Zukunft zu verfügen. »Folge mir nach«, sagte Christus zu dem ersten Haupt seiner Kirche, »und sorge dich nicht um Johannes.« »Ein jeder Tag hat genügend an seiner Last!«[30]

Schließlich wollen wir für den Hindu noch ein Wort über Christus hinzufügen angesichts der Tatsache, daß es dem Hindu-Gläubigen zunächst lächerlich, um nicht zu sagen absurd erscheint zu behaupten, daß die Begegnung ›in

[28] Vgl. *R. Panikkar,* Ṛtatattva: A Preface to a Hindu-Christian Theology: Jeevadhara 49 (Jan.–Feb. 1979) 6–63.

[29] Vor mehr als zehn Jahren haben viele Theologen, in dem Wunsch, sich nach außen zu öffnen, eine Liste von Fragen erstellt, in der mögliche Konzessionen und alle unabänderlichen und wesentlichen Aussagen erfaßt wurden, die der Gläubige unbedingt bewahren muß. Ich behaupte, daß die Methode unangemessen ist und theologisch gesehen eine rationalistische Haltung verrät.

[30] Vgl. Mt 6,34.

Christus‹ stattfindet. Wir sind hier nicht damit beschäftigt, eine Art von Apologetik zu betreiben, auch wollen wir nicht die vielen falschen Vorstellungen von Christus richtigstellen, die unter Hindus – vielleicht von den Christen selbst – verbreitet wurden. Dies sind zwar sehr wichtige Anliegen, aber sie liegen außerhalb unserer Studie. Wir versuchen nur, das Problem in der Weise darzustellen, wie es sich zeigt.

Wir haben bereits gesagt, daß beide Religionen, Hinduismus und Christentum, sich in Gott begegnen und daß Gott in beiden Religionen wirksam ist und über ihnen steht. Die Christen behaupten, daß Gott und Christus eine einzigartige Beziehung haben, daß sie unteilbar und untrennbar sind, obwohl unvermischt und unverwechselbar, und daß Gott, insofern er in dieser Welt wirkt, in und durch Christus handelt. Der Hindu könnte diese Gottesvorstellung ohne große Schwierigkeit akzeptieren; er würde ihn vielleicht Īśvara (Herr) oder Bhagavān nennen. Christus als der Ort der Begegnung hat wenigstens für die Christen einen Sinn, und auch den Hindus kann er verständlich – wenn nicht sogar annehmbar – gemacht werden, wenn eine entsprechende (homöomorphe) Aussage über Śiva oder Krishna oder Kālī gemacht würde. Die Entsprechung wäre zwar nicht vollkommen, da die theologischen Standpunkte unterschiedlich sind, aber sie wird dazu beitragen, die gegenwärtige christliche Haltung zu verstehen. Das größte Hindernis wird es geben, wenn das Christentum darüber hinaus mit den nötigen Erklärungen Christus mit Jesus, dem Sohn Marias, identifiziert. Es ist gerade diese Identität, die für den christlichen Glauben charakteristisch ist. Der Hindu kann diesen ›theohistoriologischen‹ Anspruch des Christentums nur respektieren, ohne jedoch diesen Standpunkt zu teilen.

9. Die Begegnung

Wir sind an einem Punkt angelangt, an dem selbst eine ›formale‹ beiderseitige Verständigung, nach der wir suchen, sich scheinbar als unmöglich erweist. Wenn Christus der Ort der Begegnung ist, jedoch nur die Christen die notwendige Identität des historischen Jesus mit Christus akzeptieren können, dürfen wir wohl nicht auf einen besonders fruchtbaren Dialog hoffen.

An dieser Stelle möchte ich eine wichtige Überlegung anstellen, die über diesen ›toten Punkt‹ hinweghelfen soll; wäre diese Erklärung an einer früheren Stelle der Studie erschienen, hätte man sie zu leicht mißverstehen können. Wir beziehen uns auf den Geist Gottes, wenn wir von einem – wenn überhaupt möglichen – Ort der Begegnung sprechen. Die Begegnung im Gebet, der Erfahrungsaustausch in der Gemeinschaft und die Kommunion der Personen ist nur im Heiligen Geist möglich.

Zunächst müssen wir die christliche Glaubenswahrheit von *Christus* als dem universalen Erlöser genau untersuchen, die für den Christen so lebensnotwendig ist. Ferner würde ein Gespräch über den Geist, ohne vorherige Erwähnung des konkreten, gottmenschlichen Christus, darauf hinauslaufen, daß wir uns alle – in einer unklaren und formlosen Art und Weise – zu einem gewissen Geist der Wahrhaftigkeit und Heiligkeit bekennen würden. Das ist keineswegs abzulehnen, aber eine allgemeine Verpflichtung zu Wahrheit und Aufrichtigkeit, so *notwendig* sie für eine Begegnung auf jedem Gebiet sein mag, ist nicht *ausreichend*, um die Grundlagen für eine echte religiöse und nicht nur ethische Verständigung festzulegen. Nun können wir sagen: Wenn Jesus Christus als der Höhepunkt der Selbstoffenbarung Gottes den Hindus zu spezifisch christlich erscheint, um von ihnen aufgenommen zu werden, dann ist es Gottes Geist, der den wahren Grund für einen echten religiösen Austausch und Dialog auf einer tiefen Ebene bietet. Die Christen werden darin den Heiligen Geist oder den Geist Christi wiedererkennen, und die Hindus werden ihn als göttliche *śakti* interpretieren, die göttliche Kraft, die alles durchdringt und Gott offenbart, indem sie seine Immanenz und sein Innewohnen in all seinen Manifestationen enthüllt.

Wer immer wahrhaft betet, tut dies im Heiligen Geist, und letztlich ist es der Heilige Geist, der in ihm betet. Während Christus als der menschgewordene Sohn Gottes eine spezifisch christliche Erscheinung ist, ist die Gegenwart und die Realität des Geistes ein wichtiges Element sowohl des Hinduismus wie auch des Christentums. Nur weil der Geist in unserem Herzen und in der Welt wirksam ist, war es möglich, daß der Logos Fleisch geworden ist und unter uns Wohnung genommen hat. Mit anderen Worten, wir begegnen einander im Geist, dem Geist Gottes, der für die Christen der Geist Christi ist. Ich füge hinzu: Hier haben wir es nicht nur mit einem semantischen Wortspiel zu tun. Hier gilt nicht die Frage, ob es Gottes Geist oder der Geist Christi oder der Geist Śivas ist. Es geht hier um die Verständigung in der Frage der fundamentalen Natur des Geistes.

Wir wollen nicht länger bei diesem Gegenstand verweilen, zumal ich keine vollständige Untersuchung der dazugehörigen Implikationen und Folgen durchführen wollte. Ich möchte lieber einige pastorale Überlegungen hinzufügen. Die christliche Begegnung mit dem Hinuismus ist, wie wir sagten, im wesentlichen weder ein lehrhafter Dialog noch eine gemeinsame Verständigung zweier Kulturen. Sie ist eine historische Zusammenkunft von Religionen und besteht in der konkreten Begegnung von Menschen in der Gesellschaft. Diese Begegnung kann wirklich stattfinden, denn es ist eine Begegnung in der Gegenwart dessen, der bereits in den Herzen derjenigen wirksam ist, die *im guten Glauben* einer der beiden genannten Religionen angehören. Gegenseitiges Verständnis ist unbedingt notwendig: Es ist eine unvermeidliche Voraussetzung. Das Wissen allein kann jedoch nicht ausreichen. Es fehlt ihm nicht nur an der notwendigen Wärme für eine vollkommene Begegnung, sondern das Wissen kann auch eine geradezu entgegengesetzte Wirkung haben, denn in der Tat hat die menschliche Erkenntnis immer auch eine egozentrische Komponente. Der erkannte ›Gegenstand‹ (Lehre, Person) kommt zu *mir*. Ich bin zu Hause, ich bin der Gastgeber: ich empfange, begrüße und assimiliere die ›Dinge‹, die ich erkenne – d. h. ich ergreife Besitz von ihnen. Ich bereichere mich selbst.

Nur die von beiden Seiten ausströmende Liebe vermag die egozentrische Erkenntnis zu überwinden. Wenn ich liebe, gehe ich aus mir heraus, gebe ich mich hin, bin ich der Gast, bin ich nicht länger zu Hause, werde ich empfangen und in Besitz genommen. Rein intellektuelles Wissen verletzt das, was es nicht zur Assimilation ausgewählt hat und was es ausläßt. Durch einen intellektuellen Sieg über mein Gegenüber mag ich eine gewisse Synthese erreichen, aber ich bringe nur die Kriegsbeute aus der Konfrontation in mein System zurück. Śaṅkara zum Beispiel wird überwunden oder ›verstanden‹, aber seine Anhänger bleiben außerhalb, nicht überzeugt. Liebe verlangt von beiden Seiten Askese, ein mystisches Leben, eine Loslösung von allen Kategorien und Formeln, sowohl von Vorurteilen als auch von kritischen Urteilen. All dies bedeutet nicht die Absage an die Orthodoxie, sondern deren Ergänzung und Integration in die ›Orthopraxie‹ (richtiges Verhalten).

Eine echte Begegnung der Christen mit anderen Religionen verlangt eine spezielle Askese: das Abstreifen aller äußerlichen und oberflächlichen Formen, das einsame Wachen mit Christus, dem nackten Christus, tot *und* lebendig am Kreuz, tot *und* lebendig im Innern der Christen, die solch eine Begegnung mit ihren Brüdern wagen. Diese Askese bedeutet wahre Mystik, d. h. unmittelbaren Kontakt mit Christus, der den Christen über die Formeln und theologischen Erklärungen hinaus führt, nicht gegen sie. Nur dann ist es möglich, Christus dort zu entdecken, wo er jetzt noch verhüllt ist; nur dann wird es möglich sein, dazu beizutragen, das, was seit undenklicher Zeit in Gott verborgen war, zu enthüllen oder gar aufzudecken. Tatsächlich sind nur wenige dazu befähigt, außer durch eine besondere Gnade, sich von all dem zu lösen und allein mit dem entblößten Christus zu sein, der in ihnen lebt, und es sind nur wenige, die die Inkarnation Christi existentiell nachvollziehen.

Die christlich-hinduistische Begegnung erfordert nicht nur einen bestimmten Grad der Reinheit und Loslösung (*asakti*). Wir müssen uns von jeglichem Stolz und jeder Selbstgefälligkeit freimachen, daß wir das Mysterium verstanden und die Wahrheit erkannt haben. Wir müssen unser *karma* und unsere *siddhis* (Fähigkeiten) akzeptieren, d. h. wir sollen unsere Grenzen ebenso annehmen wie unsere natürlichen Gaben. Wir müssen im Strom der Geschichte mitschwimmen und zugleich uns in der Atmosphäre (*ākāśa*) der Ewigkeit bewegen. Die Inkarnation ist für uns ebenso wichtig wie die Transzendenz, und wir sollten unsere iṣṭadevatā, die persönliche Manifestation des Göttlichen für uns, als ein wahrhaftes Symbol und nicht bloß als ein Zeichen ernstnehmen.

Die Konsequenzen sind weitreichend, und es zeigt sich, daß das rein vergleichende Studium der Religionen letztlich sein Ziel verfehlt. Diese Studien sind notwendig, aber wir müssen auch darüber hinaus gehen. Eine spirituelle Begegnung kann nur im Geiste stattfinden. Das Ziel dieser Begegnung ist nicht ein neues ›System‹, sondern es soll ein neuer Geist belebt werden, der sowohl alte als auch neue Züge trägt. Spiritualitäten sollten nicht ›studiert‹ werden (sie sind eigentlich keine ›Objekte‹ für ein Studium), sondern sie müssen gelebt, d. h. wirklich erfahren werden.

Die Begegnung von Religionen soll ein *religiöser* Akt sein, ein Akt der Inkarnation und Erlösung, es ist eine Begegnung im *nackten Glauben*, in *reiner Hoffnung* und *göttlicher Liebe*, und nicht ein Konflikt um Formulierungen, oder die Erwartung ›den anderen zu gewinnen‹ (– wozu?).

Im *nackten Glauben:* Ich glaube, *credo!* Aber dieser Glaube, als lebendiger Ausdruck mystischer oder ›übernatürlicher‹ Vorgänge, läßt sich nicht mit dem Glauben an einige festgelegte und zusammenhanglose Formulierungen gleichsetzen. Der Akt des Glaubens ist eine göttliche Gabe und läßt mich an der göttlichen Erkenntnis teilhaben, die Gott von sich selbst, in sich und von allem anderen hat: Glauben ist ein einfacher, existentieller Akt, der nur ein Minimum an intellektueller Bestimmtheit verlangt. »Ich glaube, Herr!«: Dieses Bekenntnis allein erlöst uns. Ich glaube – an das einzige, was diesen höheren und höchsten Akt verlangt, an das unbegreifbare Absolute, an Gott, das Geheimnis, die Leere. Ich erfahre ihn unbestimmt und ohne klare Vorstellung, dennoch bin ich voll von ihm überzeugt und ›spüre‹ ihn bereits irgendwie: Gott, so enthüllt es mein Glaube, ist die Trinität: Vater, Logos und Heiliger Geist. Und der Glaube wird mich wiederum in den unergründlichen Kern des Göttlichen eindringen lassen und mich entdecken und verstehen lehren, daß dieser Vater der allmächtige Schöpfer ist und daß der Logos Mensch wurde, und der Geist der lebendige Atem seines Volkes und des Universums ist: »Ich glaube, Herr!« Man kann das nicht mit Worten ausdrücken, oder anders gesagt, viele Aussagen sind möglich, und dennoch befriedigen sie mich nicht. Ich glaube an das Unsichtbare, das zugleich transzendent und immanent ist, an *ātman-brahman*, oder an Vishnu, den Höchsten, oder Śiva, den Absoluten. Aber all diese ›Glaubensartikel‹ sind nur Worte, Manifestationen, ausdrückliche Beispiele des mystischen Glaubensaktes, der keine Fixpunkte und keinen adäquaten intellektuellen Ausdruck kennt und nur unvollkommen in Worte gefaßt werden kann. All das mögen die gesprochenen und bezeugten Worte eines Gläubigen, sei es ein Hindu oder ein Christ, zusammenfassen: »Nicht ich, nicht ich, sondern du, du, oh Herr!« Es ist der Glaube, in dem sich Hindu und Christ als Brüder begegnen.

In *reiner Hoffnung*, im Streben nach Freiheit (*mumukṣutva*) oder im Bewußtsein, von Gott bereits in Besitz genommen zu sein und eines Tages an dessen Fülle teilzuhaben, in der Erwartung der Offenbarung des Absoluten und seiner Herrlichkeit: In all dem ist der Christ fast eins mit dem Hindu. Wie kann man jemanden abweisen, der bereits von derselben Hoffnung auf Freiheit und Einheit erfüllt ist?

In der *göttlichen Liebe* ist die Begegnung nicht nur implizit, sondern ausdrücklich vollzogen. Der Christ teilt mit dem Hindu nicht nur dieselbe Hoffnung und begegnet anderen nicht nur im Glauben, sondern jeder folgt auch seinem ›Ideal‹ nach, sei es Gott, Christus oder sein erwählter *iṣṭadeva*, er kommuniziert mit ihm in der Beziehung zu seinen Brüdern und Schwestern und den Menschen dieser Erde, ohne Unterscheidung der Rassen, des Glaubens und der Stellung. Wenn er sie wirklich liebt, entdeckt er Christus oder seinen iṣṭadeva bereits in ihnen. Christus selbst (der unbekannte Christus) hat diese Liebe entfacht, weder Christ noch Hindu werden erklären können, was sie zu dieser Liebe befähigt hat. Liebe vereint und einigt.

Diese Begegnung der Religionen ist in Wirklichkeit mehr als das Zusammenkommen zweier Freunde; sie ist Gemeinschaft im Sein, in dem einen Sein, das beiden Teilen viel inniger ist, als sie sich selbst sind; es ist nicht nur die Gemeinschaft *in* Christus, sondern *Christi* Gemeinschaft. Die echte Begegnung ist frei von Herablassung, Paternalismus und Überlegenheit. Weder Lehren noch Lernen spielen eine bedeutende Rolle in der Einheit der Liebe. Wer größere Intensität und reichere Erkenntnis im spirituellen Bereich hat, wird das spontan weitergeben und mit dem anderen, seinem Nachbarn, teilen.

Nur wenn ein Mensch sich selbst völlig entäußert hat, wenn er im Zustand der Kenosis lebt, im Zustand der Verleugnung und Nichtswerdung, wird Christus seine Inkarnation in ihm vollziehen. Nur die Kenosis ermöglicht die Inkarnation und die Inkarnation ist der einzige Weg zur Erlösung. Nur das Handeln nach dem *naiṣkarmya*-Ideal, der Verzicht auf jede Belohnung für eine gute Tat, nur das selbstlose Handeln, wodurch der *ahaṃkāra*, der Egoismus, überwunden wird, führt den Menschen zu seinem wahren Selbst und erlaubt ihm zu dienen und die ganze Welt zu befreien.

II. HINDUISMUS UND CHRISTENTUM

ye yathā māṃ prapadyante tāṃstathaiva bhajāmyaham,
mama vartmānuvartante manusyāḥ pārtha sarvaśaḥ

»Wie immer die Menschen zu mir kommen, ebenso werde ich sie belohnen; denn es ist mein Weg, o Pārtha, dem die Menschen überall folgen.«
BG IV,11

οὐκ ἔστιν προσωπολήμπτης ὁ θεός, ἀλλ' ἐν παντὶ ἔθνει ὁ φοβούμενος αὐτὸν καὶ ἐργαζόμενος δικαιοσύνην δεκτὸς αὐτῷ ἐστιν.

»Gott sieht nicht auf die Person, sondern in jedem Volk findet der bei ihm Aufnahme, der ihn fürchtet und Gerechtigkeit übt.«
Apg 10,34f[1]

1. Status quaestionis

1.1 Ein ökumenisches Problem

Eine besonders hoffnungsvolle Erscheinung unserer Zeit ist das weltweite und ehrliche Verlangen nach gegenseitigem Verständnis, verbunden mit dem Wunsch nach Universalität.[2] Geographie und Geschichte werden immer globaler und lassen die beschränkten Dimensionen der Vergangenheit hinter sich.[3] Kaum ein Mensch oder eine Gruppe – sei es eine Nation, Rasse, Kultur oder Religion – will von dem Rest der Welt ausgeschlossen sein und durch Partikularismus, Nationalismus, Regionalismus, Isolationismus oder irgendeine andere Art von -ismus, der kennzeichnend ist für den Mangel an

[1] Dieser Text besagt, daß Gott den persönlichen guten Willen des Menschen annimmt, doch enthält er auch einen entschieden kultischen Aspekt: Gott akzeptiert die ›Opfer‹ anderer Religionen.

[2] Unser Problem ist so umfangreich, daß wir den Fragen, die einer ausführlichen Behandlung bedürfen, nur ein oder zwei Sätze widmen können. Zur Verdeutlichung des Kontextes unserer Thesen geben wir in den Fußnoten weiterführende Hinweise. Diese verstehen sich als eine Art Orientierung im dichten Dschungel moderner, für das Thema relevanter Literatur.

[3] Vgl. *A. Toynbee,* A Study of History. 10 vols, O. U. P 1934–1954; *F. Heer,* Quellgrund dieser Zeit. Einsiedeln 1956; ders., Europäische Geistesgeschichte. Stuttgart 1953; *C. Dawson,* Dynamics of World History. London 1957; und die klassischen Werke von *P. Hazard, A. V. Randa, C. J. Burckhardt, H. Pirenne, etc.*

Universalität, begrenzt sein.[4] Dieser Drang nach Universalität erwächst aus scheinbar entgegengesetzten, tatsächlich aber konvergierenden Bewegungen, die beweisen, daß die Menschen unserer Zeit beginnen, die Gefahr bloßer Abstraktion, der Verallgemeinerung und Entwurzelung zu erkennen, und sich zunehmend des Wertes des Konkreten, der Person und unserer irdischen Wurzeln bewußt werden.[5] Wenn wir dem Wunsch nach Universalität nachgeben könnten, ohne das Konkrete zu vernachlässigen, würde uns zweifellos eine vielversprechende Aussicht eröffnet.[6] Es muß jedoch hinzugefügt werden, daß dieses Streben nach einer globalen Perspektive immer noch ein Privileg von Minderheiten in dieser Welt ist. Aufgrund soziopolitischer und ökonomischer Faktoren sind die meisten Völker fast ausschließlich mit ihren eigenen dringenden Problemen am Ort beschäftigt. Zugleich sehnen sie sich jedoch nach der Freiheit, die nicht nur der Gerechtigkeit, sondern auch der Universalität den Weg bereiten soll.

Die christliche ökumenische Bewegung ist ein gutes Beispiel für diese allgemeine Tendenz; sie ist äußerst wichtig für die Gestaltung der Zukunft.[7] Die Christen werden sich mehr und mehr bewußt, daß ihre Spaltungen und Unterschiede unhaltbar sind; sie bemühen sich daher redlich, diese zu überwinden. Gleichzeitig vermeiden sie mit Sorgfalt eine zu leichte Kompromißbereitschaft, die oft ein Zeichen der Gleichgültigkeit gegenüber anderen und des Mangels an Treue gegenüber der eigenen Konfession ist.[8]

In ihrem Bemühen um eine tiefere und wirkliche christliche Einheit sucht die christliche Ökumene nach einem echten Mittelweg, der ein Gespräch und die Begegnung unter den verschiedenen christlichen Konfessionen ermöglicht, wobei keine Lösung der Probleme aufgezwungen wird und man nicht zur Untreue gegenüber dem konkreten eigenen Glauben genötigt ist. Mit anderen Worten: Echte Ökumene ist nicht minimalistisch, d. h. sie sucht

4 Siehe z. B. *UNESCO*, Interrelations of Cultures: Their Contribution to International Understanding 1953; *UNESCO*, Traditional Cultures (Untersuchungen des Seminars der Universität Madrid). Universität von Madrid 1956; *UNESCO*, Freedom and Culture. London 1951. Pax Romana, La Culture et les Cultures (Assemblée Générale et Session d'Etudes de Beyrouth, April, 1956). Beyrouth, U. C. I. L., 1956. Der Kongress für die Freiheit der Kultur, Wissenschaft und Freiheit (Internationale Tagung). Hamburg-Berlin. 1954. The Great Scriptures (Beiträge zum ersten Seminar der Union for the Study of the Great Religions.), hrsg. v. *T. M. P. Mahadevan*. Madras 1956.

5 Arbeiten und Ausführungen von *E. Mounier, R. Guardini, T. Steinbüchel, G. Thibon, M. de Corte, S. Weil, E. Massis, G. Marcel.*

6 Vgl. *F. Heer*, Begegnung mit dem Feinde. Recklinghausen 1955.

7 Siehe den Artikel von *J. Corbon*, Pour un oecuménisme intégral: Proche Orient Chrétien, 1959, Nr. 4. Vgl. auch *A. Kardinal Bea*, Der Ökumenismus im Konzil. Freiburg 1969; *H. Fries*, Ökumene statt Konfession? Das Ringen der Kirche um Einheit. Frankfurt 1977.

8 Bezüglich der ökumenischen Problematik siehe *Y. Congar, V. Vajta* u. a. Vocabulaire oecuménique. Paris 1970.

nicht die Einheit wiederherzustellen, indem sie sich auf ein Minimum an von beiden Parteien nicht bestrittenen Gemeinsamkeiten stützt, sondern sie ist maximalistisch, d. h. sie versucht die Einheit auf jener höheren Ebene zu erzielen, nach der alle streben. Die Gefahr des Minimalismus ist offensichtlich: nur Materielles ist den Menschen gemeinsam.[9] Die Übereinstimmung zweier verschiedener Konfessionen auf der Begriffsebene ist immer nur vorläufig, denn je mehr Generationen an der Entwicklung von Begriffen arbeiten, desto mehr werden diese voneinander abweichen. Die Einheit auf der Ebene des Mysteriums kann nicht begrifflich festgelegt werden und muß beinahe per definitionem als echte Einheit angesehen werden. Der Unterschied z. B. zwischen den beiden katholischen Heiligen Franziskus und Dominikus, die zu etwa gleicher Zeit lebten, ist größer als derjenige zwischen einem lauen Katholiken und einem lauen Methodisten. Aber es besteht mehr Einheit zwischen den beiden ersteren, obgleich es weniger Gleichförmigkeit zwischen ihnen gibt. Tatsächlich verhält es sich so, daß ein Wesen, das eine höhere Seinsstufe erreicht hat, differenzierter ist als andere. Denken wir daran, daß die Unterschiede der Personen der Trinität unendlich ist – nichts kann endlich sein in Gott – und ihre Einheit dennoch absolut ist. Doch all dies soll nur als Einführung dienen.

Eine ähnliche ›ökumenische‹ Bewegung läßt sich zur Zeit in Indien beobachten, obgleich die historische und ›theologische‹ Situation völlig anders ist. Es gab nie so etwas wie eine ›Hindu-Einheit‹ oder eine ›Einheit der indischen Religionen‹, denn der Hinduismus hat keinen Begründer, und selbst die Veden sind nicht allgemein anerkannt; jedoch trotz größter Unterschiede gibt es ein bestimmtes Bewußtsein der Einheit wie etwa das der Pflanzen, die auf ein und demselben Boden wachsen. Die Anforderungen, die die Moderne an die traditionellen Religionen stellt, und die Annäherungsversuche der Religionen, Sekten und Schulen auf allen Ebenen – infolge der Kommunikationsmittel und des gesellschaftlichen und politischen Lebens – tragen zur allgemeinen Tendenz der Universalität bei. Diese Entwicklung zeigt sich sowohl innerhalb der Traditionen des Hinduismus als auch anderen Religionen gegenüber. Eine Reihe von *sampradāyas* arbeitet nicht nur auf der sozial-politischen Ebene zusammen, sondern sie kommen z. B. zur Feier von Hochfesten oder Wallfahrten zusammen. Ferner versuchen sie alle den täglichen Problemen in der Weise zu begegnen, indem sie sich auf die veränderte Situation einstellen und füreinander offen sind. Beispielshalber sollte man hier die Bewegung erwähnen, die zur Öffnung gewisser Tempel fürs Harijans (Unberührbare), zum Teil auch für Nicht-Hindus führte. Auf

[9] Das sollte hinreichend erwiesen sein anhand der eigentümlichen und unrealistischen Vorstellungen über die »natürliche Religion«, die im Europa des 18. und 19. Jahrhunderts entwickelt worden sind. Es soll auch eine Warnung für diejenigen sein, die gegenwärtig die Diskussion über das »Naturrecht« führen.

diese Weise wurde den Gläubigen anderer Religionen die Teilnahme an den Zeremonien und Gottesdiensten ermöglicht. Z. B. werden Außenstehenden sogar Texte gelehrt, die sonst nur für Eingeweihte einer besonderen Gemeinschaft reserviert waren.[10]

Diese ökumenische Bewegung, die man in verschiedenen Religionen beobachten kann, ist nun im Begriff, zu einer *ökumenischen Ökumene* ausgeweitet und vertieft zu werden, sofern dieser Ausdruck statthaft ist. Ich meine damit eine wirklich ökumenische Ökumene, die umfassend ist und sich nicht nur um den Dialog und die Begegnung unter den christlichen Konfessionen oder den Hindu-*sampradāyas* bemüht, sondern auch den Dialog zwischen den Religionen anstrebt. Es ist ohne Zweifel richtig, daß diese umfassende Ökumene sowohl eine große Stütze für die innerchristliche Ökumene als auch eine Hilfe bei der Lösung speziell christlicher Probleme sein könnte.[11] Lateinisch-griechische Debatten erscheinen beinahe als Familienstreitigkeiten, die den Umkreis des Mittelmeerraumes kaum übersteigen, wenn sie etwa aus der Perspektive einer christlich-hinduistischen Begegnung gesehen werden.[12] Diese Bemerkung sollte das Ausmaß der lateinisch-griechischen Spannungen nicht verharmlosen, sie kann aber sicherlich dazu beitragen, daß diese Spannungen im rechten Licht gesehen werden. Wir dürfen auch die

[10] Ein sehr bemerkenswertes Beispiel für die »hinduistische Ökumene« neueren Datums ist die zweite Welt-Hindu-Konferenz in Allahabad im Januar 1979. Die Führer der seit Jahrhunderten verfeindeten Religionen und Sekten trafen sich dort nicht nur im Frieden, sondern man bat sogar den Dalai Lama, die Konferenz zu eröffnen, obgleich der Buddhismus bis vor kurzem einer der ärgsten Feinde des Hinduismus gewesen war. Jedes religiöse Oberhaupt (die Sikhs und Jainas einbezogen) hob mehrmals die Einheit auf der Grundlage des gemeinsamen Erbes und angesichts der Anforderungen hervor, die heute an die Religionen gestellt werden. Die traditionellen jagadgurus haben auch der Forderung zugestimmt, die Unantastbarkeit und das Kasten-System in allen praktisch religiösen Angelegenheiten abzuschaffen (laut Gesetz sind die Unterschiede bereits aufgehoben, aber solange die traditionellen religiösen Führer und die Glaubenspraxis an diesen festhält, kann das Gesetz nicht in Kraft treten). Trotz des offenen, brüderlichen und universalen Geistes dieser Konferenz ist es verständlich, daß die unterschiedlichen Traditionen nicht die Absicht hatten, ihre eigene Identität zugunsten eines »gemischten Hindu-Synkretismus« aufzugeben. Das Verhältnis zwischen der Treue gegenüber dem eigenen Glauben und der Offenheit gegenüber anderen ist nicht ein exklusives, sondern eher ein inklusives.

[11] Der gegenwärtige Philosophiebegriff muß sich in gleicher Weise einer Kritik unterziehen lassen angesichts der Begegnung mit den östlichen ›Philosophen‹. Die Diskussionen für oder gegen eine ›Christliche Philosophie‹ könnten auch Anregungen von der Begegnung mit anderen ›Philosophien‹ erhalten.

[12] *J. Corbon* wies mit Recht darauf hin, daß eine ökumenische Berufung, die sich darauf beschränken würde, alle Getauften wieder zu vereinigen, dem Anspruch Christi in der Geschichte nicht gerecht würde; vgl. Ecumenismo e Mistero: La Missione 28 (1960) 22. Christliche Ökumene ist wirklich umfassend, wenn sie sich der Dynamik der Geschichte anpaßt, sonst ist sie keine echte Ökumene.

grundsätzlich verschiedenen Probleme, die bei einer innerchristlichen Begegnung auftreten, und diejenigen Probleme, die sich bei der Begegnung von verschiedenen Religionen zeigen, nicht aus dem Auge verlieren.[13]
In diesem Kapitel wollen wir etwas ausführlicher auf das Verhältnis von Hinduismus und Christentum in einer weiteren ökumenischen Atmosphäre zu sprechen kommen, indem wir uns jedoch auf den formalen Aspekt der Beziehung beschränken und nicht auf konkrete Probleme eingehen.

1.2 Die Bedeutung des ›und‹ im Verhältnis von Hinduismus und Christentum

Die vorliegende Untersuchung über das Verhältnis dieser beiden Religionen ist nur ein kleines Kapitel der Religionsphilosophie oder vielmehr der Theologie der Religionen.[14] Wir setzen daher eine Kenntnis des Christentums sowie des Hinduismus sowohl nach alten als auch nach modernen Quellen beim Leser als bekannt voraus.
Es scheint nützlich zu sein, die Bedeutung der Konjunktion ›und‹ zu klären, die Christentum und Hinduismus miteinander verbindet.[15] Wie weitreichend die Bedeutung eines einfachen ›und‹ sein kann, braucht hier nicht näher erläutert zu werden; man denke nur an die langen Diskussionen der östlichen und westlichen Christen um die Bedeutung eines anderen ›und‹, die Kontroverse um das »filioque«. Unser eigentliches Interesse gilt jedoch dem Hinduismus, und wir wollen beides berücksichtigen, sowohl den indischkulturellen Kontext als auch die allgemeinen Probleme, die sich bei jeder Begegnung von Religionen einstellen.

[13] Siehe als Erklärung zur ökumenischen Bewegung den Artikel von *O. Karrer,* Ökumenische Katholizität: Hochland 6 (1959) 297–314; Und als Beispiel authentisch ökumenischen Geistes die bemerkenswerten Schriften deutscher Protestanten der ›Sammlung‹ *(H. Asmussen, M. Lackmann, R. Baumann, W. Stälin, etc.):* Istina 1 (1959) 93–106. Vgl. ebenso *Y. M.-J. Congar,* Divided Christendom: A Catholic Study of the Problem of Re-Union. London 1939.

[14] Jeder Gläubige wird ein gewisses Unbehagen verspüren, wenn er eine Liste von Büchern zur Einführung in seinen Glauben zusammenstellen will: Der lebendige Glaube läßt sich nie adäquat in schriftlicher Form ausdrücken. Der Gläubige ist sich seines Glaubens sicher und lebt diesen Glauben. Er wird vielleicht dem einen oder anderen Buch den Vorzug geben, wenn es seiner persönlichen Auffassung entspricht oder wenn er es für den Gesprächspartner als geeignet erachtet. Wir sind genauso überrascht, wenn wir nach Literatur über den Hinduismus oder das Christentum gefragt werden. Diese Bemerkung gilt auch für die folgenden Anmerkungen.

[15] Bei solch einer Begegnung sind Verallgemeinerungen wohl unvermeidbar. Wenn wir vom ›Hinduismus‹ und vom ›Christentum‹ sprechen, vergessen wir dabei nicht, daß es sich um zwei komplexe Religionen handelt, die eine differenzierte Darstellung verlangen. Wir analysieren hier das Verhältnis nur nach formalen Gesichtspunkten.

Wir werden zuerst die Situation in christlichen Begriffen[16] darstellen, bevor wir eine Interpretation versuchen: Christus ist der Erlöser der Welt.[17] Es gibt keine Erlösung außer durch ihn.[18] Wo es keine Erlösung gibt, gibt es kein Heil. Daher wird jeder Mensch, der gerettet wird – und durch Vernunft und Glauben wissen wir, daß Gott jedem die nötigen Heilsmittel zur Verfügung stellt – durch Christus, den einzigen Erlöser, gerettet.[19] Das heißt also, daß Christus in jedem Menschen, der auf dem Weg zu Gott ist, in irgendeiner Form gegenwärtig ist.[20]

Obgleich die Kirche, im mystischen Sinne, als der Ort des Wirkens Christi in aller Welt angesehen wird, versteht sich das Christentum, oder die Kirche als Institution, als eine konkrete Religion, die für sich beansprucht, der normale und gewöhnliche Ort zu sein, an dem Christus seine erlösende Kraft und heilbringende Tat sichtbar werden läßt.[21] Welche Rolle spielt der Hinduismus, wenn dies der Fall ist?[22] Es gibt nur zwei mögliche Antworten[23]:

[16] Seit der Veröffentlichung dieses Buches sind die hier angesprochenen Ideen von der Begegnung des Christentums und anderer Weltreligionen und der umfassenden Heilsökonomie Christi allgemein angenommen und teilweise detailliert von vielen Theologen weiterentwickelt worden. Wir beabsichtigen nicht, diese Seiten völlig neu zu schreiben, zumal sie sozusagen eine historische Phase in diesem neuen theologischen Verständigungsprozeß darstellen. Als Literatur zu diesem Thema siehe z. B. *K. Rahner,* Das Christentum und die nichtchristlichen Religionen: Schriften zur Theologie V, 136–158; *H. R. Schlette,* Die Religionen als Thema der Theologie; ders., ebd. Einige Thesen zum Selbstverständnis der Religionen: Gott in Welt. Bd. 2. Freiburg 1964, 306–316; *J. Heislbetz,* Theologische Gründe der nichtchristlichen Religionen (Quaest. disp. 33). Freiburg 1967; *H. Küng,* The World Religions in God's Plan of Salvation: *J. Neuner* (Hrsg.), Christian Revelation and World Religions. London 1967. *H. Waldenfels,* Zur Heilsbedeutung der nichtchristlichen Religionen in katholischer Sicht: Zeitschrift für Missionswissenschaft und Religionswissenschaft 53 (1969) 257–278; *H. Bürkle,* Einführung in die Theologie der Religionen. Darmstadt 1977, und die dort jeweils angegebenen Bibliographien.

[17] Vgl. Eph 1,3–14 ff.

[18] Vgl. Kol 1,13–22 ff.

[19] Vgl. *M. Schmaus,* Gott der Erlöser, in: Katholische Dogmatik II, 2. München 1955, der uns vor weiteren Verweisen verschont. Siehe auch Abschnitt 5c) in diesem Kapitel.

[20] Vgl. *K. Adam,* Der Christus des Glaubens. Düsseldorf 1954.

[21] Vgl. *M. Schmaus,* Die Lehre von der Kirche, in: Katholische Dogmatik III,1. München 1958; *H. de Lubac,* Glauben aus der Liebe. Einsiedeln 1970.

[22] Vgl. *E. W. Thompson,* The Word of the Cross to Hindus. Madras 1956. Wir sollten hier auf verschiedene Artikel hinweisen, die in: Light of the East von *G. Dandoy und P. Johanns* erschienen sind. Einige Artikel von Johanns sind in Buchform erschienen: Vers le Christ par le Vedānta, Bd. 2. Louvain 1932. Vgl. ebenso *H. J. D'Souza,* Catholicism Meets Hinduism: World Mission VIII,2 (Sommer 1957) 64–80. (Wir teilen nicht ganz den in dieser Zeitschrift geäußerten Optimismus: IX, n. 44,62–74). Nach der ersten Veröffentlichung dieses Buches hat das II. Vatikanum zum erstenmal in der Geschichte der Kirche eine positive und explizite

Entweder ist der Hinduismus kein Ort für das Wirken Christi (d. h. Christus würde dann gute Hindus ungeachtet und trotz ihres Hindu-Glaubens retten), oder der Hinduismus wird *irgendwie* in Gottes allgemeine Heilsökonomie durch Christus einbezogen.[24] Die zweite Möglichkeit verneint natürlich nicht, daß Erlösung immer eine persönliche Angelegenheit ist, sie schließt aber auch nicht ein, daß der Hinduismus als ganzer, als konkrete historische Religion erlösende Kraft besitzt[25] – noch gilt das für das gesamte Christentum. Es bleibt jedoch die Frage, ob der Hinduismus in die (christliche) Heilsökonomie mit einbezogen ist.
In der Sicht des Hinduismus ist das Christentum, wie auch die anderen großen Religionen, für seine Gläubigen der Weg zu ihrer Befreiung, insofern es ihren Herzen die drei zentralen Wahrheiten des *sanātana dharma*, der ewigen Religion einprägt. Diese Wahrheiten besagen, daß es Gott gibt, daß er erfahrbar ist und daß es unsere Lebensaufgabe ist, ihn zu erkennen. Diese Erfahrung, diese Befreiung entspricht auf *homöomorphe* Weise dem, was die Christen Erlösung nennen.[26] Die Beziehung der Religionen wäre nicht so problematisch, wenn sich alle als Formen der ewigen Religion verstehen würden.

Bewertung der anderen Religionen vorgenommen, in der der Hinduismus ausdrücklich erwähnt wird. Siehe die Konzilserklärung »Nostra Aetaten«: Lexikon für Theologie und Kirche. Das Zweite Vatikanische Konzil II, Freiburg u. a. 1967, 488–495, dort auch die Kommentare 405–495; *R. Panikkar,* Church and the World Religions: Religion und Society, XIV, Nr. 2. Bangalore 1967, 59–63; *ders.,* Christianity and the World Religions: Christianity. Patiala 1969, 78–127; *P. Schreiner,* Die Heiligkeit der Religionen und die Dokumente des Zweiten Vatikanischen Konzils: Zeitschrift für Missionswissenschaft und Religionswissenschaft 56 (1972) 108–122.

23 Dieses Problem gibt es seit den Anfängen des Christentums. Vgl. den folgenden Text aus dem 2. Jahrhundert: »Es gibt zwei Möglichkeiten: entweder sorgt der Herr nicht für alle Menschen – was ein Zeichen von Unfähigkeit wäre (aber das dürfen wir nicht sagen, denn Unfähigkeit ist eine Schwäche), oder er will nur einen Teil der Menschen mit besonderen Gaben ausstatten (aber eine solche Haltung wäre unvereinbar mit seiner Güte...) – oder wir sind alle von ihm bedacht, was man von ihm als Vater auch erwartet. Da er nicht nur den einen oder anderen erlöst, sondern jeden, verteilt er seine Gaben sowohl an die Griechen und an die Barbaren und auch an die Gläubigen und die Auserwählten...« *Clemens von Alexandria,* Stromata II, 6, übersetzt nach *J. B. Mayor, J. E. L. Oulton und H. Chadwick:* Alexandrian Christianity, The Library of Christian Classics II. London 1954.

24 Siehe *O. Karrer,* Das Religiöse in der Menschheit und das Christentum. Freiburg 1956. Vgl. die Artikel zu den entsprechenden Themen von *J. Monchanin,* Yoga et hesychasme, Apophatisme et Apavāda; und *A. Bareau,* L'Absolu dans le bouddhisme: Entretiens. Pondicherry, Institut Français d'Indologie, 1955; *F. König* (Hrsg.), Christus und die Religionen der Erde, 3 Bde. Freiburg 1961; besonders die letzte Studie, Das Christentum und die Weltreligionen: Bd. 3, 731–776; *B. Kelly,* Notes on the Light of the Eastern Religions: Dominican Studies (1954) 254–271.

25 Wir werden auf dieses Problem zurückkommen. Siehe S. 82ff.

26 Vgl. *M. Dhavamony:* Studia Missionalia 29 (1980) über Salvation, 209ff.

Die vorliegende Studie geht das Problem vom christlichen Standpunkt an, weil dieses Problem seit Jahrhunderten vom Christentum stärker empfunden wurde. Das Verhältnis zu den anderen Religionen war immer äußerst kritisch, da die Heilstat Christi immer exklusiv interpretiert wurde. Unser Anliegen ist es, eine These zu formulieren, die die zweite christliche Alternative hervorhebt, die Suche nämlich nach der Integration von hinduistischer und christlicher Heilsökonomie mittels der Konjunktion ›und‹. Das ist das ganze Problem in nuce, während der Ausdruck ›Hinduismus und Christentum‹ von vornherein nicht sonderlich problematisch zu sein scheint. Mit anderen Worten: Gibt es wirklich ein ›und‹, das die beiden verbindet, und wenn ja, in welcher Hinsicht?

2. Erste Annäherungsversuche

Ich werde die Diskussion mit negativen Argumenten einleiten, wobei ich alle unangebrachten oder unwahrhaften Interpretationen in Bezug auf diese Beziehung ausschließe. Sodann werde ich das Verhältnis der beiden Religionen aus einem positiven Blickwinkel beleuchten. Ich hoffe, daß meine Ausführungen weder die Gefühle der Hindus oder der Christen verletzen noch im Widerspruch zu ihren Lehren stehen werden.
Die Mehrzahl der missionarischen Studien unserer Zeit überprüfen die theologische Rechtfertigung der Mission.[27] Der negative Teil dieser Diskussionen mag in Anbetracht der veränderten Voraussetzungen als überholt und nicht mehr notwendig erscheinen. Doch die alten Argumente sind noch nicht vollkommen abgelegt. Sie sind daher der konkrete historische Hintergrund unserer Diskussion, auf dem die Bedingungen für eine christliche Begegnung mit anderen Religionen gewachsen sind. Es scheint daher richtig, auch die alten Ansichten ernsthaft zu berücksichtigen, wenn auch nur, um die Entwicklung des christlichen Denkens aufzuzeigen.
Die Beziehung zwischen Hinduismus und Christentum findet im Bindewort ›und‹ einen in gewisser Hinsicht entsprechenden Ausdruck, insofern dieses ›und‹ neutral ist und keinem der beiden Begriffe eine Sonderstellung einräumt. Daraus folgt, daß so polare Gegensätze wie Lüge – Wahrheit, Dunkel – Licht, Sünde – Heiligkeit, Verdammung – Erlösung, sogar Natur – Übernatur nicht in dieser Konjunktion impliziert sind, obgleich solche Polaritäten lange Zeit bei den Christen üblich waren, um sich von den Hindus abzugrenzen. Später verwendete man dann verständnisvollere Gegenüberstellungen und zwar die dynamischen Pole wie Potenz – Akt, Same – Frucht, Vorläufer – Vollender, Symbol – Wirklichkeit, Wunsch –

[27] Vgl. z.B. *G. Evers*, Mission – Nichtchristliche Religionen – Weltliche Welt: *J. Schütte* (Hrsg.), Mission nach dem Konzil. Mainz 1967.

Erfüllung, Allegorie – Ding-an-sich und gar die spezifisch christliche Dynamik von Tod und Auferstehung.[28]

Die zu untersuchende Beziehung ist jedoch ein Verhältnis eigener Art, d. h. es ist eine besondere Beziehung, die sich von anderen unterscheidet und in kein anderes Verhältnis miteinbezogen werden kann.[29] Um des Verständnisses wegen ist jedoch traditionell dieses Verhältnis mit Hilfe der *Analogie* mit Begriffspaaren, z. B. mit Gegensatzpaaren oder dynamischen Begriffspaaren, ausgedrückt worden, obwohl keine dieser Klassifizierungen adäquat ist.[30] Gerade hier liegt das Problem.

Bevor wir nun das Verhältnis der beiden Religionen aus unserer Sicht darstellen, möchten wir die Implikationen und Grenzen der beiden Charakterisierungsverfahren erläutern, die bis in die jüngste Vergangenheit gültig und anerkannt waren.

3. Sünde und Heiligkeit, Irrtum und Wahrheit

Hinduismus und Christentum sind nicht Gegensätze, wie es z. B. die Missionare der Vergangenheit angenommen haben, als ob die eine Religion die Sünde und die andere Religion die Heiligkeit verkörpere oder die eine Religion im Irrtum befangen sei und die andere die Wahrheit besitze.

Zunächst muß gesagt werden, daß solche Gegensätze zu statisch sind. In jedem hermetisch geschlossenen Begriff wie z. B. in der Gegenüberstellung von Sünde – Heiligkeit oder Dunkel – Licht, ist die Möglichkeit eines Übergangs oder eine mögliche Annäherung dieser Begriffe ausgeschlossen. Wenn man von einer Religion behauptet, sie sei sündhaft oder sie führe die Menschen in die Dunkelheit (oder Verdammung oder Irrtum), dann bedeutet das, daß man sie überhaupt nicht als Religion anerkennt. Jede Religion hat die Erlösung und Befreiung des Menschen zum Gegenstand, was die Einheit mit Gott bedeutet, die Vergöttlichung des Menschen, den Zugang zu

28 Wir stimmen mit *K. Klostermaier* überein, (Kristvidys [Bangalore, Christian Institute for the Study of Religion and Society, 1967], 11), der sagt, daß »das actus-potentia-Schema« uns nicht viel weiterbringen wird, jedoch der Ausgangspunkt für eine neue Denkweise sein kann.

29 Zur kirchlichen Praxis siehe zu diesem Thema *A. V. Seumois,* La papauté et les missions au cours des six premiers siècles. Paris 1951; *G. Bardy,* La conversion au Christianisme durant les premiers siècles. Paris 1949.

30 Siehe dazu die erste christliche Darstellung über die Erlösung von Nicht-Christen, geschrieben um 450: *Prosper von Aquitanien,* Duo libri de vocatione omnium gentium, besonders die Übersetzung und Studie von *P. de Letter,* St. Prosper of Aquitaine, The Call of All Nations: Ancient Christian Writers 14. London 1952.

Wahrheit, Heiligkeit und Licht, die Befreiung aus den Fesseln der Ungerechtigkeit oder Sklaverei, der Leidenschaften des weltlichen Daseins usw. Eine Religion als sündhaft oder schlecht zu bezeichnen würde bedeuten, daß man sie nicht als eine Religion akzeptiert, sondern nur für eine Pseudo-Religion hält, der die Macht fehlt, die wir von einer Religion erwarten.[31]
Ferner sind es sicher nur sehr wenige Menschen, die den Irrtum der Wahrheit, das Dunkel dem Licht, die Sünde der Heiligkeit oder die Verdammung der Erlösung vorziehen würden, und wenn jemand seine Religion als wirklich irrig, dunkel oder sündhaft ansehen würde, so würde er ihr sicher nicht weiter Folge leisten oder an ihren Glaubensaussagen festhalten. Wenn der Hinduismus in der Tat Unwissenheit bedeuten würde, dann wäre es klar, daß die Hindus das nicht anerkennen. Das wiederum wäre ein einseitiges Urteil, das zunächst einmal gerechtfertigt werden müßte. Dies ist jedoch theologisch unmöglich.[32]
Der Hindu würde außerdem, wenn die Christen den Hinduismus als völligen Irrtum oder schiere Lüge verurteilen, sich von einer so überheblichen Haltung nicht nur vollkommen abgestoßen fühlen, sondern er könnte das in der Tat aus theoretischen Gründen überhaupt nicht akzeptieren.[33]
Sollte der liebende Gott und gnädige Erlöser, an den die Christen glauben, so seltsam, wenn nicht gar so grausam sein, daß er jemanden in völliger Unwissenheit und Unwahrheit allein ließe bis zu dem Zeitpunkt, an dem dieser mit dem Christentum in Kontakt tritt? Auch wenn er demütig seine persönliche Schuld bekennen würde, wie könnte er glauben, daß all die berühmten Heiligen der Hindus – vielleicht sind einige von ihnen seine Vorfahren – nur Betrüger gewesen sind, oder beides, Betrüger und Betrogene, Gauner und Verdammte? Der Hindu würde verständlicherweise zu der Überzeugung gelangen, daß der christliche Gott äußerst parteiisch und in der Tat nicht viel besser sein müsse als der »eifersüchtige« Gott einiger Passagen des Alten Testamentes und daß die Gottesvorstellung der Christen sicher nicht an den vergeistigten Gottesbegriff der indischen Religion heranreiche.

[31] Diese innere Überzeugung finden wir bei *K. Barth und H. Kraemer*, die in allen Religionen schwaches Menschenwerk erblicken und daher der christlichen Bewegung bzw. dem christlichen Glauben den Charakter einer ›Religion‹ absprechen. Vgl. *K. Barth*, Gottes Offenbarung als Aufhebung der Religion: Kirchliche Dogmatik I/2, 17. Zollikon-Zürich 1938, 304–397; *H. Kraemer*, Religion and the Christian Faith. Philadelphia 1956 und Die christliche Botschaft in einer nichtchristlichen Welt. Zollikon-Zürich 1940.

[32] Auf solche Überlegungen stützt sich die früher anerkannte Hypothese, daß Gott diejenigen rettet, die in einem (für sie selbst) unüberwindlichen Irrtum leben.

[33] Vgl. *S. Radhakrishnan*, An Idealist View of Life. London 1927.

4. Das Natürliche und das Übernatürliche

Ein anderes Paradigma, das uns nicht weiterhilft, ist der angebliche Unterschied zwischen dem Hinduismus als natürlicher Religion und dem Christentum als einer übernatürlichen Religion. Wir wollen hier nicht auf die christliche theologische Diskussion eingehen, die bereits die Gültigkeit dieser Unterscheidung anzweifelt, außer im erkenntnistheoretischen Bereich (denn in der Tat bezeichnet das Begriffspaar ›natürlich-übernatürlich‹ in erster Linie zwei verschiedene Erkenntnisweisen).[34] Es wäre eine nicht legitime Extrapolation, wenn man diese Begriffe auf zwei bestimmte historische Religionen anwenden würde. Wir haben diese Hypothese noch aus anderen Gründen aufgegeben.

Zunächst muß man sagen, daß die Bezeichnung ›natürliche‹ Religion ein Widerspruch in sich ist, wenn wir annehmen, daß eine echte Religion durch einen übernatürlichen Bezug bestimmt ist. Entweder ist eine Religion eine Religion, d.h. ein Weg, der dem Menschen zum Erreichen seines Ziels verhilft (wie immer dieses Ziel verstanden werden mag), und dann müssen wir die Religion als etwas Übernatürliches anerkennen (d.h. als über die menschliche Situation in dieser Welt hinausgehend), oder sie ist überhaupt keine Religion. Denn Heil bedeutet gerade Hinübergehen, den Übergang vom Natürlichen zum Übernatürlichen, bzw. die Verwandlung oder radikale Umwandlung des natürlichen Menschen in ein übernatürliches, göttliches Wesen, das Durchbrechen von Seinsebenen, das Ende der Unterschiede zwischen Materie/Geist, namhaft/Namenlos, das Transzendieren des Unterschiedes zwischen dem Selbst und dem anderen.

Das Christentum mag in gewisser Hinsicht übernatürlich sein, doch der Hinduismus kann nicht als natürliche Religion bezeichnet werden, da er nicht nur ein Produkt der Natur ist. Auf diese Weise würde der Hinduismus zu einer bloßen Projektion des menschlichen Geistes herabgewürdigt.[35] Der Ausdruck ›natürliche‹ Religion erinnert zu sehr an den Naturalismus vergangener Jahrhunderte. Selbst wenn wir sagen würden, der Hinduismus sei eine Schöpfung des menschlichen Geistes, so bliebe die Frage, welcher menschliche Geist ist nicht von Gott erleuchtet, von dem Licht, »das jeden Menschen erleuchtet, der in die Welt kommt«? Kein Geist ist einfach ein natürlicher Geist, sondern vielmehr könnte es ein gefallener oder erlöster Geist sein, der, wie jeder menschliche Geist, schon den Ruf Christi, der ja für

[34] Vgl. das Erste Vatikanische Konzil, Sitzung III, besonders Const. de Fide, Kap. 4 (DS 3015ff.). Vgl. auch *H. de Lubac,* Surnaturel. Paris 1946; *ders,* Die Freiheit der Gnade, Bd. I–II. Einsiedeln 1971.

[35] Vgl. dazu den bemerkenswerten, zum Teil aber zu dualistisch geprägten Sammelband von *A. Chavasse, J. Frisque, H. Denis, R. Garnier,* Église et Apostolat. Paris 1953.

die ganze Menschheit starb, erfahren hat.[36] Der Mensch mag daher gefallen oder erlöst sein, doch ist er nicht einfach ›natürlich‹. Oder genauer gesagt: Der ›existentielle Zustand‹ des Menschen ist nicht einfach gefallen, weil das Mysterium des Kreuzes universale Wirkkraft besitzt; er ist auch nicht schlechthin ›erlöst‹ oder übernatürlich, denn die Wirkungen der Erlösung sind noch nicht vollkommen angenommen und anerkannt.[38] Wir wollen nicht vergessen, daß wir es hier mit dem menschlichen Geist zu tun haben, der den letzten religiösen Fragen gegenübersteht, und nicht nur mit technischen oder mathematischen Themen des natürlichen Bereiches, in dem der ›natürliche‹ Menschengeist seine eigenen Gesetze, seine Ontonomie, haben mag.

Schließlich sind die Dichotomie von natürlich-übernatürlich und die anderen untergeordneten Begriffspaare nicht auf den Hinduismus bzw. auf das Christentum anwendbar. Der eigentliche Ort für diese Unterscheidungen ist vielmehr der einzelne Mensch – sei er Hindu oder Christ –, der im Wandel begriffen ist von bloß ›geschaffenen‹ Strukturen hin zum lebendigen Gott, der ihn zur Teilhabe an seinem eigenen Leben beruft.[39]

[36] Siehe Kapitel IV der Synode zu Quiercy: »Christus Jesus D. N., sicut nullus homo est, fuit vel erit, cuius natura in illo assumpta non fuerit, ita nullus est, fuit vel erit homo, pro quo passus non fuerit i; licet non omnes passiones eius mysterio redimantur.« (Es gibt keinen Menschen und wird auch in Zukunft keinen geben, dessen Nautr nicht von Jesus Christus unserem Herrn angenommen wurde. Auch gibt es niemanden, für den er nicht das Kreuz auf sich genommen hat, obwohl nicht alle erlöst werden durch das Mysterium der Offenbarung.) DS 624. Vgl. den traditionellen Text: »Sed sicut in Adam omnes moriuntur, ita et in Christo omnes vivififabuntur (vgl. 1 Kor 15,22). Itaque sicut primitiae mortis in Adam, ita etiam primitiae resurrectionis in Christo omnes resurgent...Omnes quidem resurgent, sed unusquisque, ut ait Apostolus (ibid., 23), in suo ordine. Communis est divinae fructus clementiae, sed distinctus ordo meritorum.« (Wie nämlich in Adam alle sterben, so werden in Christus alle lebendig gemacht werden (vgl. 1 Kor 15,22). Wie die erste Saat des Todes in Adam ist, so ist die erste Saat des neuen Lebens in Christus, durch den alles wieder zu neuem Leben erweckt wird...Alle werden auferstehen, aber, so sagt der Apostel (ebd., 23), jeder auf seine Art und Weise. Die Frucht der göttlichen Güte ist allen gemeinsam, aber die Ordnung der Verdienste ist unterschiedlich.) *Ambrosius,* De fide resurrectionis (im alten Brev. Rom, lect. V, dom. V p. Pascha).

[37] Vgl. *R. Panikkar,* Freiheit und Gewissen: Neues Abendland 10 (1955) 25–32.

[38] Vgl. die Unterscheidung zwischen einer »objektiven oder potentiellen« und einer »subjektiven oder tatsächlichen« Erlösung: *U. Lattanzi,* Il primato universale di Cristo secondo le S. Scritture. Rom 1937, 57.

[39] »Was immer des Menschen Ausgang von Gott betrifft, kann die natürliche Ordnung, und was seine Rückkehr zu Gott betrifft, die übernatürliche Ordnung genannt werden.« *G. M. Dupont,* Foundation for a Devotion to the Blessed Trinity. Calcutta 1947, 132. Vgl. *Thomas von Aquin,* In Sent., d. 14, q. 2, a. 2.

5. Die Unangemessenheit eines Überlegenheitsanspruchs

Wir wollen nicht von Anfang an die Möglichkeit ausschließen, daß eine der beiden Religionen in einer bestimmten Hinsicht besser als die andere ist. Der Standpunkt ist offensichtlich relativ, d. h. er ist von einer Reihe von Überzeugungen und Lehrmeinungen abhängig, die wiederum einer kritischen Untersuchung bedürfen. Das allein reicht jedoch nicht aus, um einen Überlegenheitsanspruch des Christentums zu rechtfertigen, als ob die soziologische Größe, genannt Christentum, der anderen sozio-religiösen Größe, genannt Hinduismus, tatsächlich überlegen sei.
Wir lehnen diese Haltung aus drei Gründen ab:
a) aus einer psychologisch-pastoralen Überlegung: die Überlegenheitshaltung widerspricht der religiösen Aufrichtigkeit und dem ›christlichen Geist‹;
b) aus einem historischen Beweggrund: die Geschichte liefert keine Beweise für diese These;
c) aus theologischen Überlegungen: ein Überlegenheitsanspruch ist mit der christlichen Theologie nicht vereinbar.

5.1 Psychologische und pastorale Unangemessenheit

Wer die beiden Religionen durch Vergleiche wie wahr / weniger wahr, überlegen / unterlegen beurteilt, schließt damit automatisch jeder Kommunikation und Verständigung die Tür.[40] Nichts ist weiter entfernt vom christlichen Geist als jene Haltung.
Gewiß kam Christus, um zu lehren: er ist der Meister,[41] aber er lehrte uns durch sein Beispiel und durch Gleichnisse, indem er offen war für die Forderungen der Wahrheit, und diente, statt sich bedienen zu lassen,[42] – er predigte nicht über die Köpfe der Leute hinweg und behauptete nicht, die Wahrheit zu ›besitzen‹. Nichts gefährdet das christliche Apostolat so sehr wie eine paternalistische Haltung und die falsche Sicherheit jener, die sich im vollen *Besitz* der Wahrheit dünkte.[43] Der wahre Christ (und ebenso der wahre Hindu) besitzt überhaupt nichts, nicht einmal die Wahrheit. Er ist vielmehr von ihr ›besessen‹, wie Thomas von Aquin bemerkt.[44] Er erkennt Gott, weil er von ihm erkannt ist.[45] Das gibt dem wahren religiösen Menschen eine kompromißlose Haltung gegenüber dem Irrtum. Er kann

[40] Vgl. *J. Levie,* Sous les yeux de l'incroyant. Paris ^{2}1946.
[41] Vgl. Joh 13,14ff.
[42] Vgl. Mt 20,28; Phil 2,7.
[43] Vgl. *H. Duméry,* La tentation de faire du bien: Esprit (Jan. 1955) 1–34.
[44] In Metaphys 3 (Nr. 64).
[45] Gal 4,9; vgl. 1 Kor 8,3.

keinen Zoll von jener Wahrheit abweichen, als deren Diener er sich fühlt,[46] dennoch betrachtet er sich nicht als Mitglied eines exklusiven bourgeoisen Klubs, das es sich auf dem »richtigen Weg« bequem macht und sich dazu herabläßt, anderen den Pfad des Heils zu weisen.[47] Er ist vielmehr ein Pilger, der seinen Weg sucht und sich mit Furcht und Zittern[48] darum bemüht, durch die schmale Pforte einzutreten,[49] wobei er demütig seine Überzeugungen und Taten prüft, damit er nicht selbst verworfen werde, während er anderen die Lehre verkündet, wie es selbst der heilige Paulus fürchtete.[50] Er ist sich der Gefahr des geistlichen Lebens bewußt, wobei er weiß, daß die Tatsache, daß er in der Anwesenheit des Herrn gegessen und getrunken[51] oder ›Herr, Herr‹[52] gerufen hat oder sogar in seinem Namen Wunder gewirkt hat,[53] ihn noch nicht rettet. Sein Beispiel,[54] seine Nächstenliebe[55] und sein »Dienst am Wort«,[56] wodurch er an der Lehre, die er empfangen hat,[57] teilhat und sie dennoch nicht um ein Jota ändern kann,[58] – das ist es, was der Christ der Welt anbietet. Das Vorrecht des christlichen Glaubens, wenn wir es so nennen wollen, ist lediglich die Berufung zu einem besonderen Dienst.[59] Der christliche Weg ist immer ein Weg der Mit-Erlösung.[60] Es ist ein Weg der Freundschaft, die dem Beispiel und der ausdrücklichen Lehre Christi folgt, wobei Freundschaft eine gegenseitige Kommunikation, Vertrauen und eine gewisse Gleichheit voraussetzt.[61] Wo dies nicht der Fall ist, ist keine Kommunikation möglich; ohne diese gibt es kein Kerygma, keine Verkündigung des Wortes, keine Übermittlung des Glaubens.[62] Wo aber keine Kommunikation zustande kommt, gibt es auch

46 Vgl. die typische Äußerung von Tertullian, die eigentlich nur im Kontext verständlich wird: »Wenn man einmal glaubt, bleibt nurmehr ein weiteres zu glauben, nämlich daß es nichts weiteres zu glauben gibt.« De praescriptione hereticorum 9.
47 Vgl. Mt 23,1ff.
48 Phil 2,12.
49 Lk 13,24.
50 1 Kor 9,27.
51 Lk 13,26.
52 Mt 7,21.
53 Mt 7,22–23.
54 Mt 5,16ff.
55 Lk 10,37.
56 Apg 6,4.
57 Mt 28,18–20; Mk 16,15–16.
58 Mt 5,17–20.
59 Vgl. Joh 13,13–17.
60 Vgl. *R. Panikkar*, The Relation of Christians to their Non-Christian surroundings: *J. Neuner* (Hrsg.), Christian Revelation and World Religions. London 1967, 143–184.
61 Vgl. Joh 15,14ff.
62 Röm 10,17.

keine Gemeinschaft (»Communio«). Folglich ist, selbst von einem psychologischen Standpunkt aus betrachtet, eine überlegene und exklusive Haltung unvereinbar mit der christlichen Verpflichtung zum Apostolat.[63]
Darüber hinaus ist Religion ein organisch gewachsener Bestand von Glaubensinhalten und Praktiken, der sich nur durch ein natürliches Wachstum von innen heraus ändern kann, nicht jedoch lediglich durch äußerliche Nachahmung und künstliches Aufzwingen. Es ist oft gesagt worden, daß der Hinduismus es nicht schätzt, nachgeahmt zu werden, obgleich er ein hervorragendes Verhältnis zum westlichen Christentum hat. Er ist gegen eine sogenannte christliche Anpassung, weil sie lediglich ein Behelf sein kann, fremdes Glaubensgut in bekannter Gewandung einzuführen, unter der Voraussetzung, daß christliche Missionare den Hinduismus für falsch halten. Es bedeutet aber Überheblichkeit, ja sogar Unehrlichkeit, wenn man sich die äußere Schale einer Religion aneignet, ohne ihren Kern zu kennen. Dies ist es, was dem Hindu befremdlich ist und ihn dazu veranlaßt, Einmischung, Nachahmung und Anpassung abzulehnen.[64] Selbst wenn die Christen Interesse zeigen an einer Übernahme der positiven Werte des Hinduismus, wird dies von den orthodoxen Hindus als Raub betrachtet, denn diese Christen werden den Hinduismus kaum inwendig kennen, d. h. den Kern und das Innerste, aus dem heraus ebendiese Werte gewachsen sind.[65] Ebenso wäre es sinnlos und lediglich oberflächlich, wenn der Hinduismus einfach gewisse charakteristische Merkmale des Christentums übernehmen würde, wenn diese Merkmale sich nicht aus dem Innersten des Hinduismus entwickelt hätten; schon gar nicht wäre es Ausdruck einer tiefen Erfahrung der christlichen Wirklichkeit. Dennoch können wir voneinander lernen.[66]

[63] Vgl. Joh 10,1 ff; Mt 10,16 ff.

[64] Nichts ist heikler als die Psychologie des kollektiven Unbewußten. Religion und Kultur haben eine psychologische Komponente, aber sie können nicht auf psychologische Faktoren reduziert werden. Als Einführung in die indische Mentalität vgl. die Werke von *R. Kipling, Mahatma Gandhi, R. Tagore, R. K. Narayan, M. R. Anand, A. K. Coomaraswamy, C. F. Andrews, G. M. Carstairs* u. a.

[65] Vgl. *G. Dandoy*, Catholicism and Natural Cultures: Light of the East Series. Nr. 27. Calcutta 1939.

[66] Es wäre der Mühe wert, die tiefere Bedeutung der Verehrung von Götterbildern zu studieren, um aufzuzeigen, wie die christliche Vorstellung von der Gegenwart Gottes und dessen Verehrung bereichert werden könnte. Als Anregung dazu vgl. *J. Lacroix*, Sens de l'athéisme. Tournai 1958. Für weitere Hinweise vgl. *M. Eliade*, Patterns in Comparative Religion. London 1958, 25–30; Ders., Ewige Bilder und Sinnbilder. Freiburg 1958. Vgl. auch: *A. K. Coomaraswamy*, Figures of Speech or Figures of Thought. London 1946, 216–246; *G. van der Leeuw*, L'homme primitif et la religion. Paris 1940; *A. le Roy*, La religion des primitifs. Paris 1925; *S. Lévi*, La doctrine du sacrifice dans les Brāhmaṇas (Bibl. Hautes Études). Paris 1898; vgl. *R. Panikkar*, Eucharistischer Glaube und Idolatrie: Kairos (1961). Heft 2; ders., Kultmysterium in Hinduismus und Christentum. Freiburg 1964.

5.2 Historische Erfahrungen

Die Überlegenheitshaltung kann die Prüfung der Geschichte keineswegs bestehen. Selbst die elementarste Geschichtskunde scheint außer jeden Zweifel zu stellen, daß die Geschichte der christlichen Völker und des Christentums selbst nicht immer ein Modell der Gerechtigkeit und Tugend war. Auch war das Verhältnis von Christen und Nicht-Christen im Verlauf ihrer Geschichte nicht von einer milden und barmherzigen Begegnung geprägt.[67] Wäre dem so gewesen, so müßte der Unterschied zwischen der Geschichte der christlichen Völker und der der nicht-christlichen Kulturen so auffallend sein, daß kein Zweifel an der Überlegenheit des Christentums aufkommen könnte. Tatsächlich jedoch liefert die Geschichte keinen Beweis zugunsten des Christentums.[68]

Es ist in diesem Zusammenhang auch nicht richtig, die Unwürdigkeit des einzelnen Christen herauszustreichen, um damit die »Würde« des Christentums zu retten.[69] Denn die eigentliche Frage ist nicht so sehr, ob Christen einem theoretisch reinen Christentum entsprechend gut oder schlecht sind, sondern darum, ob das Christentum als Ganzes – einschließlich der Geschichte – dem Hinduismus gegenüber eine so überlegene Stellung einnimmt, daß die Analogie der eingangs erwähnten gegensätzlichen Begriffspaare ihr Verhältnis zutreffend charakterisiert.

Gewiß sind einige Formen des populären Hinduismus voll von Aberglauben, Entartungen und Unreinheiten. Doch auch die Geschichte des Christentums ist nicht frei von solchen Zügen. Außerdem würde es einer unparteiischen Geschichtsschreibung schwer fallen zu widerlegen, daß sich auch im Hinduismus solche Wunder und erstaunlichen Taten finden, wie sie in der Geschichte des Christentums nachgewiesen wurden. Das Christentum geht von der Vorstellung aus, daß die Geschichte seiner Religion unleugbare Beweise einer ganz besonderen Vorsehung erbringt und dies vor allem in jenem Bereich, der die Prophezeiungen vor Christus und die Wunder nach

[67] Vgl. *Kardinal Tisserant*, Eastern Christianity in India. Bombay 1957. Für eine systematische Studie vgl. Histoire universelle des missions catholiques, 2 Bde, hrsg. v. *Delacroix*. Paris 1956–1957; Auch die grundlegenden Werke von *J. T. Addison*, The Medieval Missionary, Studies in the World Mission of Christianity 11. New York 1936; *J. Glazik*, Die russisch-orthodoxe Heidenmission seit Peter dem Großen: Ein missionsgeschichtlicher Versuch nach Quellen und Darstellung. Münster 1954; *K. S. Latourette*, A History of the Expansion of Christianity. New York 1937–1945.

[68] Vgl. als typische Beispiele *S. Radhakrishnan*, Die Gemeinschaft des Geistes. Östliche Religionen und westliches Denken. Darmstadt/Genf o. J. *K. M. Panikkar*, Asia and Western Dominance. London 1955; auch (auf einer ganz anderen Linie) *T. Ohm*, Asiens Nein und Ja zum westlichen Christentum. München 1960; *ders.*, Asiens Kritik am abendländischen Christentum. München 1948.

[69] Vgl. *N. Berdyaev*, De la dignité du christianisme et de l'indignité des chrétiens. Paris 1931.

ihm umfaßt.[70] Nirgends aber besagt die christliche Lehre, wir sollten, um die Verdienste des Christentums zu preisen, die Verdienste anderer Religionen verbergen, herabmindern oder leugnen.[71]

Die spirituelle Geschichte des Hinduismus ist voller paralleler Beispiele zu dem, was Christus über die nicht-jüdische Frau[72] oder über den römischen Offizier[73] sagt, bei denen er mehr Glauben fand als im Hause Israel.[74] Die spirituelle Geschichte des Hinduismus verzeichnet(e) in der Vergangenheit und in der Gegenwart Beispiele wirklicher Tugend, wahrer Heiligkeit, echter Mystik, unbestreitbarer Wunder und echter Nächstenliebe.[75] Wenn ein Christ des Westens diese Zeilen mit Skepsis aufnehmen sollte, möchte ich ihn auffordern, einmal selbst die Lebenszeugnisse anderer Religionen zu studieren.[76] »Herr, wo wohnst du? – Kommt und seht!«[77] Nur wenn wir ihn erfahren haben, können wir das theologische Problem der Gnade und Mystik außerhalb des Christentums wie auch in seinem eigenen Bereich angehen.[78]

[70] Vgl. Conc. Vat. I (DS 3009) und Sacrorum antistitum, 1. Januar 1910 (DS 3537).

[71] Vgl. Ex 22,28 (obwohl es im Sinne der Apg 23,5 ausgelegt werden könnte).

[72] Mt 15,28.

[73] Mt 8,10; Lk 7,9.

[74] Das letzte Wort der Matutin am letzten Tage des liturgischen Jahres im alten lateinischen Ritus scheint eine Mahnung an Israel und ein Hinweis auf die Annahme »aller Völker« zu sein: »Non est mihi voluntas in vobis, dicit Dominus exercituum, et munus non suscipiam de manu vestra; ab ortu enim solis usque ad occasum magnum est nomen meum in gentibus et in omni loco sacrificatur et offertur nomini meo oblatio munda, quia magnum est nomen meum in gentibus, dicit Dominus exercituum. Mal 1,10 (Mat. Sabbat infra Hebdom. V Novembris, lect. 3).« (Ich habe kein Wohlgefallen mehr an euch, spricht Jahwe Zebaot, und nehme kein Opfer mehr aus eurer Hand an. Denn vom Aufgang der Sonne bis zu ihrem Niedergang ist mein Name groß unter den Völkern, und an jedem Orte wird meinem Namen ein Rauchopfer dargebracht und eine reine Opfergabe, denn mein Name ist groß unter den Völkern, spricht Jahwe Zebaot.)

[75] Vgl. *J. Monchanin, H. Le Saux,* Die Eremiten von Saccidānanda. Salzburg 1962; *Abhishikteśvarānanda,* Le monachisme chrétien aux Indes: La Vie Spirituelle supp. 38 (15. Sept. 1956) 288–316. Vgl. auch *S. N. Dasgupta,* Hindu Mysticism. New York 1927. Zur Biographie Śaṅkaras vgl. *M. Piantelli,* Śaṅkara e la rinascita del brahmanesimo. Fossano 1974.

[76] Vgl. *Abhishikteśvarānanda,* L'hindouisme est-il toujours vivant?: La Vie intellectuelle XI (1956) 2–40; Die ganze Ausgabe ist dem Hinduismus gewidmet. Vgl. auch vol. XII, 1956: Vitalité des religions non-chrétiennes.

[77] Joh 1,38–39.

[78] Vgl. den Hinweis, der Altertum und Mittelalter umfaßt: »Et Augustinus l. VII Conf. (c. 9, n. 1) dicit se in libris Platonis legisse in principio erat verbum et magnam partem huius primi capituli Johannis.« (Und Augustinus sagt im 7. Buch der »Confessiones« (c. 9, n. 1), er habe in den Schriften Platons gelesen: ›Im Anfang war das Wort‹ und einen großen Teil des 1. Kapitels von Johannes.) M. Eckhardt, Expositio in Ioan. (initium), Nr. 2 (Quints kritische Ausgabe, S. 4). Vgl. auch »Dubitandum non est et gentes suos habere prophetas!« (Es läßt sich nicht bezweifeln, daß die Völker ihre eigenen Propheten haben.) August., Contra Faustum XIX, 2 (PL 42, 348).

Obgleich Erlösung sich im Grunde in den unaussprechlichen Tiefen der menschlichen Person ereignet, geht die normale göttliche Vorbereitung zu diesem letzten Schritt durch die sichtbaren Kanäle der historischen Religionen.[79]

5.3 Theologische Überlegungen

Der Überlegenheitsanspruch – und a fortiori derjenige, der das Verhältnis zwischen Christentum und Hinduismus als einen Gegensatz zwischen zwei Polen betrachtet – steht auch im Widerspruch zu den Prinzipien der christlichen Theologie.

Die christliche Theologie akzeptiert allgemein zwei Lehrsätze:[80] erstens, daß die Erlösung ausschließlich durch Christus geschieht;[81] zweitens, daß Gott niemanden verdammt.[82] Diese zweite Behauptung bedeutet nun, daß Gott jeden Menschen, der ins Dasein eintritt, mit den *Mitteln* des Heils ausstattet.[83]

Wir haben Gottes universalen Heilswillen bereits erwähnt.[84] Wenn Gott nun den Menschen für die Vereinigung mit sich selbst geschaffen hat, dann wird

[79] Vgl. *W. Bierbaum*, Geschichte als Paidagogia Theou – Die Heilsgeschichtslehre des Klemens von Alexandrien: Münchener Theologische Zeitschrift 4 (1954) 246–272.

[80] Ich hoffe, der hinduistische Leser wird die theologischen Fachausdrücke der folgenden Paragraphen entschuldigen, die im Gespräch mit der katholischen Theologie unserer Zeit unumgänglich sind.

[81] Das heißt ganz und gar nicht, daß jene, die Christus nicht bewußt kennen, deshalb verdammt seien. Das folgende Zitat ist bezeichnend für dieses Mißverständnis (es stimmt offensichtlich nicht mit der orthodoxen christlichen Lehre überein): »Die Lehre des Augustinus, daß nur ein kleiner Bruchteil der Menschheit, die Auserwählten, zur Seligkeit bestimmt ist, während die große Zahl verworfen und zu ewiger Verdammnis vorausbestimmt ist, wird durch das Gesetz des Karma widerlegt, welches versichert, daß wir, wenn wir tun, was in unserer Macht steht, den Geist zur Liebe des Ewigen stimmen und dadurch das Heil erlangen können. Das instinktive Gerechtigkeitsempfinden des Menschen wird durch die grausame Verbannung eines Großteils der Menschheit zu immerwährenden Qualen verwirrt.« *S. Radhakrishnan*, The Brahma Sūtra. London 1960, 196–197. Es ist eine bekannte Annahme vieler traditioneller Weltreligionen, daß nur ein geringer Teil der Menschheit das Heil erlangt, z. B. mokṣa, nirvāṇa, satori usw.

[82] Vgl. den theologischen Ausspruch: »facienti, quod est in se Deus non denegat gratiam« (Gott versagt denen seine Gnade nicht, die tun, was sie vermögen).

[83] Vgl. Die Ablehnung jener Lehren seitens der katholischen Kirche, die behaupten, daß die »heiligmachende Gnade« – d. h. das eigentliche innere Heilsgeschehen – das Kriterium sei, welches Christen und Nicht-Christen unterscheidet (gegen Quesnel, vgl. DS 2429), oder dafür eintreten, daß Nicht-Christen keine Beeinflussung von Christus erfahren (DS 2305), oder daß Christus seine Erlösung nur für die »Gläubigen« vollzogen habe (DS 2304) usw.

[84] 1 Tim 2,3–4; Vgl. *R. Lombardi*, The Salvation of the Unbeliever. London 1956; *M. Seckler*, Das Heil der Nichtevangelisierten in thomistischer Sicht: Tübinger Theologische Quartalschrift 140 (1960) 38–69 und *Karl Rahner*, a. a. O. (Anm. 16).

er ihm sicherlich auch die Möglichkeiten zur Verfügung stellen, dieses Ziel zu erreichen.[85] Wenn diese Möglichkeiten ausschließlich in der sichtbaren Kirche oder im offiziellen Christentum liegen würden, könnten die anderen Menschen nicht erlöst werden, aber das ist tatsächlich nicht so.[86] Wenn es wahr ist, daß es »außerhalb der Kirche kein Heil gibt«, dann sollte diese Wirklichkeit »Kirche« nicht mit einer konkreten Organisation gleichgesetzt werden oder mit der Zugehörigkeit zum Christentum.[87] Das Problem ist bereits so ausführlich behandelt worden, daß wir weiter nichts tun müssen, als daran zu erinnern.[88]

Die letztendliche Begründung für diese universale Idee des Christentums, eine Idee, die den katholischen Einschluß aller Völker und Religionen ermöglicht, gründet in der christlichen Auffassung von Christus: Er ist nicht *nur* der historische Erlöser, sondern *auch* der einzige Sohn Gottes, die zweite Person der Trinität, die einzige ontologische – zeitliche oder ewige – Verbindung zwischen Gott und der Welt.[89] Wenn jedoch die mystische Einsicht in das gottmenschliche Wesen Christi nachläßt und durch ein rein historisches Verständnis der menschlichen Handlungen Jesu ersetzt wird, dann scheint diese christliche Position unhaltbar. Wenn der Mythos der Geschichte anfängt, sich des westlichen Christentums zu bemächtigen, dann wird Jesus Christus zur Verkörperung des größten Imperiums. Menschwerdung wird dann zu einem kleinen Teil Geschichte, und »Evangelisierung« besteht dann darin, andere zu »zivilisieren« und sie in eine »christliche« (und nachchristliche) Weltordnung einzugliedern.

Das theologische Problem, das sich aus unserer Fragestellung ergibt, betrifft die *Mittel* der Erlösung, die Gott für den Nicht-Christen vorsieht, d. h. in unserem Fall für Hindus.[90] Zweifellos ist die Erlösung, die ja ein übernatürli-

[85] Vgl. *A. P. Arokiasamy,* The Doctrine of Grace in the Śaiva Siddhānta, Pont. Kandensi-Diss. ad Lauream. Trichinopoly 1935; *C. B. Papali,* Il concetto della Granzia nella Teologia Indù: Il Fuoco 1 (1963) 3–8; *R. Otto,* Die Gnadenreligion Indiens und das Christentum. Vergleich und Unterscheidung. Gotha 1930; *P. de Letter,* The Christian and Hindu Concept of Grace: Light of the East Series 51. Calcutta 1958.

[86] Vgl. *Pius IX,* Enzyklika Quanto conficiamur munere vom 10. Aug. 1863 (DS 2865–2867).

[87] Vgl. *C. Journet,* The Church of the Word Incarnate, vol. i. London 1954.

[88] Vgl. die knappe Zusammenfassung einiger relevanter Schriften: Herder Korrespondenz IX, 7 (April 1955) 321–327; Und *Y. Congar,* Salvation and the Non-Catholic: Blackfriars VII–VIII (1957) 290–300, sowie den bibliographischen Überblick in Parole et Mission II,4 (1. Jan. 1959) 142–146. Vgl. *J. C. Fenton,* The Catholic Church and Salvation. London 1958.

[89] Vgl. die ersten 70 Seiten der Bibliographie über die Christologie in *B. M. Xiberta,* Tractatus de Verbo Incarnato II. Madrid 1954; und die ersten 40 Seiten in *M. Schmaus,* Katholische Dogmatik II,2.

[90] Vgl. zur Problemstellung *H. R. Schlette,* Die »alten Heiden« und die Theologie: Hochland 52/5 (Juni 1960) 411. Vgl. *ders.,* Die Religionen als Thema der Theologie (Quaest. disp. 22). Freiburg 1963.

cher Akt ist (denn sie ist Vereinigung mit Gott), immer ein gnadenhafter göttlicher Akt; es gibt hier auf Erden keine angemessenen »natürlichen« Mittel, um die Teilhabe am göttlichen Leben zu erlangen. Jedoch handelt die göttliche Vorsehung an der ganzen Schöpfung, die Menschen eingeschlossen, nicht wahllos und berechenbar; sie folgt vielmehr einem Gesetz, das sich in dem offenbart, was wir die physische und historische Ordnung nennen. Dies geschieht auf so vollkommene Art und Weise, daß es oft so scheint, als sei Gottes persönliche Sorge für jedes seiner Geschöpfe irgendwie kosmischen oder historischen Gesetzen überlassen, weit entfernt von seiner konkreten Liebe für jeden einzelnen von uns, die sich sogar bis zum Zählen jedes einzelnen Haares auf unserem Haupt erstreckt.[91] Mit anderen Worten, seine Vorsehung folgt sogar auf der »übernatürlichen« Ebene geregelten und gewöhnlichen Wegen.[92] Und in diesem Sinne sorgt er für normale, natürliche Mittel, um die Völker und die Individuen zu sich zu führen.[93]
Die normalen und natürlichen Mittel innerhalb der christlichen Kirche sind die Sakramente, die verschiedene Aspekte, »Zeichen«, Symbole des einen und einzigen Sakraments des Neuen Testamentes darstellen, welches die Kirche als Ganzes, letztendlich Christus selber ist,[94] Kraft der göttlichen Einsetzung vermitteln diese Sakramente, wenn sie mit der rechten Haltung empfangen werden, die göttliche Gnade, die sie symbolisieren.[95]
Ich will nicht länger bei der Lehre der »kosmischen Sakramente« verweilen, doch sei das folgende gesagt, um meine These zu klären. Wenn wir den Begriff der Sakramente nicht im eingeschränkten Sinne nehmen, den die Kirche verwendet, wenn sie von den Sakramenten des neuen Gesetztes spricht[96] – um sie von *anderen* Sakramenten zu unterscheiden –, sondern in einem allgemeinen Sinn, wie er von den christlichen Scholastikern ange-

[91] Mt 10,30; Lk 12,7.

[92] Was das Volk Israel betrifft, vgl. *W. Eichrodt,* Theologie des Alten Testaments. Göttingen [4]1961; *L. Bouyer,* La Bible et l'Evangile, Lectio divina. Paris [2]1953, 33; *F. Spadafora,* Collettivismo e individualismo nel Vecchio Testamanto. Rom 1953; *L. Cerfaux,* La théologie de l'Église suivant saint Paul. Paris 1948; *A. Gelin,* Les idées maîtresses de l'Ancien Testament. Paris [4]1952.

[93] Vgl. *R. Garrigou-Lagrange,* La volonté salvifique chez saint Augustin: Revue Thomiste 35 (1930) 473–486; *F. Stegmüller,* Die Lehre vom allgemeinen Heilswillen in der Scholastik bis Thomas von Aquin. Rom 1929; *L. Caperan,* Le problème du salut des infidèles. Toulouse [2]1943; *J. Ratzinger,* Die neuen Heiden und die Kirche: Hochland 51/10 (Okt. 1958) 1–11; *K. Rahner,* Der Christ und seine ungläubigen Verwandten: Schriften zur Theologie III (1956), 419–439.

[94] Vgl. Eph 1,4–9; 3,3–6; Kol 1,26; 2,2. Vgl. *H. de Lubac,* Méditation sur l'Église, Le sacrement de Jésus-Christ. Paris [3]1953, 175–203. Vgl. auch die Kirchenkonstitution des 2. Vatikanischen Konzils ›Lumen Gentium‹.

[95] Vgl. *A. Amaldoss,* Do Sacraments Change? Bangalore 1979, für eine theologische Reflexion über die Natur der Sakramente im indischen Kontext.

[96] Vgl. Conc. Trident., Sess. VII, De Sacramentis (DS 160ff.).

wandt wurde, wenn sie von den Sakramenten des Alten Testamentes oder den »sacramenta naturae« (Sakramenten der Natur) sprachen,[97] dann können wir sehr wohl behaupten, daß die *Sakramente* die gewöhnlichen Mittel sind, mit denen Gott die Menschen dieser Erde zu sich selbst führt.[98] Kein wahres Sakrament ist magischer Art.[99] Trotzdem haben die Sakramente, wegen ihrer ausdrücklichen Verbindung mit dem Willen Gottes, eine besondere Wirkkraft. So beruht die Wirksamkeit der christlichen Sakramente nicht in ihnen selbst als isolierten Elementen oder Handlungen, sondern auf der Wirkung Christi in ihnen als Werkzeuge der Gnade.[100] Man kann nur annehmen oder nicht, daß die gleiche Wirksamkeit auf alle anderen Sakramente qua Sakramente übertragen würde.[101] Es bleibt jedoch dabei, daß Christus in jedem Menschen, der ein Sakrament empfängt, aktiv und wirksam sein kann, sei er Christ oder nicht.[102]

Darüber hinaus ist es so, daß die Erlösung, obwohl sie ein persönlicher und innerer Prozeß ist, gewöhnlich durch äußere und sichtbare Mittel, die wir Sakramente nennen, vorbereitet und durchgeführt wird, denn der Mensch ist nicht nur ein Individuum,[103] sondern er besitzt eine gesellschaftliche, historische und kosmologische Dimension.[104] Der gute Hindu, der bona fide Hindu ist, wie der gute Christ, der bona fide Christ ist, werden durch Christus erlöst – nicht durch den Hinduismus oder das Christentum an sich, sondern durch deren Sakramente und letztlich durch das Mysterium, daß in

[97] Vgl. *Thomas v. A.*, Sum. Theol. I–II, q. 102, a. S.; und III, q. 60 und 61.

[98] ›R. d. q. Sacramenta sunt necessaria ad humanam salutem...‹ *Thomas v. A.*, Sum. Theol. III,9.61, a.1; auch ante Christum, a.3.

[99] Vgl. *R. Panikkar*, Kultmysterium in Hinduismus und Christentum. Freiburg 1964, 72f., 84f., etc.

[100] »Die Sakramente können, wenn sie wissenschaftlich dargelegt werden, als mechanische Instrumente der Gnade (ex opere operato) erscheinen, während sie doch Instrumente der persönlichen Taten Christi sind, der diese Mittel anwendet, um die Menschheit durch die liebende Kraft des Heiligen Geistes mit dem Vater zu vereinen. (Der Ausdruck ex opere operato bedeutet, recht verstanden, ex opere operantis Christi).« *E. Zeitler*, Our Liturgical Programme: The Clergy Monthly 5 (Juli 1959) 175.

[101] Die christliche Lehre betont ausdrücklich die Unterscheidung zwischen den Sakramenten des Neuen Bundes und allen anderen Sakramenten (vgl. DS 1608; 1614) und weist darauf hin, daß die des Alten Testamentes keine Gnade bewirken (vgl. DS 1310), sondern diese nur symbolisierten: figura-bant, praesignarunt (vgl. DS 1347).

[102] Über die Hindu-Sakramente vgl. *R. B. Pandey*, Hindu Saṁskāras, A Socio-religious Study of the Hindu Sacraments. Banaras 1949.

[103] Vgl. *R. Panikkar*, Sur l'anthropologie du prochain: L'homme et son prochain, Actes du VIII Congrès des Sociétés de Philosophie de Langue Francaise. Toulouse 1956, 228–231; Auch: Singularity and Individuality. The Double Principle of Individuation: Revue Internationale de Philosophie, a. a. O. 14. Vgl. *K. Rahner*, Das Christentum und die nichtchristlichen Religionen, a. a. O. 148ff., etc.

[104] Vgl. *Thomas v. A.*, a. a. O.

ihnen wirksam ist.[105] Das bedeutet, daß der Hinduismus einen eigenen Ort in der allumfassenden Heilsvorsehung Gottes einnimmt und darin im Vergleich zum Christentum nicht als negativ angesehen werden kann.[106] Wie wir bereits gesehen haben, ist es nicht nur das persönliche Gewissen des Hindu, das betroffen ist: Die Hindu-Religion als solche spielt eine bedeutende Rolle, da der Hindu mit ihrer Hilfe sein Ziel erreichen kann. Tatsächlich ist in Indien, wie auch in vielen anderen Kulturen der Vergangenheit und der Gegenwart, das Individuum, d. h. das getrennte individuelle Bewußtsein, wie es heute im Westen verstanden wird, kaum vorstellbar. Folglich kann eine private persönliche Beziehung zu Gott nicht als der normale und allgemein übliche Weg für jedermann vorausgesetzt werden. Das bedeutet, daß die Hypothese des *unmittelbaren* und *unvermittelten* Handelns Christi im Gewissen eines Individuums ohne das Medium einer spezifischen Religion, d. h. ohne ›Sakramente‹ – zumindest psychologisch – sehr schwierig und für die meisten Religionen unwahrscheinlich ist.[107] Die ausschließlich individualistische Haltung im Europa des 19. Jahrhunderts ist für die Inder *noch* immer undenkbar. Es ist schwierig in Indien eine Vorstellung zu finden, die mit der des ›individuellen Gewissens‹ übereinstimmt. Im Hinduismus ist der Mensch noch im kollektiven Bewußtsein versunken, er hat noch kosmische Instinkte, die ihn mit größerer Sicherheit durch sein Leben führen, als sie der ›moderne‹ Mensch mit seiner ›privaten‹

[105] Mit den Sakramenten im Hinduismus meinen wir nicht ausschließlich die saṃskāras, die im modernen Hinduismus an Bedeutung verloren haben, sondern auch andere Mittel, Zeichen und Symbole, über die der Hinduismus verfügt. Man könnte hier z. B. den starken Einfluß des Tantrismus mit seiner wesentlich ›sakramentalen‹ Annäherung an die meisten Hindu-Schulen erwähnen oder die allgemein anerkannte Sitte des Reinigungsbades in heiligen Flüssen usw.

[106] Vgl. die Vorstellung der Kirchenväter von einer Kirche seit Anfang der Welt. Eine Sammlung solcher Texte bietet *M. Schmaus*, Katholische Dogmatik III,1, sec. 167 b, 60–75; *J. Beumer*, Die altchristliche Idee einer präexistierenden Kirche: Wissenschaft und Weisheit 9 (1942) 12–22; *Y. Congar*, Ecclesia ab Abel: Festschrift für Karl Adam: Abhandlungen zur Theologie und Kirche, hrsg. v. *M. Reding*. Düsseldorf 1953, 79–108; *A. M. Dubarle*, Les conditions du salut avant la venue du Sauveur chez saint Cyrille d'Alexandrie: Revue des sciences philosophiques et théologiques 32 (1948) 359–362; *Ch. Journet*, L'univers de création ou l'univers antérieur à l'Eglise: Revue Thomiste III (1953) 439–487 ff. Vgl. auch den erstaunlichen Text von *Paul von Samosata:* Mansi, Amplissima Collectio Conciliorum, vol. I. (Paris/Leipzig 1901–1927) 1033–1040; Dazu *G. Barcy*, Paul von Samosata. Louvain 1929, 13–19; Vgl. auch die Konzilserklärung »Nostra Aetate«.

[107] Vgl. neben den bereits erwähnten Werken *J. Pepin*, Mythe et Allégorie, Les origines grecques et les contestations judéo-chrétiennes. Paris 1958; *J. Cazeneuve*, Les rites et la condition humaine. Paris 1958 (mit umfassender Bibliographie); *A. W. Watts*, Myth and Ritual in Christianity. London 1953; *L. Malevez*, Christian Message and Myth. London 1958.

Vernunft besitzen kann.[108] Dies bedeutet nicht, daß es das *kaivalya*-Ideal der Loslösung und Isolation im Hinduismus nicht gäbe. Es verhält sich im Gegenteil vielmehr so, daß nur in wenigen Religionen dem Wunsch nach Erlösung durch absolutes Loslösen mehr Bedeutung beigemessen worden ist als im Hinduismus, doch selbst dort impliziert ›Isolation‹ Universalisierung und nicht ›Individualisierung‹.

Die Tatsache, daß Christus zu dem ganzen Menschen spricht, bedeutet, daß er nicht zu einer abstrakten und allgemeinen Natur spricht, sondern zu Personen, deren Wesen untrennbar mit ihren Glaubenshaltungen, Sitten, Denkweisen, Gefühlen usw. verwoben ist.[109] Der Mensch ist wesentlich ein historisches und soziales Wesen mit kosmologischen Dimensionen, und Christus läßt diese menschliche Dimension nicht außer acht – er selbst wandelte in seiner Zeit als Jude.[110]

Das persönliche Gewissen mag eine rein geschichtliche Entwicklung der Menschheit sein, es bleibt jedoch dabei, daß, wenn Gott sich um die Erlösung der Hindus bemüht, dies nicht durch eine rein persönlich-individuelle Handlung geschehen kann, die nur wenig Bedeutung hätte: diese muß vielmehr etwas Kollektives, Soziologisches und Mythisches sein. Dies ist wiederum ein Grund dafür, daß der Hinduismus einen Platz in der Ökonomie der Erlösung[111] einnimmt und nicht mit ›Sünde‹, ›Lüge‹ und dergleichen gleichgesetzt werden kann.

Meine Absicht ist es, ins Gedächtnis zurückzurufen und zu betonen, daß gemäß der christlichen Lehre der Vater im Himmel die Sonne über Gute und

[108] Vgl. *J. J. Bachofen,* Der Mythus von Orient und Occident – Eine Metaphysik der alten Welt, hrsg. v. *M. Schroeter.* München 1956. Vgl. Bemerkungen zu diesem wichtigen Werk in *G. Söhngen,* Tiefe und Wahrheit des Mythos: Münchener Theologische Zeitschrift 10 (1959) 137–140. Zur Frage des Mythos als Quelle der Tradition selbst in einem christlichen Sinne gibt es wertvolle Hinweise in *J. Pieper,* Über den Begriff der Tradition: Tradition im Industriezeitalter. Düsseldorf o. J., 25–27. Vgl. für die Bibliographie und das Problem selbst *R. Panikkar,* Kultmysterium in Hinduismus und Christentum. München 1964.

[109] Vgl. das ganze Kapitel: La liturgia e la legge della salvezza in comunità: *C. Vagaggini,* Il senso teologico della liturgia. Rom 1957, 211–230; »...le relazioni tra Dio e l'uomo sono tutte impostate sulla legge dell' oggettivita« (214).

[110] Hier liegt der Grund, weshalb der Ausspruch: »Ich predige das Evangelium nicht für die Hindus, ich predige für die Menschen« (C. F. Andrews) nicht genügen wird, wenn diese »Menschen« zufällig Hindus sind. Vgl. *B. de Kretser,* Christianity and the Renascence of Non-Christian Religions: National Christian Council Review 89/9 (Sept. 1959) 306–314.

[111] Das Volk Israel steht als besonderer Fall im christlichen Heilsplan. Aber es muß betont werden, daß die göttliche Auserwählung des ›erwählten‹ Volkes ein besonderer und positiver Akt ist, der keineswegs die Verwerfung der anderen Nationen bedeutet. Zum Problem des Alten Testaments, das eine gute Analogie zu unserer Frage gibt, vgl.: *A. Landgraf,* Die Gnadenökonomie des Alten Bundes nach der Lehre der Frühscholastik: Zeitschrift f. kath. Theologie 57 (1933) 215–253; *G. Philips,* La grâce des justes de l'Ancien Testament: Ephemerides theol.

Böse aufgehen läßt und er den Gerechten und Ungerechten Regen sendet,[112] daß Christus die Erwartung der Völker ist,[113] sein Geist unter den Nicht-Gläubigen wirkt,[114] daß er bereits von denjenigen gefunden wurde, die ihn nicht gesucht haben,[115] und daß er ein verborgener Gott[116] ist, der sich bisweilen in einem unbekannten Gott[117] oder in den Herzen der Menschen guten Willens verborgen hat.[118] Die Christen müssen oft daran erinnert werden, daß Christus selbst Petrus gelehrt hat, das, was Gott gereinigt hat, nicht gottlos oder unrein zu nennen,[119] denn er hat bereits andere Schafe, die nicht der sichtbaren Herde folgen,[120] und andere Jünger, die Wunder wirken und nicht von seinen sichtbaren Anhängern anerkannt sind.[121] Wiederum war es Christus, der eine nicht-jüdische Frau aussandte, nicht um zu säen, sondern tatsächlich um zu ernten, wo andere (Nicht-Juden) hart gearbeitet hatten, und er erinnerte seine engsten Jünger an die Bedeutung dieser Handlung.[122] In alter Zeit hat Gott auf verschiedene Arten und Weisen und durch viele verschiedene Mittel zu unseren Vätern gesprochen;[123] in jüngster Zeit hat er durch seinen eigenen Sohn zu uns gesprochen,[124] in dem alles vereinigt ist,[125] denn er ist nicht nur das Sühnopfer für unsere Sünden, sondern auch für die Befleckung der ganzen Welt.[126]

lovanien 27 (1947) 521–556, und 24 (1948) 23–58; *A. F. Hofmann*, Die Gnade der Gerechten des Alten Bundes nach Thomas von Aquin: Divus Thomas 29 (1951) 167–187; *W. Baumgarten*, Israelitische und altorientalische Weisheit. Tübingen 1933; *K. Thieme*, Biblische Religion heute. Heidelberg 1960; *H. U. von Balthasar*, Einsame Zwiesprache. Köln 1958; *H. L. Goldschmidt*, Die Botschaft des Judentums. Frankfurt 1960; *M. Vereno*, Israel und Kirche: Kairos 1 (1962) 32–36, und die ganz Israel gewidmete Nummer.

112 Mt 5,45. Śaṅkarācārya verwendet hier das alte Bild der Parjanya, des Regenspenders, der mit seinem Regen den verschiedenen Samenkörnern zu ihrem unterschiedlichen Wachstum verhilft (damit soll die unterschiedliche Entwicklung des Menschen gemäß seinem persönlichen Karma erklärt werden). Brahma-sūtrabhāsya II,1,34.

113 Gen 49,10.

114 Röm 15,21 oder Jes 52,15.

115 Röm 10,20, vgl. Jes 65,1

116 Jes 45,15.

117 Apg 17,23.

118 Vgl. Lk 2,14.

119 Apg 10,15.

120 Joh 10,16.

121 Mk 9,37.

122 Joh 4,38.

123 D. h. nicht nur durch die Propheten Israels, wie das Alte Testament bestätigt. Vgl. Ijob 4,12; Jer 49,7; Bar 3,22–23; Hab 1,5, etc. Vgl. auch *J. Daniélou*, Die heiligen Herden des Alten Testaments. Stuttgart 1960; *S. Grill*, Die religionsgeschichtliche Bedeutung der vormosaischen Bündnisse: Kairos 1 (1960) 17–22.

124 Hebr 1,1.

125 Eph 1,10.

126 1 Joh 2,2.

Es ist wichtig festzuhalten, daß die christliche Theologie nicht länger den Hinduismus – oder andere Religionen – außer acht lassen kann, wenn sie, bei der Erwägung ihrer eigenen Lehren, die Erfordernisse unserer Zeit ernsthaft berücksichtigen will.[127]

6. Die Beziehung

Um einen gleichmachenden Synkretismus ebenso wie die strikte Ablehnung der Gültigkeit polarer Analogien zu vermeiden, entwickelte sich eine zweite Art von Analogie. Diese charakterisiert den Hinduismus und das Christentum jeweils als potentiell – aktuell, Same – Frucht, Vorläufer – reale Gegenwart, Allegorie – Ding an sich, Sehnsucht – Erfüllung, Symbol – Wirklichkeit oder als die spezifisch christliche Dynamik von Tod und Auferstehung. Diese Auffassung wurde »Erfüllungstheologie« genannt.
Aus dieser Sicht ist der Hinduismus der Wunsch nach der Fülle, und diese Fülle ist Christus. So weist denn der Hinduismus bereits auf dasselbe Mysterium hin wie das Christentum – tatsächlich enthält er bereits die Symbolik der christlichen Realität. Der Hinduismus hat hier die Priorität aufgrund seines Alters, während das Christentum einen gewissen Höhepunkt darstellt, nicht nur wegen seiner historischen Position und als Fortsetzung oder rein natürliche Verlängerung einer älteren Religion, sondern als tatsächlich neuer und entscheidender Schritt auf die Fülle hin. Sofern der Hinduismus in diesem Modell zumindest potentiell – als zur Heilsökonomie gehörig – betrachtet wird, als, so könnte man sagen, in die richtige Richtung zielend, wird ihm diese Art der Analogie mehr gerecht, obgleich sie immer noch etwas bevormundend wirkt. Das heißt, es wird zugegeben, daß die Hindus einen echten Zugang zum letzten Grund haben. Dennoch kranken diese Analogien an ähnlichen Mängeln wie die statisch polaren Analogien.
Die Rechtfertigung, das Verhältnis von Christentum und Hinduismus in der Analogie dieser dynamischen Begriffspaare zu betrachten, besteht in dem Glauben, daß das Christentum die Fülle der Offenbarung Gottes darstellt und daß keine andere Religion diese Fülle hat, die die Gegenwart des

[127] Vgl. *J. Neuner*, Das Christus-Mysterium und die indische Lehre von den Avatāras: Das Konzil von Chalkedon III, hrsg. v. *A. Grillmeier*, *H. Bacht*. Würzburg 1954, 785–824 (»...so bringt die übernatürliche Bestimmung des Menschen den Mythos hervor...«, 822). Es bestehen objektive Schwierigkeiten, eine komplexe Religion wie z. B. den Hinduismus zu erfassen. Ebenso mangelt es an einer geeigneten Hermeneutik. Somit ist es nicht verwunderlich, daß viele theologische Studien über die Weltreligionen im allgemeinen und über den Hinduismus im besonderen nur einseitig und nicht ausgewogen sind. Vgl. z. B. *H. Küng*, Christ sein. München – Zürich 1974.

Endgültigen auf der Erde (in der Eucharistie) und die Immanenz des Transzendenten als Mensch darstellt. So strecken die Menschen anderer Religionen sich nach dem Unendlichen aus, wohingegen die Christen wissen, daß dieses Unendliche hier und jetzt als Christus im Menschen gegenwärtig ist. Doch die Einwände gegen die Implikationen eines solchen Schemas überwiegen die möglichen Einsichten, die wir daraus gewinnen könnten.

1. Ein offensichtlicher Einwand gegen die Analogie Sehnsucht – Erfüllung ist, daß eine theologische Wertung von kollektiven Wirklichkeiten eine unhaltbare Überinterpretation darstellt. Daß der Hinduismus die menschliche Sehnsucht nach der Erfahrung der gott-menschlichen Wirklichkeit darstellt, kann sicherlich nicht bestritten werden;[128] doch die Behauptung, daß die Erfüllung der Sehnsucht das Christentum ist, würde eine ganz besondere Interpretation des Wortes »Christentum« voraussetzen. In diesem Falle würde der Vergleich nicht dazu dienen, uns das Verhältnis zwischen Christentum und Hinduismus zu zeigen, da die eigentümliche Definition des Christentums dieses von der gewöhnlichen Definition des Hinduismus entfernt.

2. Ein zweiter Einwand ist theologischer Art: Wenn allein das Christentum den Menschen die Fülle der gottmenschlichen Wirklichkeit auf Erden anbietet und eine andere Religion diese Fülle nicht besitzt, sondern sich lediglich auf sie hinstreckt – wie die Potenz zum Akt, das Vorläufige zu der realen Gegenwart und die Allegorie zur Realität –, dann wird dem Hinduismus wiederum ein theologischer Ort in der Ökonomie des Heils bestritten. Wenn Grund und Ziel der Religion – den Hinduismus eingeschlossen, wie wir es im vorherigen Kapitel gesehen haben – die Erlösung ist und die Erlösung die Einheit mit Gott ist (oder noch christlicher formuliert, die Vereinigung mit Christus), dann ist diese gottmenschliche Dimension, die Immanenz der Transzendenz als Mensch, entweder wesentlich für die Erlösung, oder sie ist unbedeutend. Da die gott-menschliche Dimension in der Tat das Wesentliche der Erlösung ist und der Hinduismus einen Ort in der Heilsökonomie gemäß der christlichen Theologie hat, gibt es keine Rechtfertigung für die Überzeugung, daß nur das Christentum die Fülle der göttlichen Offenbarung und erlösende Macht besitzt.

3. Ein dritter Einwand gegen solche dynamische Analogien ist eine Angelegenheit der Terminologie: Wenn etwas lediglich eine Potenz darstellt, wie kann sie dann funktionieren? Anders gesagt, wenn der Hinduismus lediglich potentiell die Fülle der Religion ist oder lediglich auf verborgene Weise anbietet, das gottmenschliche Geheimnis zu enthüllen, dann kann er niemals

[128] Das Wort »theandrisch« (göttlich und menschlich zugleich) der christlichen Kirchenväter deckt sich mit dem puruṣa-Begriff der Veden (vgl. RV X, 90) und mit jüngeren Vorstellungen.

zum tatsächlichen Heilsplan dazugehören, das heißt, zu Gottes erlösendem Handeln in der universalen Geschichte. Es ist jedoch bereits aufgezeigt worden, daß dies nicht der Wahrheit entspricht. Wenn aber andererseits angenommen wird, daß der Hinduismus zum universalen Heilsplan gehört, jedoch nur in seiner Funktion als Potenz, so sind die Bezeichnungen ›potentiell‹ und ›aktuell‹ nichts weiter als willkürliche Etiketten, die nicht der Realität entsprechen, da Hindus trotzdem weiterhin erlöst werden. Was den Vergleich von Samen und Frucht angeht, wenn der Name ›Christentum‹ ein Ausdruck für die Fülle der Religion oder für die Realisierung des gottmenschlichen Geheimnisses ist, so kann der Hinduismus als konkrete Religion tatsächlich dorthin führen; in diesem Falle hätte die Analogie Same – Frucht eine gewisse Gültigkeit. Das bedeutet jedoch – wie bereits beim ersten Einwand –, daß das Christentum auf solche Art und Weise definiert wird, daß die Definition nicht mehr mit dem historischen Phänomen übereinstimmt. Die Analogie beschreibt dann nicht länger das (horizontale) Verhältnis zweier konkreter Größen, sondern vielmehr die ›vertikale‹ Bewegung innerhalb des Hinduismus. Die zyklische, fruchtbringende Natur von Same und Frucht trifft auf das Verhältnis in keinem Fall zu, außer als mögliche Analogie für das Lehrer-Schüler-Verhältnis im mystischen Leben – das aber nicht in den Rahmen der gegenwärtigen Diskussion fällt.

4. Die psychologisch-pastoralen Einwände gegen das Potenz-Akt-Modell sind die gleichen wie die gegen das Positiv-Negativ-Modell: Diese Auffassung erscheint nicht nur überheblich von Seiten der Christen und ist folglich den Hindus zuwider, sie bringt auch keine gültigen Argumente hervor. Der Hindu kann auf zweierlei Art und Weise reagieren. Er wird entweder sagen, daß die überhebliche Forderung des Christentums nicht richtig ist, da alle Religionen gleich oder – mehr oder weniger – gleichwertig sind. Oder er wird die christliche Aussage so wenden, daß sie bestätigt, daß der Hinduismus das Ziel und die Erfüllung des Christentums ist. An dieser Stelle bezieht sich Erfüllung wiederum auf den Kern der Religion, so daß ›Hinduismus‹ hier in der gleichen besonderen Weise interpretiert wird. In beiden Fällen deuten die Bezeichnungen ›Christentum‹ oder ›Hinduismus‹ lediglich den kulturell-zeitlichen Hintergrund derjenigen an, die für ihre verwirklichte Vision Vollkommenheit beanspruchen; sie haben dann eine ganz spezielle Bedeutung.

Alle Formen der Aktualität (Frucht, Realität, Erfüllung, Ding-an-sich, reale Gegenwart) sind im Christentum oder im Hinduismus nur insofern vorhanden, als sie persönlich verwirklicht werden. Die oben erwähnten dynamischen Analogien sind nur innerhalb der jeweiligen Person gültig, das heißt vertikal, in der Bewegung von Mensch zu Gott, nicht horizontal, im Verhältnis zweier Größen wie Hinduismus und Christentum.

In dem Potenz-Akt-Modell sollte der Hinduismus zu einer erfüllteren Religion werden, sofern er sich in Richtung auf das ›Christentum‹ oder auf die Erkenntnis der kosmo-theandrischen Realität hin bewegt. Die einzige Möglichkeit, daß der Hinduismus voller wird, liegt jedoch darin, grundsätzlich aus Menschen zu bestehen, die mystisch die Fülle des Menschen verwirklicht haben. Empirisch gesehen, ist auch das Christentum nicht ›vollkommener‹ in dieser Hinsicht. So gilt hier das gleiche: Es muß mit Menschen ›bereichert‹ werden, die die kosmo-theandrische Realität bereits erfahren haben.[129]

Man kann auch sagen, daß ein gegenseitiges Sich-Befruchten stattfindet. Es ist selbstverständlich, daß derjenige, der mehr liebt, der mehr erfahren hat, mehr zu bieten haben wird. Das Ergebnis kann ein neues Geschöpf sein. Die Christen sollten sich daran erinnern, daß der Geist alles erneuert,[130] daß wir in Christus eine neue Schöpfung sind,[131] und daß dies nicht ein für allemal geschieht, denn wir sterben jeden Tag.[132] Auch sollten sich die Hindus daran erinnern, daß erst am Ende vieler Verwandlungen die wahre Verwirklichung kommt.[133]

Des weiteren ist die Analogie von Symbol und Wirklichkeit, obgleich sie eine nützliche Sichtweise des Christentums und des Hinduismus sein kann, keine dynamische Analogie zu einer horizontalen Unterscheidung oder Bewegung von einer Religion zur anderen. Vielmehr ist das Symbol die Erscheinung der Realität – und als solches, ist es ebenso ein echter Ausdruck des konkreten Christentums wie des konkreten Hinduismus. Wiederum wird durch und in dem Symbol die Realität von der *Person* selbst erkannt.

Die Tod-Auferstehungsanalogie muß im richtigen Zusammenhang verstanden werden. Die wirkliche Absicht, die hinter dieser Analogie steht, besagt nicht, daß der Hinduismus zum Christentum werden soll, sondern will darauf hin weisen, daß im Hinduismus selbst eine Dynamik liegt, die zu dem besonderen Ereignis von Tod und Auferstehung hinführt, in der wir das Werk des »antaryāmin«, des inneren Führers, erkennen, den die Christen Christus nennen. Das Individuum selbst muß sterben, muß seine früheren, begrenzten Vorstellungen vom Wesen des Menschen aufgeben, und der wahren Erkenntnis der kosmo-theandrischen Wirklichkeit zu neuem Leben ›erweckt‹ werden.

Natürlich wird im Laufe der Zeit die Begegnung der Religionen und Kulturen zu einem Tod der Religionen führen, wie wir sie kennen. Sie werden aber in neuen Formen ›wieder aufleben‹, wobei sie vielleicht ein

[129] Vgl. *R. Panikkar,* Colligite Fragmenta: For an Integration of Reality: From Alienation to At-oneness, Proceedings of the Theology Institute of Villanova University, hrsg. v. *F. A. Eige* (The Villanova University Press 1977) 19–91.

[130] Vgl. Offb. 21,5.

[131] Vgl. 2 Kor 5,17.

[132] Vgl. Röm 8,36.

[133] Vgl. BG II,22; II, 72, etc.

neues Leben haben, das wir kaum wahrnehmen können. Wenn jedoch das Wesen des Lebens der Wandel ist, wer will dann genau sagen, an welchem Punkt der Hinduismus oder das Christentum ›gestorben‹ ist? Ein solches Urteil kann nur aus einem beträchtlichen zeitlichen Abstand heraus getroffen werden. Inzwischen sind wir in den zur Zeit vor sich gehenden Prozeß verwickelt.

Vielleicht ist es an dieser Stelle angebracht, daran zu erinnern, daß die Begegnung, die eine Begegnung von Religionen ist, nicht lediglich rationaler Art ist, sondern die Begegnung zweier verschiedener Glaubenssysteme erschließt. Daher treffen sich die beiden Spiritualitäten in der Tiefe des dunklen und dennoch gewisseren Wissens des Glaubens. Nur dort kann auf beiden Seiten wirklicher Wandel und wirkliche Bekehrung stattfinden.

Der Ruf nach einer grundsätzlichen Umwandlung, die die dynamischen Paare nahelegen, genauer gesagt, eine Umwandlung in die vollendete Form dessen, was jede Religion ist, in eine ›bessere‹ Form ihrer selbst, muß einen Widerhall bei den Menschen finden. Die Hoffnung, daß solch ein Wandel stattfinden kann, kann weder bewiesen noch erzwungen werden. Dennoch können wir sicherlich den Versuch unternehmen, die bestehenden Religionen davon zu überzeugnen, daß sie nicht in sich geschlossen und statisch bleiben, sondern ihren eigenen Rhythmen, ihrer eigenen Dynamik folgen sollten, damit sie nicht schlichtweg in Stagnation untergehen, indem sie auf sterile Art und Weise an ihren eigenen gegenwärtigen oder vergangenen Strukturen hängen bleiben.

Was notwendig ist, ist Wachstum; man könnte es ebensogut die Vermeidung von Stagnation nennen. Wir brauchen etwas, das jeden Menschen aufrütteln wird, so daß er seine tiefste Realität findet und lebt. Vielleicht wird die Erschütterung der Begegnung diese Wirkung hervorrufen, vielleicht auch die Erschütterung der existentiellen Lage.

Wenn die Analogie statischer, polarer Begriffspaare irreführend, historisch unwahr, psychologisch mangelhaft und theologisch widersprüchlich ist und wenn der Vergleich dynamischer Paare als solcher ambivalent, psychologisch unbefriedigend und theologisch irreführend ist – wie soll dann das *»und«*, die Konjunktion zwischen Hinduismus und Christentum definiert werden? Es kann nicht durch ein optimistisches ›zu‹ oder durch ein pessimistisches ›gegen‹ wiedergegeben werden. Die angeblich horizontale Bewegung der dynamischen Analogie einfach zu verlagern und in eine senkrechte Bewegung innerhalb einer jeden Tradition umzuwandeln, mag einer gültigen Beobachtung der wirklichen Natur dieses Phänomens der Religion entsprechen, es weicht jedoch der gegenwärtigen Frage nach dem Verhältnis zweier sehr verschiedener konkreter, religiöser Realitäten aus und neigt dazu, sie gleichzusetzen oder ihre Verschiedenheiten zu übergehen. Unterschiede sind an sich nicht unerwünscht. Es ist jedoch zu befürchten, daß die Betrachtung unserer Unterschiede uns in den Konflikt hineinführt, die Möglichkeit zu übersehen, daß eine solche Gegenüberstellung uns gewisse bislang unvermutete Aspekte der Wahrheit enthüllt.

Es gibt wahrscheinlich keine einzige Analogie, die das Verhältnis von Hinduismus und Christentum in all seiner Komplexität angemessen darstellt. Vielleicht ist jede Religion eine Dimension der anderen in einem gegenseitigen Innewohnen und Ineinander-Verflochtensein eigener Art, so wie jeder Mensch potentiell die ganze Menschheit in sich enthält, obgleich der einzelne Mensch jeweils nur eine begrenzte Anzahl von Möglichkeiten entwickelt und verwirklicht.

Jede religiöse Orthodoxie kann als Landkarte des religiösen Bereiches betrachtet werden, solange man nicht vergißt, daß die Landkarte nicht dem Bereich gleichzusetzen ist. Landkarten sind mehr oder weniger genau und variieren je nach ihrem Maßstab und dem Blickwinkel, unter dem sie das Gebiet darstellen. Manchmal genügen Straßen, Gebirge und Flüsse, um den Reisenden eine Orientierung zu geben; manchmal sind städtische Zusammenballungen ausreichend. Topographische Karten, Karten der Vegetation, des Mikroklimas oder der Bodenarten werden zur Orientierung der Eingeweihten verschiedener Richtungen dienen, wobei jede die anderen ergänzt und jede einen anderen Aspekt der Wirklichkeit offenlegt. Vielleicht ist das Christentum eine ›geschichtliche Karte‹ des menschlichen religiösen Bereiches, der Ewigkeit, während der Hinduismus eine uralte, vielfältige, nichthistorische Karte ist. Doch wird der Kartenvergleich auch dann noch hilfreich sein, wenn es darum geht, den tatsächlichen Fehler auf der Karte des Geographen zu erkennen, einen Fehler, der sich buchstäblich auf die Mikroklimata des Metereologen verlagert? Landkarten werden den gesicherten Fakten entsprechend erstellt; die Realität der Begegnung und die daraus resultierende Veränderung in der menschlichen Wahrnehmung des Endgültigen ist ein kontingentes und dynamisches Geschehen in der heutigen Welt. Unser Versuch, die Struktur dieser Kontingenz einzufangen und zu verstehen, ist ein Teil der tatsächlichen Dynamik der Begegnung der religiösen Traditionen.

Es gibt eine Verbindung zwischen Hinduismus *und* Christentum, und wir haben uns darum bemüht, diese so klar wie möglich zu beschreiben. Aber es läßt sich auch sagen, daß es auf einer höheren Ebene keinerlei Verbindung *von unten* zwischen den beiden geschichtlichen Wesenheiten gibt – lediglich eine *von oben*, insofern sich die wirklich transzendente Berufung als allen Wesen immanente Sehnsucht offenbart. Die Konjunktion *und* ist dann nicht nur vieldeutig, sondern auch transzendental, ähnlich wie die Verbindung, die den Vater *und* den Sohn *und* den Heiligen Geist in der Dreifaltigkeit miteinander verbindet.

Mit anderen Worten, obwohl wir an diesem Punkt eigentlich alle Worte beiseite lassen sollten: Das Wesen unserer Konjunktion ›und‹ ist ein Geheimnis. Wir kennen Gottes Plan nicht, noch können wir das Geheimnis der

Geschichte enträtseln. Wir haben uns darum bemüht, das Verhältnis zu beschreiben, aber auf der letzten Ebene, soweit es uns überhaupt gegeben ist, den göttlichen Willen zu erahnen, müssen wir erkennen, daß dieses *›und‹* nicht lediglich im Sinne einer Integration gedeutet werden sollte, im Sinne einer Anpassung oder Bekehrung, sondern in einer darüberhinausgehenden Art und Weise, die die früheren Vorstellungen nicht leugnet, sondern all unseren Gedanken eine tiefere, demütigere Bedeutung und ein höheres Maß an Harmonie verleiht. Es scheint unglücklicherweise so zu sein, daß die Partitur im Paradies verlorengegangen ist und wir heute lediglich unsere getrennten Melodien stammeln können, in der Hoffnung, daß wir eines Tages die gesamte Symphonie hören werden.

III. GOTT UND DIE WELT NACH BRAHMA-SŪTRA I,1,2

yato vā imāni bhutāni jāyante,
yena jātāni jīvanti,
yat prayantyabhisaṃviśanti,
tad vijijñāsasva.

Das, woraus alle Wesen geboren werden,
woraus geboren sie leben
und worin sie zurückkehren:
das suche zu verstehen.
TU III,1[1]

πάντα δί αὐτοῦ ἐγένετο

Durch Ihn ist alles geworden
Joh 1,3[2]

1. Vorbemerkungen

Der existentielle Charakter des I. Kapitels und der historisch-soziologische Aspekt des II. Kapitels sollte die intellektuelle und spekulative Dimension dieses III. Kapitels nicht verdunkeln. Das Studium der philosophischen Aspekte der Religion reicht sicherlich nicht aus, um einen fruchtbaren Dialog in Gang zu setzen, aber es ist eine notwendige Bedingung für eine dauerhafte und wirksame Begegnung. In diesem Sinne vervollständigt dieses III. Kapitel mittels eines einzigen Beispiels das, was in den zwei vorhergehenden Kapiteln angedeutet wurde. Die Bestätigung unserer Einsicht hängt nicht von einem einzelnen Beispiel ab; dennoch untersuchen wir in den folgenden Abschnitten einen konkreten Fall, der dazu dient, die Dialektik des Verhältnisses darzustellen.
Dieses konkrete Beispiel ist jedoch von besonderer Bedeutung. Wir hätten mehr erfahrungsbezogene Texte wie die vielen Aussagen der Upanischaden auswählen können. Dies wäre vielleicht interessanter und weniger umstritten gewesen. Als mystische Texte können die Upanischaden zu jedem sprechen, der fähig ist, die Höhen einer gewissen spirituellen Erfahrung zu erreichen. Aber wir haben es nicht mit dem mystischen Kern zweier Religionen zu tun. Wir beziehen uns vielmehr auf den ganzen Komplex zweier lebendiger

1 Dieser Text ist die Grundlage der Offenbarung von BS I, 1, 2.
2 »Omnia per ipsum facta sunt.« Vgl. auch 1 Kor 8,6; Kol 1,16.

religiöser Traditionen. Wie man sehen wird, ist unser Text der bereits ausgeprägten indischen Scholastik entnommen. Er beabsichtigt, eine wirkliche Erfahrung mitzuteilen, behauptet aber gleichzeitig, einer theoretischen Wahrheit Ausdruck zu verleihen, die dazu fähig ist, ein Lehrsystem und ›theologische‹ Theorien zu stützen. Ich wiederhole, die Begegnung zwischen Hinduismus und Christentum kann nicht auf einen wohlgemeinten Wunsch nach gegenseitigem Verständnis reduziert werden. Sie muß sich auch den Bedürfnissen der theoretischen Reflexion gegenüber behaupten. Von dem ausgewählten Text wird nicht behauptet, daß er die Last der gesamten Theorie trägt, aber er könnte den Wert eines Paradigmas haben.

1.1 Ein philosophischer Dialog

Drei Dinge werde ich nicht versuchen zu tun: Ich beabsichtige nicht, ein vollständiges *bhāsya* zu schreiben, einen Kommentar zu einem *sūtra* der Brahma-Sūtras gemäß dem traditionellen Kanon der indischen Philosophie. Obgleich die Versuchung sehr groß gewesen ist und die Mühe lohnend gewesen wäre, habe ich nicht die Absicht, einen neuen Kommentar der bereits bestehenden Reihe reicher und berühmter Kommentare zu diesem zentralen Punkt der Vedānta hinzuzufügen. Um ein solches Unternehmen sinnvoll durchzuführen, wäre ich verpflichtet gewesen, die gesamte indische philosophische Tradition, die sich auf dieses Thema bezieht, darzustellen, zu kommentieren und zu kritisieren.

Zweitens habe ich auch nicht vor, eine apologetische Studie zu schreiben. An dem ihr zustehenden Platz ist Apologetik eine gute Sache. Sie ist nicht nur subjektiv durch die gute Absicht des Autors gerechtfertigt, sondern auch objektiv durch das Wesen des Gegenstandes. Diese Studie ist jedoch nicht apologetisch, sonst hätte ich Probleme behandeln müssen, die ich ausdrücklich beiseite gelassen habe. Ich gehe nicht von der christlichen Tradition aus, um aufzuzeigen, wie indische Themen zu ihr passen oder an sie angepaßt werden können, wie und inwieweit indische Vorstellungen und Antworten mit ihr vereinbar oder unvereinbar sind. Apologetik kann entweder einen verteidigenden Standpunkt einnehmen, wobei sie nachzuweisen versucht, daß die christlichen Antworten sinnvoll sind, und die gegen das Christentum vorgebrachten Argumente widerlegt, oder sie nimmt eine offensive Haltung ein und versucht, die Fragen und Antworten anderer religiöser Traditionen dem christlichen Rahmen anzupassen. Beide Haltungen sind dem Geist dieses Buches fremd.

Zum dritten hieße es das Ziel dieses Essays mißverstehen, wenn man es lediglich als vergleichende Studie betrachten würde. Ich habe nicht vor, eine Philosophie mit einer anderen zu vergleichen oder die gegebene Antwort einer Tradition anhand einer parallelen Antwort einer anderen Religion zu überprüfen, geschweige denn, Gott Vater mit Brahman oder Īśvara mit

Christus zu vergleichen. Tatsächlich beschäftige ich mich mit einem zeitgenössischen philosophischen oder theologischen Problem, zu dem zu äußern ich mich durch persönliches philosophisches Bemühen aufgefordert fühle. Ich kann dieses Problem jedoch nicht ohne Worte und Begriffe formulieren – und diese sind wiederum angefüllt mit Bedeutungen und Schattierungen, die die Geistesgeschichte ihnen beigegeben hat. Daher muß ich aus den bestehenden Formulierungen diejenigen auswählen, die am meisten dazu geeignet sind, meine Gedanken auszudrücken. Beim Studium dieser verschiedenen Formulierungen lasse ich mich von den philosophischen Traditionen der Menschheit leiten, die solche ewigen philosophischen Probleme bereits eingehend durchdacht haben. Durch das Zusammenfließen zweier dieser Traditionen kann dieser Essay vielleicht einen Beitrag zu unserer jetzigen Fragestellung leisten.

Ich möchte ein Problem philosophisch untersuchen, das weder nur dem Osten noch allein dem Westen zugehört, und es auf solche Art und Weise erläutern, daß es der westlichen Gedankenwelt verständlich wird, während ich mich auf die indische philosophische Tradition stütze. Das Thema ist das philosophische Problem der Beziehung zwischen Gott und Welt – ein Problem, das wir in unseren Gedanken entdecken und mit dem wir uns innerlich quälen. Ehe ich meine eigenen Bemerkungen mache, fühle ich mich verpflichtet zu untersuchen, was die Denker dieser Erde zu diesem Problem *gedacht* oder *gemeint* haben, was sie *gesagt* oder über dieses Thema *geschrieben* haben. So eröffnet sich eine Vielfalt von Perspektiven und verschiedenen Lösungsmöglichkeiten. Ich versuche nicht, sie in Einklang zu bringen oder auf einer höheren Ebene eine Synthese zu finden. Ich bin lediglich besorgt um die Mißverständnisse und grundlegenden Unterschiede zwischen den verschiedenen Sichtweisen der Realität. Ich glaube manchmal, daß nicht alle Gegensätze unaufhebbar sind. Indem wir uns das grundlegende Problem frei von allen Zusätzen vor Augen halten, möchte ich einen Versuch der Übersetzung vorschlagen, auch wenn der Preis dafür eine »Übertragung« der tatsächlichen Wahrheiten ist. Eine solche »Übertragung« von Wahrheiten bedeutet: Wir stellen sie in einen größeren Zusammenhang oder in einen anderen Rahmen. Dies kann sich nicht nur für die übertragenen Wahrheiten als fruchtbar erweisen, sondern auch der empfangenden Philosophie nützlich sein. Ein lebendiger Same kann auch im Feld des Nachbarn aufgehen.

Die Begegnung zwischen Ost und West, oder genauer gesagt, die Begegnung von Hinduismus und Christentum oder indischer und westlicher Philosophie ist in den vergangenen Jahrhunderten kaum mehr gewesen als eine oberflächliche Verständigung und ein gegenseitiges Mißverstehen, obwohl es wertvolle, wenn auch sehr seltene Ausnahmen gegeben hat. Es ist eine unbestreitbare Tatsache, daß es kein Verschmelzen der beiden Traditionen zu einem universaleren Strom gegeben hat. Sicherlich hat der Westen einen nützlichen Beitrag zur Entdeckung und Rehabilitation der indischen Kultur geleistet, aber die *Stellungnahmen* sind vielzusehr von pro- oder antiwestlichen Vorurteilen geprägt gewesen, so daß sie einen wirklichen Dialog und eine gegenseitige Befruchtung sehr erschwert haben. Bis jetzt ist diese Begegnung nicht über eine mehr oder weniger genaue Kenntnis voneinander hinausgekommen; sie hat bislang keinerlei wechselseitige Inspiration oder Anregung zustande gebracht. Die Orientalistik bedeutet immer noch eine Spezialisierung – die Renaissance, die Schopenhauer vom westlichen Kontakt mit Indien erwartete, ist nicht wahrnehmbar gewesen, obgleich wir vielleicht jetzt in eine neue Periode eintreten.[3] Die vorliegende Studie behauptet nicht, das komplizierte Problem zu einer Lösung zu bringen, sondern hofft lediglich, einen Beitrag zum gegenseitigen Verständnis und zur wechselseitigen Befruchtung zu leisten. Sie zielt darauf, nicht einen *Text*, sondern ein theologisch-philosophisches Problem zu kommentieren, das auf einem Text *gründet*, der in einer philosophischen Tradition verwurzelt und für eine andere Tradition von Interesse ist. Die Abhandlung beabsichtigt lediglich, die Tür für einen ehrlichen Dialog zu öffnen, indem sie die zugrundeliegende oder transzendente Wirklichkeit aufsucht, auf die sich beide Traditionen beziehen.[4] Welche weiteren Ansichten wir auch vertreten mögen und welche Antworten wir auch überzeugend finden mögen, ein Dialog setzt zunächst eine *gemeinsame* Grundlage voraus, selbst wenn wir diese später bei der Suche nach der Wahrheit wieder aufgeben müssen. So kann es beispielsweise sein, daß eine Beziehung zwischen Īśvara und Christus nicht nur gefährlich ist, sondern vollständig danebengreift. Trotzdem gibt es zwei verschiedene Ebenen, auf denen der Dialog sowohl vernünftig als auch fruchtbar sein kann: die intentionale Ebene und die Ebene der Analogie.

Unter *intentionaler Ebene* verstehe ich die zugrundeliegende, *existierende* Realität, die ein Begriff in seiner Intention ›meint‹, das, was die Intention eines Begriffes offenlegt. Wenn zwei fromme und ehrliche Menschen verschiedener Religionen vorhaben, miteinander zu beten, und wenn sie trotz ihrer unterschiedlichen Vorstellungen tatsächlich das Göttliche ansprechen, dann gibt es entweder ›etwas‹, auf das sich die beiden existentiellen Haltungen beziehen, oder es gibt nichts in einem oder in beiden Fällen. Dieses ›Etwas‹, wenn wir es akzeptieren, muß letztlich *intentional* das gleiche sein. Wenn man die Ansicht vertritt, daß diese Wirklichkeit nur durch eine der beiden Haltungen erreicht werden kann, dann betet der zweite Mensch keineswegs, sondern er wendet sich an eine Illusion, obgleich

[3] Vgl. *M. Eliade*, Crisis and Reneval in History of Religions: History of Religions I (1965) 2. Vgl. auch *E. W. Said*, Orientalism. New York 1978.

[4] »Cuiuslibet rei tam materialis quam immaterialis est ad rem aliam ordinem habere«, sagt *Thomas v. A.; De veritate XXIII,1.*

die Absicht erhalten bleibt. Wenn man eine atheistische Haltung einnimmt und die Existenz dieser Realität vollständig ablehnt, dann befinden sich beide Menschen auf der gleichen Ebene, und man kann sehr wohl die beiden Vorstellungen der göttlichen Realität vergleichen, von denen man von vornherein angenommen hatte, daß ihnen der konkrete Bezugspunkt fehlt, obwohl sie die gleiche Intention besitzen. In jedem Fall bleibt die Intention.
Die *Ebene der Analogie* bezieht sich auf den Bereich des *Wesens*. So nennen zum Beispiel die Christen Christus den »Herrn«, ebenso wie die Hindus Īśvara den »Herrn« nennen. Die Bedeutung, die sie dem Wort »Herr« beigeben, kann, gleichgültig wie groß die Unterschiede auch sein mögen, nicht so absolut sein, daß sie sich jeder Analogie entzieht. Das Wort »Herr« ist analog und hat viele nicht völlig voneinander verschiedene Bedeutungen. Welches ist das primum analogatum, das ursprüngliche Prinzip, das uns ermöglicht, nicht nur den Herrn mit verschiedenen Namen anzurufen, sondern auch mittels zweier verschiedener Begriffe sich auf ihn zu beziehen?

Sowohl auf der intentionalen Ebene wie auf der Ebene der Analogie entdecken wir eine gemeinsame Grundlage, auf der sich ein Dialog entwikkeln kann. Die Möglichkeit einer solchen gemeinsamen Grundlage a priori zu verwerfen, heißt sich selber nicht nur zur Isolation, sondern auch zu Fanatismus und Stagnation verurteilen. Andererseits gestattet die Anerkennung dieser gemeinsamen Grundlage auf der Basis eines transzendenten Seins oder einer immanenten Analogie nicht, alle Unterschiede zu ignorieren, die sich aus den verschiedenen kulturellen Welten und Lebensstilen auf unserer Erde ergeben. Die göttliche Realität ist der ontologische Ausgangspunkt jedes Philosophierens, aber sie braucht nicht unbedingt dessen psychologischer Bezugspunkt zu sein. Die indische Denkart neigte zur letztgenannten Haltung[5], die in gewissem Maße auch in der frühchristlichen Philosophie vorherrschte, aber die scholastischen Bemühungen des 13. Jahrhunderts brachten hier ein Gegengewicht und zwar in einem solchen Ausmaß, daß das europäische Denken nach dem 17. Jahrhundert sich fast ausschließlich durch die entgegengesetzte Haltung charakterisieren ließ. Doch keine der beiden Haltungen – weder jene, die die Welt erklärt, indem sie von einer Gottesvorstellung ausgeht, noch die zweite, die aufgrund der Kenntnis unserer Welt zu einer gewissen Gottesvorstellung gelangt – darf verabsolutiert werden. In der Tat ergänzen sich beide.

Ich habe nicht vor, das ganze Problem der Beziehung zwischen Gott und Welt anzugehen, vielmehr soll lediglich ein Beispiel dafür angeboten werden, auf welche Art und Weise eine Klärung gesucht werden kann. Ich werde mich darum bemühen, den gegensätzlichen Tendenzen von einem philosophischen Standpunkt aus gerecht zu werden – eine Vorgehensweise, die

5 Vgl. *R. Panikkar,* Māyā e Apocalisse. Rom 1966, 83–86.

vielleicht zur Überwindung der historischen und kulturellen Spaltung zwischen Ost und West beitragen kann. Aus diesem Grunde behandeln wir das Problem derart, daß wir beide Traditionen im Auge behalten, einen gemeinsamen Pfad, vielleicht sogar eine breite Straße zu finden suchen, die uns ein gutes Stück weit führen wird, bis wir eine Wegegabelung erreichen.

1.2 Der lebendige Gott unserer Untersuchung

Wir werden im Verlauf dieser Studie von Gott, vom Absoluten, von Brahman und von der Trinität sprechen. Um unsere Begriffe von Anfang an klarzulegen, sollen in Kürze einige dialektische Implikationen umrissen werden, die folgen, wenn Gott wirklich existiert.[6] Das bedeutet nicht, daß diese Implikationen unbedingt von allen Denkrichtungen anerkannt werden. Die meisten Schulen beziehen sich jedoch auf dieses »Etwas«, wenn sie von Gott sprechen, das wir im folgenden zu charakterisieren versuchen. Die Bemerkungen sollten nicht als Verteidigung einer bestimmten theologischen oder metaphysischen Lehre verstanden werden, obwohl sie mit den unvermeidlichen Eigenarten einer konkreten Sprache behaftet sind. Meine zentrale Annahme fußt auf der Überzeugung, daß, was immer Gott sein oder bedeuten mag, jedes Reden über Gott sich auf »etwas« sui generis bezieht, das in keiner anderen Kategorie enthalten ist. Ich bemühe mich nicht um eine Phänomenologie Gottes, sondern suche die Bedeutung dieses Wortes so zu klären, daß sie zumindest mit den zwei Traditionen, die wir hier berücksichtigen, übereinstimmt.

Wenn es einen Gott gibt, dann kann der Rest der Wirklichkeit bis zum kleinsten, verstecktesten Wesen, wie auch zu jeglicher Art menschlicher Aktivität nicht unabhängig oder gar gleichgültig dieser Tatsache gegenüber sein. Die Anerkennung der Existenz Gottes ist an sich keine neutrale Aussage, sondern eine Wahrheit, die alles durchdringt. Aus diesem Grunde werde ich nun nicht die Folgerungen, die sich aus dieser Annahme ergeben, formulieren, sondern einige der Implikationen, die ihr notwendigerweise vorausgehen.

Wenn es einen Gott gibt, dann impliziert dies ipso facto einige *erkenntnistheoretische* Voraussetzungen. Wenn Gott existiert, dann ist diese Tatsache nicht von meiner Bestätigung oder Ablehnung abhängig; sie ist unabhängig von meiner Ansicht. Ich kann die Existenz Gottes beweisen oder die Möglichkeit jeglichen Nachweises leugnen oder sogar sein Sein ablehnen; aber dies berührt nicht die Tatsache, daß Gott ist. Darüber hinaus hat nicht nur meine mögliche Verneinung, sondern auch meine Bestätigung der

[6] Diese kurzen Überlegungen wurden in der Vedanta Kesari, Madras, Dezember 1956, unter dem Titel »If God Exists« veröffentlicht.

Existenz Gottes keine existentielle Wirkung in Bezug auf die Gottheit. Wenn Gott existiert, so ist diese Tatsache unabhängig von meinem Wissen darum. Übrigens ist diese Aussage sogar dann gültig, wenn wir berücksichtigen, daß unsere Vorstellung von Gott sich möglicherweise ändert oder modifiziert wird. Selbst wenn Gott eine Schöpfung unseres Geistes wäre, hätte er die Rolle des Schöpfers eben dieses Geistes zu erfüllen – wenn es einen Gott gibt.
Wenn es einen Gott gibt, kann er von keinem menschlichen Verstand erfaßt werden, sondern muß er alle menschlichen Kräfte und Fähigkeiten übersteigen, da er, wenn er existiert, mehr ist als der Mensch. Nur sich selbst kann er einsichtig, voll erkennbar sein. Für uns ist er ein Mysterium im wahren Sinne des Wortes. Ein begreiflicher, ein einfach *zu verstehender* Gott wäre überhaupt kein Gott, denn dann wäre ich seine Grundlage und nicht er meine, er wäre nicht die eigentliche Quelle *meines Verstehens*. Darum kann keine menschliche Formel Gott angemessen zum Ausdruck bringen.
Wenn es andererseits einen Gott gibt, obwohl er die Vernunft und den Menschen übersteigt und sein Wesen unfaßbar ist, muß der Mensch als Wesen aus Geist und Materie einen bewußten existentiellen Zugang zu ihm besitzen, einen Zugang, der nicht durch subtile und schwierige intellektuelle Operationen zu erreichen ist, die nur einigen gelehrten hochkultivierten Menschen möglich sind, sondern er muß vielmehr zusammen mit der normalen Reife des menschlichen Wesens gegeben *werden*. Mit anderen Worten, es muß eine existentielle, normale und einfache Art und Weise geben, die Gegenwärtigkeit Gottes wahrzunehmen – wenn es einen Gott gibt.
Wenn Gott existiert, muß seine Existenz nicht nur einen erkenntnismäßigen Vorrang, sondern auch eine *seinsmäßige* Priorität besitzen: Gott ist der Urgrund, das Absolute, das Prinzip – von allem. Der Mensch und die Welt sind abhängig von Gott, und selbst wenn eine umgekehrte Beziehung zugegeben wird, behält die zuvor genannte Relation eine besondere Vorrangigkeit. Gottes Wesen mag uns durch unsere Mitmenschen und die Umwelt erkennbar sein, so daß wir so einiges analoge Wissen über ihn erhalten können; aber tatsächlich sind beide, der Mensch und die Welt, in ihm begründet und konstitutiv auf ihn bezogen. Der Mensch kann nur deshalb epistemologisch zu ihm aufsteigen, weil Gott ontologisch zu uns herabgestiegen ist.
Wenn es einen Gott gibt, so ist er in seiner Eigenschaft als Urgrund und Prinzip nicht nur als Ursprung und Anfang zu betrachten, sondern auch als Ziel und Vollendung. Er ist die zeitlose und rein ontologische Grundlage für alles. Gott ist nicht nur der ontische Anfang des Universums, sondern auch dessen Ziel und Erfüllung. Er ist nicht nur die inspirierende und ursprungsetzende Kraft und die Quelle von allem, sondern zugleich auch das alles an sich ziehende Ziel und die Zusammenfassung alles Seins und aller Aktivität. Gott ist die Fülle, der jedes kleinste seiende Teilchen zustrebt, nach der jede

Bewegung sich richtet. Gott ist sowohl das Ziel der Welt als auch die Bestimmung der Geschichte.

Wenn es einen Gott gibt, dann ist nichts über ihm, nichts außerhalb von ihm oder gar unter ihm. Es gibt nichts, was unabhängig von Gott wäre. Nichts existiert, was nicht eine Existenz, ein Hervorgebrachtes, ein Effekt (factus) Gottes wäre. Getrennt von ihm ist nichts. Alles, was ist, ist in, von und für Gott. Alle Wesen gehen nicht nur von Gott aus und zu Gott hin, sondern sie *sind* auch in Gott.

Wenn Gott existiert, dann steht diese Tatsache im Zusammenhang mit einigen spezifisch *anthropologischen* Implikationen: Gott kann nicht nur ein »Es« sein, sondern er muß mir als Person erscheinen. Ein »Es« ist nicht bewußt und nicht vollkommen; Gott kann nicht einmal ein »Er« oder eine »Sie« sein – Gott muß vielmehr ein »Ich« sein. Des weiteren muß Gott nicht *ein* Ich sein, sondern *das* Ich. Gott ist »Der, der ist«, der »Der ich bin«, der »Ich bin«, der »Ich bin der ich bin«, das *aham*. Wir sind Gottes *Du*. Gott ist das Ich, und wir sind das *Du*, wenn es Gott gibt. Gott hat absoluten Vorrang. Selbst wenn wir von Gott auch als »Er« sprechen müssen, so spricht doch, wenn es einen Gott gibt, *Er* zuerst, Gott spricht *uns* aus – und so kommen wir zum Leben. Gott ist das Ich, das spricht, und jeder von uns ist ein gesprochenes »Du« Gottes, nicht, um es korrekt zu sagen, ein »Ich«, sondern genauer ein »Du«, und das *sind* wir in dem Ausmaß, in dem Gott – das Ich – unser Sein als sein »Du« ausspricht. Wir sind Gottes – und dieses ist die Ursache unserer Würde und unserer Begrenzung, beides in einem. Wir *sind* das »Du« Gottes – und nur insofern haben wir überhaupt ein *Sein*. Jeder von uns ist ein »Du bist«, ausgesprochen von dem »Ich bin«.

Wenn es einen Gott gibt, kann seine Beziehung zu mir nicht abstrakt und ›universal‹ sein, sondern muß wirklich, konkret, bestimmt, konstitutiv und existentiell sein. Das heißt, meine Beziehung zu Gott ist nicht eine numerische, quantitative, als wäre ich ein ›Fall‹ oder eine ›Nummer‹ in Bezug auf *das* Absolute, *das* Sein, sondern sie muß eine persönliche, vertraute und eigene Beziehung sein, wobei Gott *meine* Quelle, *mein* Sein, *mein* Schöpfer, *mein* Erhalter, *mein* eigenstes Selbst, *mein* Vater ist. Darum kann mein Zugang zu Gott nicht einfach ›generisch‹ oder rein intellektuell sein, sondern er muß integral und total sein, sowohl der Körper als auch die Seele, den Verstand als auch den Willen, das Wissen, das Dienen und die Liebe mit einbeziehen – und all dies in einer persönlichen, einmaligen und unveränderlichen Art und Weise.

Wenn es einen Gott gibt, dann kann die menschliche Gesellschaft und die menschliche Kultur nicht a-religiös sein, d. h. nicht unverbunden (wobei das Wort Religion von religare, binden, verbinden abgeleitet wird), unabhängig und getrennt von Gott, als gäbe es Gott nicht. Dies bedeutet nicht eine Einschränkung oder Herabminderung der rechtmäßigen Autonomie – oder besser Ontonomie – der Gesellschaft, sondern vielmehr eine korrekte

Erweiterung der Religion. Wenn Gott existiert, dann hat der Mensch vornehmlich Pflichten und nicht Rechte. Seine Rechte sind eine Folge seiner Pflicht, Mensch zu sein, d. h. der Sohn, Spiegel der Gottheit, mit einer unveräußerlichen, nicht zurückweisbaren, ontischen Aufgabe. Kurz, wenn Gott existiert, ist diese These für nichts irrelevant, in keiner Handlung im All überflüssig, sondern in Wahrheit die Hypothese oder die zugrundeliegende Stütze des ganzen Universums zusammen mit unserem Sein und Handeln.

2. Der Text

2.1 Hintergrund

Als Ausgangspunkt (*prasthāna*) für unsere Überlegungen haben wir einen Aphorismus aus den Brahma-Sūtras gewählt. Ehe wir mit seiner Analyse beginnen, mag es nützlich sein, den historischen Hintergrund dieses Textes aufzuzeigen.

Die Brahma-Sūtras von Bādarāyaṇa[7] (ungefähr 4. Jahrhundert n. Chr.) sind einer der drei Grundtexte der Vedānta-Schule (genannt *prasthāna-traya*), die anderen beiden sind die Upanishaden und die Bhagavad Gītā, beides heilige Texte, wobei der erste formal zur *śruti* gehört, und der letzte ebenso als »offenbart« betrachtet wird. Ebenso wie die Sūtra-Texte anderer philosophischer Schulen (z. B. Mīmāṃsa-Sūtras, Yoga-Sūtras), stellen sie eine kurze Zusammenfassung der Lehren der Upanishaden dar (daher auch Vedānta-Sūtras genannt). Jeder Philosoph, der für sich in Anspruch nahm, ein Vedāntin zu sein, war gehalten, einen Kommentar (*bhāṣya*) zu jedem dieser drei Texte zu schreiben. Die herausragendsten Kommentatoren sind Śaṅkara[8] (um 700 n. Chr.), der eine advaitische Interpretation darlegt, und Rāmānuja[9] (um 100 n. Chr.), dessen Schule ein »qualifizierter Nicht-Dualismus« oder Viśistādvaita genannt worden ist. Der Hauptvertreter einer

[7] Vgl. *S. Radhakrishnan*, The Brahma Sūtra. London 1960; *B.. N. K. Sharma*, The Brahmasūtras and their Principal Commentaries, vol. I und II. Bombay 1971–1974.

[8] Vgl. die Werke *Śaṅkarācārya*, vol. III: Brahmasūtra with Śaṅkarabhāsya. Delhi 1964; The Vedānta-Sūtras with the Commentary by Śaṅkarācārya. Übers. v. *G. Thibaut*, T. 1 und 2. Delhi 1962; *P. Deussen*, Das System des Vedānta nach den Brahma-Sūtras des Bādarāyaṇa und dem Kommentare des Çaṅkara über dieselben. Leipzig 1883 (^{4}1923).

[9] *Rāmānuja*, Śrībhāsyam. Delhi 1967; The Vedānta-Sūtras with Rāmānuja's Śrībhāsya. übers. v. *G. Thibaut* (SBE vol. 48). Delhi ^{2}1966.

dualistischen Interpretation (*dvaita*) war Madhva[10] (13. Jahrhundert). Abgesehen von diesen berühmten Kommentatoren sind die Brahma-Sūtras von Bhāskara, Vācaspati Miśra, Ānandagiri, Govindānanda, Padmapāda, Vallabha, Śrīkaṇṭha, Nimbārka, Vijñānabhikṣu und anderen kommentiert worden.[11]

Obwohl der knappe Sūtra-Stil es oft erschwert, die genaue Bedeutung dessen, was der Autor dieser Sūtras vermitteln wollte, festzustellen, wird heute angenommen, daß Śankaras berühmteste Interpretation tatsächlich nicht die Meinung des Verfassers der Sūtras (*sūtrakāra*) widerspiegelt, und daß Bādarāyana eher eine Philosophie der »Differenz und-Nicht-Differenz« (*bhedābheda*) vertrat.[12]

2.2 *Analyse*

Die berühmte Zusammenfassung der indischen Weisheit sagt in ihrem lakonischen zweiten Aphorismus: »Von welchem der Ursprung etc. dessen.«[13] Der Text bedeutet offensichtlich folgendes: »Brahman ist das, woher der Ursprung etc. dieser Welt kommt.«[14] Eine weitere grammatikalische Analyse dieses Textes unterstützt diese Interpretation.[15] Die Tradition sagt übereinstimmend, daß das »etc.« dieses Sūtra auf verschiedene Texte verweist, die mit »Ursprung«, »Entstehung« beginnen und mit Erhaltung,

10 *Madhva*, Brahmasūtrabhāsya (hg. Raddi Rangacharya). Poona 1926; vgl. *S. Siauve*, La voie de la connaissance de Dieu (Brahma-jijñāsa) selon l-Anuvyākhyāna de Madhva. Pondichéry 1957; *dies.*, La doctrine de Madhva. Pondichéry 1968.

11 Vgl. the Brahmasūtra-Shānkara-bhāshyam mit den Kommentaren Bhāshya-Ratnaprabhā, Bhāmatī and Nyāyanirṇaya of Shrīgovindānanda, Vacaspati and Ānandagiri.

12 Vgl. *Klaus Rüping*, Studien zur Frühgeschichte der Vedānta-Philosophie. Teil I. Wiesbaden 1977, 1.

13 Janmādyasya yataḥ, oder, die Worte voneinander trennend: janmādi asya yataḥ, dann ist die Bedeutung der Worte die folgende: der Ursprung etc., von diesem, wovon, von dem einzelnen.

14 Alle Kommentatoren stimmen darin überein, daß janmādi = utpattyādi; yataḥ = yaddhetukam; tad = brahma; und asya = jagat ist: d. h., die Hervorbringung etc. für *janmādi* steht; daß dasjenige, welches als Ursache wirkt, Brahman ist und für yataḥ steht und die Welt für asya steht.

15 Janmādi ist ein bahuvrīhi-Kompositum des Typs tadguṇasaṃvijñāna und bedeutet janma utpattiḥ ādi asya tat, d. h. das, welches den janma (Ursprung) als seinen Anfang hat. Die Wurzel jan bedeutet hervorbringen, empfangen, erzeugen, erschaffen, verursachen und geboren werden und ist mit dem griechischen γίγνομαι und dem lateinischen (g)nascor eng verbunden. Sie könnte auch mit dem Wort »natura« in Beziehung gesetzt werden. Vgl. *R. Panikkar*, El concepto de naturaleza. Madrid ²1972, 55 ff. Asya ist der Genitiv des Demonstrativpronomens »dies« als Neutrum oder Maskulinum: »dessen«; yataḥ ist ein Konjunktivpartikel und bedeutet ›wovon‹, aber auch »weil«, »daher, »da«.

Zerstörung, sowie manchmal Wachstum, Abnehmen, Verwandlung und dergleichen fortfahren.[16] So lautet die volle, wörtliche Bedeutung unseres Sūtra: »Brahman ist das, wovon die Entstehung, Erhaltung und Verwandlung dieser Welt ausgeht« oder kürzer: *Brahman ist die einzige und letzte Ursache der Welt.*

Bis hierhin sind sich praktisch alle der zahlreichen Kommentatoren des Bādarāyaṇa einig. Die formale Struktur des Aphorismus ist von allen anerkannt: »Brahman ist das, von dem alle Dinge ausgegangen sind, in das sie zurückkehren und von dem sie erhalten werden.« Die Widersprüche entstehen erst bei der Untersuchung des sachlichen Gehaltes, denn es ist nicht klar ersichtlich, was die Bedeutung der Worte ist, was hinter dieser Bedeutung steht, und noch weniger, was jenseits derselben liegt.

Nun stehen wir eindeutig vor einer Definition Brahmans. An diesem Punkt aber wird die Diskussion verwickelter. Ist die Definition eine »Wesens«-Definition[17] von Brahman, wie die, die in der *śruti* (Schrift oder vielmehr Offenbarung) gegeben wird, wie z. B. Sein, Erkenntnis und Seligkeit oder Wahrheit, Bewußtsein und Unendlichkeit?[18] Oder ist es eine »akzidentelle« Definition,[19] in der uns Brahman durch bestimmte charakteristische Eigenschaften bekannt gemacht wird, durch die wir zur Erkenntnis des definierten Gegenstands kommen? Ein Schüler der Śaṅkara-Schule, z. B. Vācaspati Miśra, würde sagen, daß dies natürlich nur eine äußerliche Definition ist. Im Gegensatz hierzu würde Madhva sagen, daß die Definition das Wesen betrifft, und seine Schule würde darauf hinweisen, daß es auf dasselbe hinausläuft, Brahmann als *ānanda* (Seligkeit) oder als *kāraṇa* (Ursache) zu charakterisieren. Beide sind angemessen und unangemessen zugleich: die Diskussion darum geht weiter.[20]

[16] Vgl. die verschiedenen Ausgaben und Kommentare für weitere wissenschaftliche Details zu dieser Frage. Um zu einer Vorstellung des verwendeten Begriffs zu gelangen, erinnern wir uns, daß Yāska (vgl. Bhāmatī in h. l.) von sechs Abarten spricht, nämlich jāyate (erzeugt werden), asti (kontinuierliche Existenz), vardhate (Wachstum), vipariṇamate (Wandel, Veränderung), apakṣīyate (Verfall) und naśyati (zerstört sein) in Nirukta I,2. Für Yāska, vgl. Siddheshwar Varma (gem. mit Bhimadev), The Etymologies of Yāska. Hoshiarpur, V. V. R. I., 1953. Aähnlich führt auch Madhva acht verschiedene Modifikationen an (deren Ursache Brahman ist): sṛṣṭi (Erzeugung) sthiti (Existenz), saṃhāra (Zerstörung) niyama (Regierung), jñāna (Wissen), ajñāna (Unwissenheit), bandha (Bindung) und mokṣa (Erlösung).

[17] Svarūpalaksana, wo die eigene »Form« des Dings sichtbar wird.

[18] Vgl. z. B. TU II,1.

[19] Taṭasthalakṣana zeigt nur das »Ufer« oder den Rand auf, neben dem die eigentliche Sache liegt, d. h. eine Eigenschaft, die für die Natur einer Sache nicht typisch ist, mittels derer man aber auf die Sache schließen kann.

[20] Vgl. z. B. *R. P. Singh*, The Vedānta of Śaṅkara. Jaipur 1949, 293, wo der Autor sagt, daß »das ganze Mißverständnis über das Problem der Schöpfung in Śaṅkaras Vedānta daraus entstanden ist, daß man Saguṇa-Brahman als ein ontologisches Prinzip gedacht hat und annahm, daß der zweite Sūtra das Wesen dieses Saguṇa-Brahman zu definieren versucht«.

2.3 *Bedeutung*

Die Bedeutung dieses Textes für die indische Philosophie ist allgemein bekannt. Zweifellos könnte eine ganze Geschichte der indischen Philosophie auf der Grundlage der *Brahma-sūtra-bhāṣyas* geschrieben werden. Wenn von den Brahma-Sūtras gesagt werden kann, daß sie die Quintessenz des Vedānta sind, so ist das zweite sūtra (das erste hat eine rein einleitende Funktion) ein Eckstein, auf dem ein großer Teil der indischen philosophischen Spekulation ruht.

Aus der zentralen Stellung dieses Sūtra über Brahman soll jedoch nicht gefolgert werden, daß das Problem des Brahman Ausgangspunkt des indischen Denkens sei. Es scheint vielmehr, daß zumindest in der Vedānta-Philosophie die erste Bemühung nicht Brahman, sondern *ātman* gilt. Mit anderen Worten, nicht das Problem des Brahman hat psychologischen Vorrang, sondern die Beschäftigung mit dem Selbst. Ein großer Teil der indischen Philosophie wird durch diesen Prozeß der Reflexion auf das Selbst dahin geführt, das Problem des Brahman[21] zu entdecken, und sobald sich das Problem gestellt hat, ist es unmöglich, es zu umgehen oder seine zentrale Bedeutung zu ignorieren.

Obwohl heutzutage die Tendenz dahin geht, die Erfahrung betreffende Fragen und praktische Probleme zu betonen, können wir nicht die Bedeutung rein theoretischer Probleme übersehen, sofern diese nicht vom Leben getrennt sind. In der Tat ist die Bedeutung unseres Sūtra nicht nur eine Angelegenheit der Vergangenheit, sondern auch der Gegenwart.[22] Wir haben es hier mit dem Beispiel eines Problems zu tun, das fast allen philosophischen Schulen gemeinsam ist. Der Text ist außerdem in sich selbst philosophisch bedeutsam, da er sich mit den drei großen metaphysischen Fragen beschäftigt: dem Absoluten, der Welt und deren gegenseitiger Beziehung. Seine Einfachheit – obwohl hierin die Gefahren der Ungenauigkeit und des Synkretismus bei der Interpretation des Textes begründet sind – führt uns zu einem engeren Kontakt mit dem Problem selbst, als dies ein Text tun würde, der komplizierte Spekulationen beinhaltete oder von einem voll entwickelten philosophischen System abhängig wäre. Ohne diese Komplikationen, die durch die Kommentare geschaffen werden, ist der Kontakt mit dem Problem selbst, wie auch die Begegnung zwischen Ost und West nicht nur leichter, sondern auch tiefer.

[21] Vgl. *B. Heiman,* Studien zur Eigenart des indischen Denkens. Tübingen 1930, in denen die Entwicklung des Begriffs ātman gründlich untersucht wird.

[22] Vgl. den hervorragenden Artikel von *T. R. V. Murti,* The Two Definitions of Brahman in the Advaita, Taṭastha- and Svarùpa-Lakṣaṇa: K. C, Bhattacharya Memorial Volume. Amalner, Indian Institute of Philosophy, 1958. Vgl. auch *M. Hiriyanna,* Indian Philosophical Studies I. Mysore 1957; Definition of Brahman, 98–103.

Wir haben es hier mit einem Aphorismus zu tun, der die Kosmologie der Upanischaden zusammenfaßt, die den Ausgangspunkt für theologische Überlegungen darstellt und eine Grundlage anbietet, auf der mehrere philosophische Traditionen sich in einer fruchtbaren Diskussion engagieren können. Es ist nicht unsere Absicht, die ganze Tragweite des Textes zu untersuchen oder seine Entwicklung durch die Geschichte der indischen Philosophie zu verfolgen. Wir wollen lediglich auf einige metaphysische Erwägungen hinweisen, die im Dialog zwischen Ost und West von Interesse sein können. Da die Bereitschaft zum Dialog den Wunsch mit einschließt, von seinem Partner zu lernen und nicht zu lehren oder siegreich zu sein, möchte ich einige Punkte der einen oder der anderen der beiden Traditionen hervorheben, ohne auf ein bestimmtes philosophisches System Bezug zu nehmen. Der Text bietet uns gleichzeitig einen wertvollen, ergänzenden Einblick in das »westliche« Problem des sogenannten kosmologischen Gottesbeweises. Schließlich wird er uns als Einführung zu einem bestimmten Aspekt der christlichen Thematik der Trinität dienen, denn dieses Sūtra und die Lehre der Trinität berühren ein gemeinsames Problem, um das sich eine fruchtbare Diskussion entwickeln kann. Śaṅkara selbst würde vielleicht sagen: »Wenn zwei Dinge miteinander verglichen werden, geschieht dies nur in Bezug auf einige bestimmte Aspekte, die sie gemeinsam besitzen.«[23] Wenn es uns nicht gelingt, solch eine gemeinsame Grundlage zu finden, ist jeder Dialog aussichtslos und unfruchtbar, denn keine Diskussion ist möglich ohne eine gewisse Gemeinschaft – im Geist, in den Ideen, in den Zielen oder zumindest in den Wünschen.[24]

3. Śaṅkaras Interpretation

Ich möchte mit einem Verweis auf den Kommentar des berühmten Advaita-Vedānta-Philosophen beginnen, denn kein Sūtra kann ohne *bhāṣya* gelesen werden, und kein Text kann vollständig verstanden werden ohne Kenntnis seiner traditionellen Interpretation. Darüber hinaus ist Śaṅkaras Kommentar klassisch und maßgebend. Außerdem habe ich Śaṅkara deswegen ausgewählt, weil die prima facie-Bedeutung des Sūtra im Widerspruch zu dem berühmten vedāntischen System, dessen bedeutendster Vertreter Śaṅkara ist, zu stehen scheint. Der Text besagt nämlich auf den ersten Blick, daß Gott die Ursache dieser Welt ist und daß der erste Schritt zur Kenntnis des Brahman gerade darin besteht, zu erkennen, daß Brahman der Urheber dieser Welt ist. Doch der Text ist subtiler. Er sagt nicht geradewegs, daß Brahman der Ursprung etc. der Welt ist, sondern daß er »das ist, woher« der Ursprung etc.

[23] Brahma-sūtra-bhāsya III,2,20; vgl. auch II,3,40.
[24] Vgl. *Aristoteles,* Metaphysik III,6 (10006–10015).

dieser Welt kommt. Das heißt, diese Welt hat einen Ursprung etc., und »das, woher« dieser Ursprung etc. kommt, das ist Brahman. Aber wir wollen zum Text zurückkehren und Śaṅkaras Kommentar[25] folgen, wobei wir auch die Kommentare von Vācaspati Miśra[26] und Padmapāda[27], zu Śaṅkaras *bhāsya* berücksichtigen.

Für Śaṅkara bedeutet *janmādi*: Entstehung, Erhaltung und Auflösung[28], weil alle übrigen Wandlungen oder Veränderungen auf diese drei zurückgeführt werden können. *Yataḥ* kennzeichnet Brahman als Ursprung,[29] als allwissende und allmächtige Ursache,[30] von der Entstehung, Erhaltung und Zerstörung oder Hervorbringung, Existenz und Auflösung ausgehen.

Nur im Herrn (Īśvara) kann die Welt ihren Ursprung finden, denn weder Atome noch ein nichtgeistiges Wesen, das Nicht-Seiende oder etwas Wandelbares können Ursache dieser Welt sein. Des weiteren kann der Ursprung nicht in der Welt als solcher liegen, da es klar ersichtlich ist, daß die Welt uns nur bestimmte Orte, Zeiten und Ursachen anbietet, während wir sie als Ganzes betrachten und für dieses Ganze einen Grund finden müssen. Läge der Ursprung in der Natur der Welt, so wäre es möglich, durch bloßes Schlußfolgern zur Kenntnis von Brahman zu gelangen, oder wir würden unmittelbar diese Welt als eine Wirkung des Brahman erkennen. Der Theologe Śaṅkara, dem in diesem Punkt Rāmaṅuja und beinahe alle Vertreter der indischen Philosophie folgen, lehnt dies ausdrücklich mit der Begründung ab, daß es einerseits die Transzendenz und die übernatürliche Realität des Brahman (die nicht durch weltliche Mittel erreicht werden kann) gefährden würde und andererseits die gesamte *śruti* (Schrift, Offenbarung) überflüssig machen würde, deren Zweck eben genau darin besteht, uns zur Kenntnis und zur Vergegenwärtigung von Brahman zu führen.

»Die Erkenntnis der wahren Natur einer Sache ist nicht vom menschlichen Verstand abhängig«[31], – »sie hängt von der Sache selbst ab«.[32] Brahman ist eine »Sache«, die all unsere Sinneswahrnehmungen übersteigt, und darum ist die Bedeutung dieses Textes die, daß nur die Schrift unserem Verstand mit Gewißheit Brahman enthüllt. Śaṅkkara zitiert den berühmten Text des

[25] Vgl. Brahma-sūtra-catuḥsūtrī, hrsg. v. *Pandit Har Dutt Sharma*. Poona Oriental Series Nr. 70. Poona 1940.

[26] The Bhāmati of Vācaspati on Śaṅkara's Brahmasūtrabhāsya, Catuḥsūtrī, hrsg. v. *S. S. Suryanarayana Sastri* und *C. Kunhan Raja*. Adyar, Madras 1933.

[27] Vgl. The Pañcapādikā of Padmapāda, Englisch von *D. Venkataramiah*, Gaekwad's Oriental Series, 107. Oriental Institute Baroda, 1948.

[28] Janmasthitirbhaṅga in h. l.

[29] Yata iti kāraṇanirdeśah, ebd.

[30] Sarvajñātsarvaśakteḥ, ebd.

[31] Na vastuyāthātmyajñānam puruṣabuddhyāpekṣāḥ, ebd.

[32] Vastutantram eva tat, ebd.

Varuṇa, der seinem Sohne Bhṛgu antwortet: »Das, woraus diese Wesen hervorgehen, und das, wodurch sie nach der Entstehung leben, und das, wohin sie zurückkehren, das verlange zu erkennen: Das ist Brahman.«[33] Und er beschließt seinen Kommentar mit einem Satz, den er als endgültigen Text (Upanishad) bezeichnet: »Aus der Glückseligkeit (*ānanda*) allein entspringen diese Wesen, aus der Glückseligkeit leben sie nach der Entstehung, zur Glückseligkeit kehren sie zurück.«[34] Brahman ist wesensmäßig allwissende Ursache, ewig rein, geistig und frei.[35]

Es ist allgemein bekannt, daß Śaṅkaras Schüler, um die Absolutheit Brahmans zu verteidigen, zur Erklärung gezwungen waren, daß genau genommen nicht Brahman Ursache dieser Welt sei, sondern Īśvara, weil Brahman völlig jenseits jeglicher Beziehung zu dieser Welt sei. Śaṅkara selbst macht in seinem *bhāṣya* keinen klaren Unterschied zwischen Brahman und Īśvara, er setzt vielmehr den zweiten mit dem ersten gleich.[36] Obwohl er in einem Abschnitt das Wort Īśvara erwähnt, spricht er doch fortwährend von Brahman, wie das auch die Sūtras tun.

Es ist eine unbestreitbare Tatsache, daß Śaṅkara sich auf Brahman bezieht als das, von dem der Ursprung, die Erhaltung und das Ende dieser Welt ausgehen, und daß er die Notwendigkeit der Schriften für das (begriffliche) Wissen von Brahman betont. Damit scheint jede Art von kosmologischen Argumenten zum Nachweis der Existenz Brahmans ausgeschlossen zu sein. Dennoch, wenn wir Śaṅkaras Ansichten näher betrachten, so entdecken wir, daß er Sinneserkenntnis an sich und Folgerungen daraus, nicht vollständig verwirft, sie aber als Mittel, Brahman zu erreichen, ablehnt. »Brahman ist kein Gegenstand der Sinne«,[37] und »die Sinne haben ihrem Wesen gemäß Gegenstände zu ihrem Inhalt und nicht Brahman«[38]. Aber er sagt weiter: »Die Erkenntnis Brahmans gipfelt in Erfahrung und hat ein existierendes Objekt zum Inhalt.«[39] Diese »Intuition Brahmans«[40], von Śaṅkaras Schule advaitische Erfahrung«[41] genannt, bildet zusammen mit der Schrift das Mittel zur gültigen Erkenntnis (*pramāṇa*) von Brahman. Selbst die urteilende Vernunft als solche, die Schlußfolgerung (*anumāna*), hat ihren Ort als

[33] TU III,1.
[34] TU III,6.
[35] Nitya-śuddha-buddha-mukta-svabhāva-sarvajña-svarūpa-kāraṇa..., ebd.
[36] Vgl. *Paul Hacker,* Eigentümlichkeiten der Lehre und Terminologie Śaṅkaras: Avidyā, Nāmarūpa, Māyā, Īśvara: Kleine Schriften (hg. v. L. Schmithausen). Wiesbaden 1978, 99ff.
[37] Indriyāviṣayaḥ, a. a. O.
[38] Ebd.
[39] Anubhavāvasānatvāddhatavastuviṣayatvācca, ebd.
[40] Brahmasākṣātkāraḥ, Bhāmatī, a. a. O.
[41] Advaitānubhava.

»Mittel zur Bestätigung« der geoffenbart-gebetenen-Wahrheit des Vedānta.[42]

Śaṅkaras Kommentar kann wie folgt zusammengefaßt werden:

1. Brahman ist die Ursache, d. h., die Ursache der Entstehung, Erhaltung und Auflösung dieser Welt;
2. diese Ursache kann durch keine gültige Erkenntnis irgendwelcher Art erschlossen werden; denn
3. diese Ursache ist kein Objekt der Sinneswahrnehmung, sondern
4. sie ist das Objekt der Vedāntatexte, und
5. sie wird durch eine besondere Erfahrung entdeckt: die advaitische Intuition.

Die volle Bedeutung der Lehre Śaṅkaras kann nicht aus einem einzelnen Kommentar hergeleitet werden, aber wir dürfen annehmen, daß er die grundlegenden Ideen zu diesem Thema dargelegt hat und daß seine hier gemachten Äußerungen mit seinen übrigen Überzeugungen nicht im Widerspruch stehen.[43] Die Einsichten, die er hier über die Natur der Ursache, die Art und Weise, wie sie wirkt, und die Natur der Wirkungen vorgibt, sind grundlegend, wenn vielleicht auch nicht ausführlich genug.

Wir sollten allerdings keine voreiligen Schlüsse über Śaṅkaras Standpunkt ziehen. Erstens beschäftigen wir uns hier nicht vorrangig mit ihm, daher ist die gegenwärtige Darlegung unvollständig; zweitens sagt er in keiner Weise, obwohl er ausdrücklich Brahman als Ursache der Welt[44] annimmt, daß die Wirkung von Brahman das Sein der Welt ist. Sein kann nach ihm nicht verursacht werden, denn es gibt keinen Übergang vom Sein zum Nicht-Sein und umgekehrt.[45] Sein ist Brahman und nur Brahman. (Brahman ist das Sein an sich.) Wirkung ist nichts weiter als eine besondere Bestimmung der Ursache selbst.[46] Hier ist nicht der geeignete Ort für eine detaillierte Diskussion von Śaṅkaras Interpretation. Allgemein, so könnte man sagen, macht er einen Unterschied zwischen einer letzten und ontologischen Ebene

[42] Sein Advaita-Kapitel in der Māṇḍūkyopaniṣad ist diesem Problem gewidmet: Dort wird die Frage gestellt, ob der Nicht-Dualismus (advaita) nur mittels der Zeugnisse der Heiligen Schriften nachgewiesen werden kann oder ebensogut mit der Methode der Schlußfolgerung. Seine Antwort lautet, daß beide Möglichkeiten der Beweisführung gleiche Bedeutung haben. Śaṅkara, Māṇḍūkyopaniṣadbhāsya III,1. vgl. *T. Vetter,* Die Gauḍapādīya-Kārikās: Zur Entstehung und zur Bedeutung von (A)Dvaita: Wiener Zeitschrift für die Kunde Südasiens XXII (1978) 95–131.

[43] Wir wollen, um unseren Standpunkt zu bekräftigen, den bedeutenden Auszug BSBh II,1,14 erwähnen, der für das Verständnis der advaitischen Lehre wichtig ist.

[44] Vgl. BSBh II,1,34, wo zu der Frage Stellung bezogen wird, ob Gott angesichts der Ungerechtigkeit und des Leidens in dieser Welt die Ursache der Welt sein kann oder nicht.

[45] Vgl. BG II,16 und Śaṅkara's Bhāsya darüber, a. a. O.

[46] Vgl. BSBh II,2,17. Studierende der indischen Philosophie werden hierin den satkārya-vāda (Theorie der Wirkung – präexistent – in der Ursache) erkennen.

(*pāramārthika*) und einer empirischen und erkenntnismäßigen Ebene (*vyāvahārika*). Dementsprechend gibt es zwei Formen von Brahman:[47] Die eine ist ohne *Attribute* und vollständig beziehungslos, die andere besitzt *Attribute*. Es ist diese zweite, die die »Ursache« der Welt darstellt. Śaṅkara betont jedoch in Übereinstimmung mit den Schriften[48] sehr stark die Einheit dieses zweifachen Brahman. Ich werde meine Meinung zu diesem Punkt im letzten Kapitel dieser Studie andeuten.

4. Das Sūtra in seinem Zusammenhang

Wir verlassen nun den großen Śaṅkara und wenden uns wieder dem Text selbst zu, um einen Einblick in seinen möglichen Sinn zu gewinnen; dabei bleiben wir unabhängig von jeder besonderen Schule der indischen Philosophie, jedoch nicht außerhalb ihres Geistes.[49] Es kann kaum bestritten werden, daß die gesamten Vedānta-Sūtras in erster Linie erklären wollen, daß Brahman das Absolute, das höchste Prinzip, die Ursache aller Dinge ist, wie immer das *Wesen* dieses Brahman beschaffen sein mag und welcher Grad der Wirklichkeit dieser Welt auch immer zukommt. Darüber hinaus stellen die ersten vier Sūtras das Gerüst dar, welches die maßgebende Interpretation des Vedānta unterstützt:

1. Das Verlangen, Brahman zu erkennen;
2. Brahman als das, wovon der Ursprung etc. des Universums ausgeht;
3. Brahman als Quelle der Schrift;
4. Brahman als uns durch die Schrift bekannt.

Der dialektische Prozeß könnte folgendermaßen formuliert werden:

1) Die Vedānta-Sūtras als Zusammenfassung der ganzen *śruti* erklären uns, daß Brahman erkannt werden muß, weil darin der Gipfel der Weisheit, das Gebot der Offenbarung und der Sinn dieses Lebens besteht. Darum wollen wir Brahman erkennen. Brahman ist der Gegenstand unserer Untersuchung. Damit aber dieser Wunsch echt sein kann, müssen wir seinen Gegenstand irgendwie »kennen«; das heißt, das Brahman, das erkannt werden soll und das wir zu erkennen begehren, muß uns schon irgendwie »bekannt« sein; es muß für uns schon irgendeinen Sinn besitzen. Wir müssen in der Lage sein – obwohl wir dabei vielleicht Hilfe benötigen – in dem ersten Sūtra einen

[47] Vgl. BU 11,3,1; MaitU VI,3.

[48] Vgl. Brahma-Sūtra III,3,39, das Texte wie BU IV, 2,22 (wo von ātman gesagt wird, daß er ohne Eigenschaften ist) mit Textstellen wie z. B. CU VIII,1,1 (wo Brahman sämtliche Eigenschaften zugeschrieben werden), in Einklang bringt.

[49] Als Ersatz für andere große indische Philosophen sei hier erwähnt *O. Lacombe*, La doctrine morale et métaphysique de Rāmānouja (Paris 1938), neben den bereits zitierten Kommentaren von Rāmānuja und Madhva.

gewissen Sinn zu entziffern, deshalb kann das Wort »Brahman« nicht gänzlich ohne Inhalt sein. Aus diesem Grunde ist es notwendig, darauf hinzuweisen, was mit Brahman gemeint ist.

2) Dies ist die Aufgabe des zweiten Aphorismus. Das Brahman, das wir erkennen möchten, ist das, wovon die Hervorbringung usw. dieser Welt ausgeht. Mit anderen Worten, das, was wir zu wissen begehren, ist das *Woher* des Ursprungs, der Erhaltung und Auflösung dieses Universums und das Ziel aller Wünsche, obwohl wir noch nicht wissen, wer oder was es ist. Darüber hinaus sind wir nicht in der Lage, es aus uns selbst zu »wissen«. Wir entdecken in uns lediglich den Drang, den Ursprung aller Dinge, das Prinzip, die Grundlage des »Dieses« zu erkennen, das heißt, dessen, was uns bewußt ist, wenn wir von dem Einfluß der weltlichen Bedürfnisse befreit sind. Am Höhepunkt dieses Impulses, am äußersten Horizont dieses Wunsches ist Brahman.

3) Aber dieses Brahman kennen wir in seiner wahren Gestalt nur durch die Schriften – obgleich dieses noch indirekte Wissen (*śabda* als ein *pramāṇa*) durch eine direkte Erfahrung dieses »Gegenstandes«, das heißt von Brahman, vervollständigt werden muß. Nur Offenbarung von oben – im Sinne von Er oder Es – kann uns sein wahres Wesen enthüllen. Dies ist aus zwei Gründen offensichtlich: *erstens,* weil es die Schriften gibt, die uns sagen, was Brahman ist, und wir diese Information nirgendwo sonst finden; *zweitens:* Wenn wir dazu fähig wären, das Wesen des Brahman durch unseren Geist oder unsere Sinne zu erkennen, wäre Brahman nicht mehr Brahman, sondern es würde zu unserer menschlichen Sphäre gehören, er wäre ein Teil dieser Welt und nicht ihr Prinzip. Dies wird der Pfad sein, den auch die anderen Sūtras sicher begehen können.[50] Was folgt, ist Spitzfindigkeit, keine scholastische, sondern eine dringend notwendige Vorgehensweise, um auf der einen Seite die Transzendenz des Brahman und auf der anderen Seite unsere Möglichkeit, über es zu sprechen, zu »retten«. Die reine Dialektik von Immanenz und Transzendenz (d. h. die Behauptung, Brahman sei auch immanent) löst das Problem nicht, weil wir keinerlei Synthese dieser beiden Ebenen erreichen können.

5. Die Brücke zur Transzendenz

Wir wollen nun die allgemeine Struktur dieser Frage innerhalb ihrer eigenen Problematik reflektieren. Für die folgenden Überlegungen beanspruche ich nicht die Autorität eines *bhāṣyakāra.* Es ist jedoch wohlbekannt, daß zumindest nach Śaṅkara das Verlangen nach der Erkenntnis des Brahman unmittelbar durch die *śruti* entfacht wird. Die anthropologische Dynamik,

[50] Was die Quellen des Sūtra betrifft vgl. TU und SU III,4; V,5; VI,16.

von der wir im Text lesen und die wir ontologisch interpretieren werden, wird von Śaṅkara auf einen rein erkenntnismäßigen Vorgang – die Übertragung – zurückgeführt.[51] Selbst dann aber bleibt das Problem des »naturale desiderium« – des natürlichen Verlangens – nach dem Absoluten auf einer anderen Ebene bestehen. Das ist keine Frage des rein menschlichen Verlangens, des Durstes, der von Buddha so gründlich abgelehnt wurde und sowohl von der christlichen als auch von der vedantischen Scholastik kritisiert wird, sondern es ist eine Frage der letzten Dynamik des Seins, die sich in dem Wesen widerspiegelt, das sich seiner bewußt ist und dessen Bewußtsein bereits diese Dynamik beeinflußt.

5.1 Das Jñāna des Jijñāsā: Erkenntnis und Verlangen

Wir können aus voller Überzeugung mit einigen indischen Systemen anerkennen (oder mit anderen verwerfen), daß das Verlangen, Brahman zu erkennen, schon eine »Gabe« oder eine »Gnade« ist und daß uns sogar eine gewisse »Erkenntnis« von Brahman selbst entweder direkt oder durch die Schriften gegeben wird.[52] Unser Problem bleibt davon unberührt, denn es besteht in jedem Falle ein Unterschied zwischen dem bloßen *Verlangen,* Brahman zu erkennen, und der wirklichen *Erkenntnis* des Brahman. Der Ausgangspunkt (das Verlangen) mag den Endpunkt (das Wissen) gewissermaßen potentiell oder im Keim enthalten, aber sie sind offensichtlich nicht gleich. Selbst wenn das Verlangen, Brahman zu erkennen, nicht »natürlich«, sondern »eingegeben« wäre, so bliebe immer noch ein Unterschied zwischen der *Gnade* des Verlangens und der *Gabe* der Verwirklichung.

Wir haben also aus irgendeinem Grunde das Verlangen, Brahman zu erkennen. Dieser Wunsch ist nicht mit der tatsächlichen (nichtdualen) ›Erkenntnis‹ des Brahman gleichzusetzen, er impliziert jedoch eine gewisse Vorstellung von Brahman – eine Vorstellung, die irgendwie die Brücke sein muß, über die die volle Erkenntnis des Brahman zu uns gelangt. Es ist gleichsam ein dünner Faden, der uns bereits mit Brahman verbindet, ein Zündfunke, eine gewisse Identität oder zumindest Kommunikation, um nicht zu sagen Gemeinschaft, die zunimmt und sich von *Brahmajijñāsa* zum *Brahmajñāna,* von dem Verlangen zu der Erkenntnis, entwickelt. Diese Entwicklung verläuft jedoch nicht kontinuierlich.

Was sind die Merkmale dieses Wunsches? Stimmt das formale Objekt des Verlangens mit dem der Erkenntnis überein? Oder mit anderen Worten, was ist das *jñāna* des *jijñāsā*? Was ist das für ein Wissen, das unserem Wunsch zu wissen innewohnt? Was wissen wir tatsächlich (von Brahman), wenn wir den Wunsch verspüren, (Brahman) zu erkennen? Dieser Punkt besitzt zentrale

[51] Adhyāsa, vgl. Śaṅkaras einführendes Kapitel zu BSBh, Adhyāsa-adhyāya.
[52] Madhva interpretiert atha, das erste Wort des BS, im Sinne der Gnade Vishnus.

Bedeutung, denn er ist nicht nur das Bindeglied zwischen uns und Brahman, sondern scheint auch einer der Kontaktpunkte zwischen der indischen und der westlichen Philosophie zu sein.

Unser Sūtra beantwortet diese Frage selbst. Wir wollen Brahman erkennen, wir besitzen schon das Verlangen danach. Dies bedeutet einerseits, daß wir Brahman noch nicht so kennen, wie wir es kennen *könnten*, denn wir wünschen es noch. Es bedeutet, daß wir nicht wissen, was Brahman ist, sondern daß wir dies noch zu lernen haben. Es ist uns in demselben Maße unbekannt, als wir es zu erkennen wünschen. Andererseits besagt es aber, daß wir die Bedeutung des Brahman schon entdeckt haben, desgleichen den Platz, den es in unserem Leben einnehmen muß, und daß wir es als Ziel und sogar als »formale« Erfüllung unseres Verlangens *erkennen*.[53] Das zweite Sūtra wird daher eine konstitutive Spannung und eine transzendentale Bedeutung besitzen, da es uns von dort wegführen will, wo wir uns befinden, und uns zeigen soll, wo wir sein möchten. Es kann aber keine Wesensdefinition von Brahman geben, weil es völlig unverständlich bleibt, solange wir noch nicht Brahman sind oder solange wir noch danach verlangen.[54] Unser Sūtra kann nur eine dynamische Beschreibung, eine verbale, aber deshalb nicht unreale Definition von Brahman geben. Die Antwort auf unsere Suche wird der Intensität unseres Verlangens entsprechen: Sie wird in dem Maße faßbar sein, in dem wir in unserem gegenwärtigen Zustand als verlangende Wesen fähig sind, ihre Bedeutung wahrzunehmen. Sie muß mit uns in Einklang stehen und sich gleichzeitig für die wirkliche ›Definition‹ von Brahman offenhalten. Sie muß auf das wahre Wesen des Brahman hinweisen, muß uns an das tatsächliche Ziel unseres Verlangens führen, indem sie von dem (vielleicht nicht-realen oder unechten) ›Inhalten‹ dieses Wunsches ausgeht. Kurz, es muß eine ganz besondere Antwort sein, wenn sie den dialektischen Anforderungen des Problems, das sie zu lösen hat, gerechtwerden soll.

Die Antwort des Sūtra lautet: Das Brahman, das ihr zu erkennen begehrt, das Brahman, das ihr auf irgendeine Weise erahnt und dennoch nicht verwirklicht habt, das ihr nur in eurem Verlangen kennt, nur als Gegenstand des Begehrens (und nicht der Erkenntnis), ist *Das*, wovon der Ursprung von ›diesem‹ (dieser Wirklichkeit) ausgeht, welches das eigentliche Dasein in ›diesem‹ unterhält. »Dieses« bedeutet: Was immer du weißt, siehst oder dir vorstellen kannst – es ist in der Tat Wissen, Sehen, Vorstellung und zugleich der Wunsch selbst. Brahman ist die Ursache von all dem, wovon ihr ›dieses‹ sagen könnt, das heißt, von dieser Welt.

53 Vgl. die analogen Problemstellungen im Westen in der Bibel, bei Bernhard, Anselm, Pascal.

54 Sa yo ha vai tat paramaṃ brahma veda brahmaiva bhavati: ›Derjenige, der das höchste Brahman erkennt (sieht), wird selbst zum Brahman‹. MundU III; 2,9. Vgl. AV X,7,24.

Du magst vielleicht nicht die ganze Welt kennen, aber du kennst einen Teil von ihr, und du kannst dir leicht vorstellen, daß andere Leute andere Teile davon kennen. ›Dieses‹ – die Welt – kennst du gewissermaßen. Nun ist die Ursache von ›diesem‹ die Ursache der Welt im allgemeinen und deiner Welt im besonderen, dich eingeschlossen, Brahman.

Du kennst die Welt oder zumindest deinen Teil von ihr. Aber du weißt noch mehr: Du weißt oder verstehst zumindest, daß diese Welt einen Ursprung haben muß, daß sie wahrscheinlich einen Anfang hatte und Erhaltung benötigt; kurz, es scheint eine Ursache zu postulieren (einen Grund für ihr Sein). Du verlangst danach, Brahman zu kennen, weil die Welt, die du kennst, nicht Brahman ist. Wäre die Welt das Absolute, würdest und könntest du nicht verlangen, etwas anderes zu kennen. Sogar das bloße Verlangen hätte überhaupt keinen Sinn. In dem Wissen um die Welt aber erkennst du die Notwendigkeit eines Ursprungs; oder konkret: In dem Wissen um ein empirisches Ding, erkennst du, daß es genau das ist, was es ist, weil es seinen *letzten* Ursprung anderswo hat, nicht in sich selbst (in der Welt). Du kennst die Welt als etwas Geschaffenes, als etwas, das einer Grundlage, einer Quelle bedarf, als ein Sein, das in seiner gegenwärtigen Form erhalten wird und einen letzten Grund für das Sein erfordert. Du kennst diese Welt als dieses *Das* und gerade nicht als Brahman, weil du in ›diesem‹ das Fehlen von Endgültigkeit entdeckst.

Wir nehmen vorderhand keine bestimmte Beschaffenheit der letzten Ursache an, etwa ob sie notwendig außer uns oder transzendent sein muß oder ob sie auch innerlich oder immanent sein kann. Wir sagen nur, daß die Kenntnis eines *Dinges* die Erkenntnis nach sich zieht, daß es nicht sein eigener Ursprung ist. Mit anderen Worten, Sūtra weist auf die Kontingenz oder die metaphysische Tatsache hin, daß die Welt immer noch Platz hat für eine Grundlage, eine Quelle, einen Ursprung, einen letzten Grund, eine Ursache.

5.2 Jñāna: Erkenntnis des Kontingenten

Einige mögen einwenden, daß wir die Kontingenz nicht aus uns selbst kennen, sondern daß dieses Wissen uns vielmehr mitgeteilt hat, daß wir sie aus den heiligen Schriften lernen, zu deren Erläuterung unser Sūtra dient. Das heißt, wir könnten diese Welt sehr wohl kennen, ohne überhaupt zu vermuten, daß sie von etwas abhängig ist. Es wäre dann die *śruti*, die uns mitteilt, daß diese Welt eine Ursache hat, und daß diese Ursache eben Brahman ist.

Wie immer dem auch sei, es ergibt sich daraus kein grundlegender Unterschied für unser Anliegen, denn die Aussage ist in sich sinnvoll, und wir sind in der Lage – durch die Gnade Gottes oder ohne sie –, ihren Sinn zu verstehen und diesen entweder aus uns selbst oder mit Hilfe der Unterweisung aus den Schriften zu erkennen. Unser Verstand ist allein oder mit Hilfe der Offenbarung imstande, die Tatsache, daß diese Welt eine Ursache hat, als nicht widersprechend zu begreifen, die Tatsache, daß diese Welt an sich kein Absolutes ist, daß sie noch Raum für ihren Ursprung hat, daß sie einen Grund zuläßt, der sie erhält usw. Es geht nicht gegen das Wesen der Welt, eine Grundlage, eine Quelle, eine Ursache zu besitzen; dagegen würde es dem menschlichen Verstand widersprechen, zuzugeben, daß Brahman eine noch höhere Ursache besitze, denn in diesem Falle wäre es überhaupt nicht Brahman.

Mit anderen Worten, die Tatsache der Kontingenz der Welt widerspricht nicht dem Wesen der Welt; sie ist *erstens* eine sinnvolle Aussage, ob wahr oder nicht, ob natürlich oder nicht, ob sie allein durch unsere Vernunft oder mit Hilfe einer höheren Erleuchtung gewonnen wurde. *Zum zweiten* muß sie wahr sein, da sie weder unvernünftig noch in sich widersprüchlich ist. Denn, nehmen wir an, die Welt könnte eine Ursache haben und hat sie doch nicht, so heißt das, sie sei nicht hervorgebracht, unverursacht, obwohl »Raum« für einen solchen Ursprung, solch eine Ursache besteht. Wenn sie einen Ursprung haben könnte und ihn nicht hat, so bleibt diese Möglichkeit entweder offen und wirklich, oder sie wird von der Welt selbst erfüllt, indem sie selbst ihr eigener Ursprung ist. Im ersten Falle ist die Kontingenz der Welt anerkannt, namentlich die Tatsache, daß die Welt ihren Ursprung nicht in sich selber hat; im zweiten Falle wird ein Ursprung erkannnt, nämlich die Welt selbst.

Man muß sich vor voreiligen Schlüssen hüten. Weder ist die Existenz Gottes bewiesen worden – obwohl die Grundlage für einen solchen Nachweis geschaffen worden ist –, noch ist irgendetwas über sein Wesen ausgesagt worden. Wir versuchen zu zeigen, daß die Welt entweder ihre Ursache in sich selbst hat oder daß ihr Ursprung jenseits von ihr liegt. Es ist einsichtig, daß die Welt ihre Ursache nicht in sich selbst haben kann, da wir ihre Kontingenz erkennen. Wenn wir den grammatischen Ausdruck unseres Textes untersuchen, so bemerken wir, daß diese Welt nicht als ein *idam*, sondern als ein *asya* bezeichnet wird; nicht als ein *Das*, sondern als ein *Dessen*. Der Genitiv (asya) ist eine wesentliche Eigenschaft der Dinge dieser Welt. *Seiendes* ist im vollen Sinne ›seiend‹ und nicht das Sein und zwar genau deshalb, weil es geworden ist, denn es ist eigentlich nicht ›Sein‹, nämlich *as, einai, esse*, sondern *sat, ōn, ens, idam*, oder noch besser im Genitiv: *satạh, ontos, entis, asya*. Die Seienden bedeuten ›Dinge‹, eben Seiende und nicht das Sein, denn sie *gehören* zum Sein; Seiende sind nicht autonom, sondern sie sind ›von dem‹, ›aus dem‹, ›für das‹ das Sein selbst.[55] Selbst wenn die Welt die Ursache ihrer selbst wäre, so bestünde doch ein radikaler Unterschied

[55] Vgl. *R. Panikkar*, Le concept d'ontonomie: Proceedings of the XIth International Congress of Philosophy III. Brüssel 1953, 182ff.

zwischen der *Welt* als Ursache und der (Totalität der) *Dinge* dieser Welt als etwas Bewirktes oder Verursachtes. Das heißt, ob Gott als gesondertes Wesen existiert oder nicht und was sein Wesen auch sein mag, die Kontingenz – Ontonomie – der Dinge und die Unbedingtheit ihrer möglichen Ursache müssen, wie wir zu zeigen versuchten, vernunftmäßig anerkannt werden.

Wir haben damit die nachstehende Folgerung erreicht: Diese Welt ist nicht ihre eigene Ursache. Das ist eine rationale Wahrheit, ob wir nun zu diesem Ergebnis eine Offenbarung benötigen oder nicht, wie auch das Wesen dieser Ursache beschaffen und wie immer die Welt aus der Ursache hervorgegangen sein mag, – ob durch Schöpfung ex nihilo oder durch einen Prozeß wie *avidyā* oder durch irgendeinen anderen Vorgang. Der Name dessen, von welchem der Ursprung etc. dieser Welt ausgeht, ist Brahman, und sein Wesen wird uns durch die *śruti* enthüllt. Diese beiden Aussagen vervollständigen die Lehre unseres Sūtra.

5.3 Jijñāsā: Das Verlangen nach Erkenntnis

Wir haben zu zeigen versucht, daß das Verlangen, Brahman zu erkennen, nicht nur in einer gewissen Erkenntnis von Brahman besteht, sondern daß es auch die Erkenntnis der Kontingenz der Welt einschließt. Ein sehr bedeutsames existentielles Problem bleibt aber in diesem Zusammenhang noch offen: Haben wir den Wunsch, ein X, ein Jenseitiges, ein Endgültiges, ein ›Brahman‹ zu erkennen, weil wir die Unzulänglichkeit, die Kontingenz der Welt entdeckt haben; oder wird die Kontingenz der Welt und die Unzufriedenheit damit deswegen offenbar, weil wir in uns ein überwältigendes Verlangen nach Brahman, nach dem Absoluten tragen, das uns in gewissem Sinne schon als real ›bekannt‹ ist (wenn auch »wie durch eine Brille, dunkel«). Was ist zuerst, die *Erkenntnis* (der Kontingenz) oder das *Verlangen* (nach Brahman)? Wir möchten an dieser Stelle nicht auf das Pseudoproblem eingehen, ob der Vorrang der Erkenntnis oder dem Willen gebührt, sondern wir wollen ihr inneres Verhältnis und den existentiellen Charakter der indischen Philosophie aufzeigen.

Wie bereits aus der verbalen Desiderativform des Substantivs *jijñāsā* ersichtlich ist, geht es nicht um eine Frage des Willens, Wünschens, Impulses oder einer ähnlichen, unabhängigen Fähigkeit, sondern es geht um einen Erkenntnisdrang, einen Wissensdurst. Ein solches Verhältnis könnte nicht besser ausgedrückt werden als durch das Wort *jijñāsā*: Wir müssen uns fragen, ob es sich dabei um ein *Verlangen zu erkennen* handelt oder um ein *Verlangen*, das *dem Wissen entspringt*. Ist es ein Verlangen außerhalb unserer Erkenntniskraft, das uns zu wissen antreibt, oder ein Wissen, das uns verlangen macht? Eine Sehnsucht nach Erkenntnis oder ein innerer Impuls eben dieser Erkenntnis? Es trifft offensichtlich beides zu. Wir haben schon versucht, den kognitiven Gehalt eines solchen Verlangens zu beschreiben. Jetzt möchten wir unsere Aufmerksamkeit dem eigentlichen Wesen dieses Verlangens oder dieser *desiderativen Erkenntnis* zuwenden.

Das Sūtra beginnt mit der eindeutigen Feststellung, daß solch ein Verlangen existiert: Wir besitzen tatsächlich den Drang, über alle Dinge dieser Welt gleichsam hinwegzuspringen, wobei wir eben diese Dinge als Sprungbrett zur Transzendenz verwenden. Es mag sein, daß der intellektuelle Gehalt unseres Verlangens nur gering und der kognitive Anteil sehr unbestimmt ist, der empfundene Antrieb selbst aber kann stark genug sein, uns bis an die eigentliche Schwelle seines Ziels zu bringen. Die bloße Existenz des Verlangens befähigt uns unabhängig von dem Ausmaß seines kognitiven Gehalts, den Bereich der reinen Möglichkeiten zu verlassen und in die Sphäre der Wirklichkeit einzudringen. Der kognitive Gehalt eröffnet uns nur die Möglichkeit: die Unwidersprüchlichkeit der Tatsache einer Weltursache. Das nackte Verlangen in sich ist ein wirklicher, – ja man ist versucht zu sagen – ein königlicher Weg zum eigentlichen Endpunkt jedes Verlangens, zur Wirklichkeit der Transzendenz.

Nachdem dieser Wunsch eine gründliche Untersuchung seitens der Erkenntnistheorie und der Psychologie durchlaufen hat, verbleibt noch ein ontologischer Faktor, der nur als wahrnehmbarer ›Punkt‹ der Transzendenz selbst interpretiert werden kann, als ein Punkt, wo die Transzendenz ein Echo, eine Antwort findet. Die ontologische Struktur dieses Verlangens erscheint dann als eine gewisse Gemeinschaft mit seinem Endpunkt oder Ziel. Es gibt ein Begehren nach Brahman, nicht nur, weil Brahman ruft und sich selbst sozusagen begehrenswert macht, sondern auch, weil jenes Verlangen, jener tiefste Punkt, wo das Verlangen die Grenzen der Erkenntnislehre und Psychologie übersteigt, schon Verbindung aufgenommen hat mit Brahman und tatsächlich in Kommunion mit Brahman ist. Brahman ist nicht nur das Ziel (›Objekt‹), es ist der eigentliche Grund dieses Verlangens.

Die vorausgehende Analyse dieses Wunsches zeigte uns dessen kognitiven Gehalt, aber es ist das existentielle Element, das uns zum Ziel führt. Es ist nicht nötig, Śaṅkara zu widersprechen, wenn er sagt, daß dieser Wunsch durch die *śruti* hervorgerufen wird; auch sagen wir nicht, daß es zur Erfüllung führt, was das Auslöschen des Verlangens bedeuten würde, denn nur eine existentielle Analyse des Verlangens kann seine unveränderliche Einmaligkeit deutlich machen. Eine solche dynamische Neigung unseres Wesens setzt manches voraus und schließt viele Konsequenzen ein – vielleicht sogar einen Beweis der Existenz Gottes –, aber es ist das eigentliche Verlangen als solches, was unsere Kontingenz verkörpert. Wir könnten nicht nur Brahman nicht begehren, wenn wir schon selbst wüßten, daß wir es sind, oder wenn die Welt ein Absolutes wäre, aber dieses Verlangen offenbart auch unsere eigentliche geschöpfliche Natur. Dieses Verlangen kann nicht beschrieben, nur erfahren, erlitten werden. Die Unaussprechlichkeit, welche die indische Philosophie so sehr schätzt, verdeutlicht nicht nur die Unzulänglichkeit unserer Erkenntnis, insbesondere in Bezug auf die letzten Wahrheiten, sondern sie betrifft auch die Existenz an sich, selbst die empfangene und geschaffene Existenz.

Ausgangspunkt eines Arguments zugunsten der Existenz Gottes wäre folgerichtig nicht so sehr der Gehalt einer bestimmten Erkenntnis als vielmehr die existentielle Tatsache eines fundamentalen Verlangens. Es handelt sich jedenfalls weder um einfache Erkenntnis noch um reines Verlangen, sondern um das besondere menschliche Element, genannt *jijñāsā*: den Drang zu erkennen und die begehrende Erkenntnis, alles in einem. Vernachlässigen wir einen dieser beiden Pole, so verlieren wir nicht nur die indische Perspektive aus den Augen, sondern auch die Möglichkeit einer echten philosophischen Bemühung.

5.4 Rationale und natürliche Erkenntnis

Bevor wir irgendwelche Konsequenzen aus unserer Erörterung ziehen, bleibt uns noch jenes Problem zu bedenken, das wir mit dem Vorwand beiseite ließen, daß es für unsere erste Untersuchung belanglos sei: Es geht um die Frage, ob der menschliche Geist aus eigener Kraft zu den oben genannten Folgerungen kommen kann oder nicht. Ist er auf die Hilfe der Offenbarung angewiesen, oder haben wir es hier mit einer rein rationalen oder natürlichen Wahrheit zu tun? Im letzteren Falle stünden wir einem kosmologischen Argument zugunsten eines rationalen Nachweises der Existenz eines höchsten Prinzips nahe.[56] Bevor wir weiter fortfahren, möchten wir kurz einige klassische Unterscheidungen in Erinnerung rufen. Als erste sollten wir uns an die Diskussion darüber erinnern, was mit »menschlichem Geist« gemeint ist, wobei die verschiedenen Begriffe der indischen Schulen (*manas*, *buddhi*, *citta* usw.) berücksichtigt werden. Das Hauptproblem ist, ob der ›menschliche Geist‹ als solcher fähig ist, das Absolute zu erreichen. Der Vedānta würde sagen, gemäß den Upanishaden, daß das einzige ›Organ‹, das wirklich in der Lage ist, Brahman zu erkennen, *ātman* ist – weil es letzten Endes mit Brahman identisch ist.

Ferner kann Offenbarung, hier als göttliche Enthüllung für den menschlichen Geist verstanden, entweder absolut oder relativ nötig sein. Wenn ›absolut‹, so mag der Geist die Offenbarung benötigen, weil er unfähig ist,

[56] Dieser Anspruch findet sich in der Nyāya-Vaiśeṣika-Schule; vgl. *G. Chemparathy*, An Indian Rational Theology. Introduction to Udayana's Nyāyakusumāñjali. Wien 1972. Das Problem ist eng verbunden mit der Diskussion um den Nachweis der Autorität einer Schrift (āgamaprāmānyam), in die wir hier nicht eintreten können. Vgl. jedoch *G. Oberhammer*, Die Überlieferungsautorität im Hinduismus: *ders.* (Hrsg.) Offenbarung, geistige Realität des Menschen, Wien 1974, 41–92.

die Existenz einer gewissen geoffenbarten Wahrheit zu vermuten oder ihren eigentlichen Inhalt zu verstehen. Die geoffenbarte Wahrheit übersteigt das Vermögen unseres Verstandes. Wenn ›relativ‹, so mag der Geist die Offenbarung benötigen, wenn die Wahrheit nicht als solche über der Fähigkeit des menschlichen Intellekts liegt, aber wir a) die Offenbarung *verwendet* haben, um zu dieser besonderen Wahrheit zu gelangen oder b) unser Intellekt gemäß der Natur der Wahrheit, nur ihre *Möglichkeit* begreifen konnte, aber kein Mittel hatte, ihre tatsächliche Existenz zu erkennen.

Offenbarung kann auch die existentielle Enthüllung einer göttlichen Person bedeuten, aber zum gegenwärtigen Zeitpunkt brauchen wir das nicht zu berücksichtigen. Wenn Gott existiert und wir von ihm sind, wenn Brahman Ursache all dessen ist, was existiert, dann sind der menschliche Geist und unser natürliches Verstehen eine Gabe Gottes, sind wir in ihm Teilhaber an seinem Erkennen und damit in einem weiteren Sinne auch Offenbarungsorgane. Doch wenn wir von Offenbarung sprechen, meinen wir etwas Besonderes und irgendwie von außen Kommendes, das nicht mit der menschlichen Natur als solcher gegeben ist. Es scheint außer Zweifel, daß die volle Erkenntnis von Brahman, d. h. die Erkenntnis seiner Wesenheit absolut übernatürlich ist und daher mehr als die bloße Annahme einer von außen Kommenden ›Offenbarung‹ erfordert.

Es bleibt folgendes Problem: Ist zur Erkenntnis von Brahman – nicht in seiner Wesenheit, sondern einfach als jene Ursache, aus der das Universum hervorgeht – eine Offenbarung notwendig? Oder mit anderen Worten, verlangt die Erkenntnis der Existenz eines höchsten Prinzips, das Ursprung dieser Welt ist, eine Offenbarung, oder ist sie eine natürliche Wahrheit? Wir wollen hier nicht diskutieren, ob sie tatsächlich von Gott geoffenbart wurde oder nicht. Wir befassen uns vielmehr mit der Frage, ob die menschliche Vernunft auf irgendeine Weise über diese Welt hinaus vordringen kann, um die Notwendigkeit der Existenz von Brahman – hier als dasjenige verstanden, von dem und in dem die Welt ihre Existenz hat – zu entdecken, oder ob sich die Vernunft damit begnügen muß, die Möglichkeit der Existenz und die Unwidersprüchlichkeit einer Ersten Ursache einfach anzuerkennen, nachdem sich diese selbst zu erkennen gegeben hat.

So läuft das Problem auf eine Analyse der Möglichkeiten unserer Vernunft hinaus, den entscheidenden Punkt unserer philosophischen Nachforschung. Zu Beginn sollten wir eine vollständige und geeignete Erkenntnislehre entwickeln,[57] was jedoch eine unabhängige Studie voraussetzen würde. Wir werden sie voraussetzen müssen und dem Problem, so wie es sich uns gegenwärtig stellt, begegnen, indem wir ganz einfache Begriffe verwenden.

[57] Vgl. *Śaṅkara*, BSBh II,4,6, als Zusammenfassung der unterschiedlichen Erkenntnisfunktionen wie z. B. buddhi, manas, ahaṃkara und citta.

Mit anderen Worten, was ist diese *buddhi* (die Unterscheidungsfähigkeit), durch die, wie die Upanishaden sagen, wir das Allerhöchste sehen können?[58] Offensichtlich kann bloße Sinneserkenntnis die Sinnesobjekte nicht übersteigen und daher nicht vordringen zur Existenz Gottes; doch erschöpft sich die menschliche Vernunft nicht in der Sinneswahrnehmung.

Jede philosophische Schule, selbst der Materialismus, wird akzeptieren, daß der Mensch eine höhere Form der Erkenntnis hat, die ›Vernunft‹ genannt werden könnte, welche Beziehung sie auch immer zur Wahrnehmung und zum Empfinden haben mag. Doch die bloße Anerkennung der Vernunft führt nicht unmittelbar zu einer Antwort auf unsere Frage. Die Vernunft übersteigt nicht wirklich die Sinneswahrnehmung, sondern sie ordnet sie nur und stellt die Beziehungen her.[59] Die Vernunft als reine dialektische Kraft von *anumāna* und *upamāna*, des Folgerns und Vergleichens, ist nicht imstande, sozusagen aus der Welt herauszuspringen oder in ihr Inneres einzudringen, um über und in ihr jenes höchste Prinzip zu entdecken, das wir Gott oder Brahman nennen.

Haben wir außer der Vernunft irgendein anderes geistiges Organ? Eine Beobachtung mag dazu beitragen, eine Streitfrage, die das gegenseitige Verständnis zwischen den philosophischen Systemen des Ostens und des Westens betrifft, zu klären, obwohl sie im gewissen Maße lediglich eine Angelegenheit der Terminologie ist. Der indische Begriff der *buddhi*, der mit ›Vernunft‹ übersetzt wurde, sollte nicht im Sinne der kantischen Vernunft aufgefaßt werden, sondern eher als intellectus im scholastischen Sinne. Dank des kantischen Einflusses auf moderne indische Philosophen nannte man das, was jenseits der ›Vernunft‹ liegt, entweder ›Glaube‹ oder ›Intuition‹. ›Glaube‹ wird dann als Erkenntnis des Übersinnlichen oder vielmehr des Überweltlichen verstanden, begründet auf Autorität und andere außerweltliche Ursachen; ›Intuition‹ wird andererseits als übersinnliche Erfahrung verstanden. Um jedoch den Faden unserer Reflexion nicht zu verlieren, wollen wir die semantischen Überlegungen beschränken und zu unserer Hauptuntersuchung zurückkehren.

Der strittige Punkt ist, ob es eine Art der Erkenntnis gibt, welche die transempirische Ebene erreicht, ohne einerseits Sinneswahrnehmung, andererseits eine höhere Form überrationalen Erkennens zu sein, die zur göttlichen Wirklichkeit als solcher vordringt. Oder anders gesagt, wenn die ›Vernunft‹ beinahe definitionsgemäß auf die Ebene der empirischen Welt oder auf die kantische Vernunft reduziert wird, wären wir auf eine andere Art des Erkennens angewiesen, um unsere Welt zu übersteigern. Das wäre

[58] Vgl. KathU III,12. Wir müssen hier darauf verzichten, einen Kommentar zu KathU III,3–13, zu geben, was vielleicht den indischen Schlüssel zur Lösung des ganzen Problems bietet. Vgl. auch BG III,42, VI,21.

[59] Vgl. Śaṅkaras KenUBh II,1: »Wir können nur das erkennen, was ein Objekt der Sinneswahrnehmung sein kann.«

eine Art göttlicher Erkenntnis, die uns durch die Erfahrung gegeben wäre. Sicherlich bedarf diese Erfahrung, um ›erfahren zu werden‹, eine Art höheren Organs (die *Vernunft* der deutschen Mystiker, die *buddhi* der Kaṭha Upanishad, der *ātman*, wie zuvor gesagt). In diesem Falle, kann nur der ›Glaube‹ als Zwischenstadium, d. h. die Annahme der Schriften, helfen, die Kluft zu überbrücken. Aber diese Lücke wird nicht ausgefüllt werden können, wenn uns die unmittelbare Erfahrung nicht ergreift. Im Westen ist diese Position ›Fideismus‹ genannt worden. Für eine derartige Haltung kommt schon die bloße Möglichkeit eines kosmologischen Beweises offensichtlich nicht in Betracht, da nur der Glaube das Transzendente erreicht und die Vernunft per definitionem nicht in der Lage ist, die empirische Ebene zu übersteigen.

Wir müssen hier betonen, daß dies nicht die traditionelle indische Einstellung ist, vor allem, weil die scharfe Unterscheidung von Vernunft und Glaube, wie sie der Westen kennt (die dem christlichen Einfluß zuzuschreiben ist), der indischen Philosophie fremd ist, in der sich dieses Problem in anderer Form stellt. Dennoch, wenn unsere Interpretation nicht vollkommen irrig ist, drückt unser Sūtra eine kognitive Dynamik aus, die zur Entdeckung der Kontingenz der Welt führt. Ich lasse die Frage offen, ob diese Erkenntnis *arthāpatti* (Schlußfolgerung) oder Glaube ist; auch werden wir uns nicht auf die Diskussion einlassen, ob ein höherer menschlicher ›Intellekt‹ existiert, mit dessen Hilfe wir die Existenz des Transzendenten entdecken, ohne in sein Wesen einzudringen. Es wäre jedenfalls leicht nachzuweisen, daß unsere denkende Vernunft selbst in einer besonderen rationalen Intuition gründet. Aber kann die menschliche Vernunft die Kontingenz der Welt intuitiv erschließen?

Nicht nur die Brahma-Sūtras, sondern der ganze Vedānta und fast die gesamte indische Philosophie einschließlich der sogenannten nicht-orthodoxen Systeme haben eine Vorstellung gemeinsam, die eine solche ›Einsicht‹ in Bezug auf die Welt voraussetzt; nämlich, daß *diese* Welt nicht endgültig ist, daß sie es nicht wert ist, sich an sie zu binden, da sie nicht das wirkliche Sein oder die letzte Wirklichkeit ist, weil sie weder das Prinzip noch das Ziel des Seins (oder gar der Welt selbst) ist. Diese Voraussetzung ist so weit verbreitet und stellt einen so allgemeinen Nenner des indischen Geistes dar, daß es seltsam anmutet, sie beweisen zu wollen oder auch nur in Frage zu stellen. Sie gilt als elementarste Bedingung für das Studium der Philosophie und für jede geistige – das heißt spirituelle – Bemühung, die diesen Namen verdient.[60]
Über die positive Natur dieses Prinzips und dessen Verhältnis zur Welt mag

[60] Vgl. nur einige Beispiele der zahlreichen Kommentare über BS I,1,1 (besonders Śaṅkaras); Sāṃkhya Kārikā 1; Yoga-Sūtra II,16.

es Meinungsverschiedenheiten geben, aber das »neti neti«[61] ist buchstäblich der Ausgangspunkt aller indischen Spekulation, das die absolute Unvergleichbarkeit Gottes mit der Welt zum Ausdruck bringt. Die Erfahrung oder wir könnten auch sagen, die Überzeugung von der Kontingenz der Welt, ist der Hintergrund, auf dem der größere Teil der indischen Philosophie das Problem der Wirklichkeit sieht.

Andererseits ist diese Überzeugung nicht einfach der Schluß aus einer empirischen Folgerung; sie könnte es auch nicht sein. Sie ist vielmehr das Ergebnis einer spirituellen Erfahrung. Der erste Anlaß zu einer Suche nach Brahman, das Verlangen, es zu erkennen, setzt nicht nur ein existentielles Unbefriedigtsein mit dieser Welt voraus, sondern auch die tiefverwurzelte Überzeugung von ihrer Kontingenz. Aus einer solchen existentiellen Perspektive heraus ist es offensichtlich, daß die Frage nach einem ›rationalen‹ Gottesbeweis hier nicht auf den Wegen des post-cartesianischen Denkens oder zum Teil aus der thomistischen Scholastik erwachsen kann. Diese Frage leitet sich aus der Übereinstimmung mit den mittelalterlichen und antiken metaphysischen System des Westens ab und steht in engem Zusammenhang mit der Haltung des Alten Testamentes.[62] Für die indische Philosophie hat die ›Vernunft allein‹ nur wenig Bedeutung – und dies aus zwei Gründen: 1. Die Vernunft wird nicht von dem Rest unserer menschlichen Fähigkeiten und unserer menschlichen Natur getrennt; und 2. besteht sie nicht in sich selbst, auch nicht in den höchsten Formen der Erkenntnis.

1. Wenn es die Vernunft ist, die die Existenz Gottes entdeckt, so ist dies eine Vernunft, die in einem Menschen verwirklicht ist, der einen gewissen Grad an Reinheit, Objektivität, Freiheit des Willens usw. erreicht hat.[63] Mag die Vernunft auch das Instrument sein, sie ist nicht wirksam, wenn sie nicht in rechter Weise gebraucht wird. Es ist der ganze Mensch, der sie verwendet, und er wird sie nur dann angemessen einsetzen, wenn er rein, losgelöst und verantwortungsbewußt ist.

2. Es ist möglich, daß das Licht, die Kraft, die Gott der Vernunft gegeben hat, uns befähigt, seine Existenz zu entdecken, aber es bleibt die Tatsache, daß der Mensch nicht *die Vernunft allein* empfangen hat. Schließlich ist die ›Vernunft‹ eine Abstraktion – wenn auch eine sehr reale –, und der indische Geist verachtet ihre Umwandlung in eine Substanz. Denen, die nicht an Gott glauben, sagt die indische Tradition nicht: »Frage, denke, suche mit deiner

[61] Es ist allgemein bekannt, daß das »na iti, na iti« (»nicht das, nicht das« = nicht das raum-zeitlich Erfahrene) in erster Linie auf Gott angewendet wird. Es ist tatsächlich die beste Beschreibung von Brahman. Vgl. BU II,3,6; und auch III,9,26; das neti wird auf ātman angewandt.

[62] Für die biblische Haltung siehe *C. Tresmontant,* Etudes de métaphysique biblique. Paris 1955, 161.

[63] Vgl. MundU III,1,8; KathU II,9; 20; etc.

Vernunft zu ergründen!“, sondern vielmehr: »Tu Buße, gewinne Abstand, indem du dich von der Weltumstrickung löst, suche dir einen geistlichen Meister, forsche mit deinem ganzen Wesen! Es ist nicht deine Vernunft, die schwach ist; du bist es, der krank ist.«

Wenn wir weiterhin auf der Macht der ›Vernunft allein‹ bestehen, um die Existenz des höchsten Prinzips zu entdecken, wird uns die indische Philosophie antworten: Entweder Gott existiert, und dann gibt es keine Vernunft *allein*, oder Gott existiert nicht, und dann *ist* gewiß die Vernunft allein. Aber dann kann diese alleinstehende Vernunft nicht das beweisen, welches per Hypothese nicht existiert.

Daher kann das Problem nur als epistemologische Hypothese formuliert werden: Welches ist das Instrument, mit dessen Hilfe wir die Existenz Gottes erkennen? Die Vernunft spielt unter den verschiedenen Instrumenten zweifellos eine besondere Rolle, eine sehr wichtige, denn sie macht die Struktur dieser Welt verständlich – nämlich, daß diese abhängig ist, daß sie nicht ihre eigene Ursache ist. Die Vernunft spielt jedoch zugleich eine sehr schwache Rolle, da sie beinahe nichts über das Wesen dieser Ursache aussagen kann. Vernunft, so sagt die indische Philosophie, kann an dem ihr zugewiesenen Platz nur fungieren, wenn sie auf die Schriften hört und den Glauben auf der Suche nach einer Grundlage für ein höheres Verständnis unterstützt.

6. Das kosmologische Argument

Aus all dem, was bisher gesagt wurde, könnte ein Gottesbeweis erarbeitet werden, aber der indische Geist sieht keine Notwendigkeit dafür und zieht es vor, Gott eher als Ausgangspunkt seines Forschens zu betrachten denn als dessen Endpunkt. Aus diesem Grunde üben die Eigenschaften der Immanenz mehr Anziehungskraft aus als die der Transzendenz. Gott außen zu suchen, als Transzendenz, erscheint beinahe als Verrat an dem innewohnenden Gott. Das kosmologische Argument scheint in Indien eher als kosmologische Voraussetzung gültig zu sein. Es ist nicht so sehr die Vision dieser Welt, die uns zu Gott führt, als vielmehr das Gegenteil: Das Verlangen, Gott zu erkennen, befähigt uns, diese Welt aus der richtigen Perspektive zu betrachten. Das indische Argument, wenn es ein solches überhaupt gibt, wird nicht die Form haben: Wir entdecken, daß diese Welt abhängig ist, *darum* existiert Gott als ihr Ursprung (d. h. wenn wir annehmen, daß die Kontingenz wirklich einen un-bedingten Grund benötigt); sondern vielmehr: *Weil* Gott existiert, entdecken wir die Kontingenz der Welt. Es ist weniger etwas, das wir zu entdecken haben, als vielmehr etwas, das uns die wahre Natur der Dinge entdecken läßt. Der indische Gläubige kann seinen

Glauben nicht zur Seite legen, wenn er sich mit lebenswichtigen und letzten Problemen befaßt.
Es ist möglich, daß diese Einstellung aus einer *heteronomen* Annahme hervorgeht und eine Verwechslung von Glaube und Vernunft, Theologie und Philosophie bewirkt. Heteronomie ist die Einstellung, die die göttliche Transzendenz und die Kontingenz der Welt als Tatsache betrachtet. Dennoch enthält sie in Wirklichkeit im Keim eine Vision der Dinge, die man *ontonom* nennen könnte, und die ausgewogener ist als die extrem *autonome* Auffassung der Wirklichkeit. Autonomie ist die rationale, überlegende Haltung, die annimmt, daß jedes Wesen seine eigene unabhängige Gesetzmäßigkeit hat, wohingegen die Ontonomie die extreme Opposition dieser beiden Haltungen durch eine integrierte Sicht des Seins überwindet. Für die autonome Periode des westlichen Denkens sind die Gottesbeweise wesentlich; ohne sie wird alles hinfällig. Dies gilt aber nicht für eine heteronome Kultur und Philosophie.[64] An diesem Punkt wird eine ontonome Auswertung aller Beweise notwendig.[65]
Jede Art von Beweis setzt einerseits einen Anfangspunkt A und eine Folgerung B voraus, andererseits den eigentlichen Beweis, durch den B unter der Annahme von A bezeugt wird. Es ist offensichtlich, daß die Folgerichtigkeit (epistemologisch gesprochen, die Gewißheit) von B nicht größer als die von A sein kann, denn A ist die Grundlage, auf der B beruht. Die Existenz Gottes aus der Existenz dieser Welt und vermittels unserer Vernunft zu beweisen, impliziert nun, daß wir dem Beweis selbst und der Richtigkeit unserer benötigten Mittel mehr vertrauen als der Existenz Gottes. Dies ist eine wohlbekannte syllogistische Regel.[66]
Ein wirklich Gläubiger oder jemand, der keine scharfe Trennung zwischen Glaube und Vernunft vorgenommen hat, ist existentiell unfähig, mehr Vertrauen in seine eigene Vernunft oder in die sinnlichen Beweismittel zu haben als in Gott. Er braucht und möchte keinen Beweis, da ihm das als eine

[64] Das bedeutet nicht, daß solche Auffassungen der indischen Philosophie fremd wären, wie z. B. der bereits erwähnten Philosophie des Nyāya-Vaiśeṣika. Es würde zu weit führen, die Nyāya-Vaiśeṣika-Methode unter dem Gesichtspunkt zu beleuchten, mit dem wir es hier zu tun haben. Vgl. z. B. *G. Oberhammer,* Zum Problem des Gottesbeweises in der indischen Philosophie: Numen, vol. xii, fasc. 1 (Jan. 1965), 1–34; *G. Chemparathy,* Two Early Buddhist Refutations of the Existence of Isvara as the Creator of the Universe': WZKS 12–13, 1968–1969 (Festschrift Frauwallner) 85–100; *ders.,* An Indian Rational Theology, a. a. O.

[65] In diesem Sinne muß die Fülle der Literatur zum Thema des Gottesbeweises verstanden und bewertet werden. Was die Begriffe der Hetero-, Auto- und der Ontonomie betrifft, vgl. *R. Panikkar,* Māyā e Apocalisse, 71 ff.

[66] Peiorem sequitur semper conclusio partem.

Art Blasphemie erschiene (selbst wenn solch ein Beweis unter der kulturellen und philosophischen Voraussetzung der Autonomie einen Wert hat). Er wird bestenfalls annehmen, daß die Funktion der Vernunft darin besteht, das Problem zu klären oder jenen, die dessen noch bedürfen, einen gewissen Beweis zu liefern; aber im Grunde wird er es als eine Art akademisches Experiment betrachten oder als eine Art Spiel, so wie Kinder nachahmen, was Erwachsene in der ›realen‹ Welt tun. Sehen wir nun, wie dieses ›Experiment‹ vor sich geht.

Etwas, was ich bereits zuvor in diesem Kapitel erwähnt habe, bleibt zu berücksichtigen: Zwischen der Welt und Brahman besteht eine Beziehung von Wirkung und Ursache. Zwischen der höheren Erkenntnis von Brahman und dem empirisch-weltlichen Wissen liegt die rationale und in gewissem Sinne auch naturale Erkenntnis von Brahman als Ursache dieser Welt oder, vielleicht genauer, die Erkenntnis dieser Welt als einer Welt, die Brahman als ihr Prinzip zuläßt.

Indem wir wieder auf unser Sūtra zurückkommen, können wir das Problem so furmulieren: Brahman *als solches* ist unbekannt, folglich begehren wir auch nicht nach ihm *als solchem* (nil volitum quin praecognitum). Aber es gibt einen Begegnungspunkt zwischen der Transzendenz von Brahman und der immanenten Welt. Er ist ein Übergangsstadium, das wir nicht hypostasieren oder als Substanz betrachten wollen, da es lediglich eine Relation, ein erkenntnismäßiger Halt auf unserem Weg zu Brahman ist. Zwischen den beiden Bezugspunkten, sozusagen unterhalb von Brahman und oberhalb der Welt, entdecken wir den Ursprung, die Erhaltung, die Zerstörbarkeit usw. unserer Welt. Wir beginnen unsere Reise zu Brahman auf dieser Erde und erreichen auf halbem Wege einen Treffpunkt, nämlich die Vernunft – ratio – dieser Welt: ihren Ursprung, ihre Erhaltung usw. Aber dies ist noch nicht das Ende der Reise. Wir haben gewissermaßen die Ursache dieser Welt als Ursache erreicht, aber wir haben sie noch nicht als Brahman (welches sich nicht in seiner Funktion als Ursache der Welt erschöpft) erreicht. Der Text sagt uns, daß diese Ursache nicht nur Ursache, sondern auch Brahman ist, zu dessen Erkenntnis wir nach der Mahnung anderer Vedāntatexte all unsere weltlichen Ideen und Kategorien hinter uns lassen sollen. Brahman mag zugleich die Ursache dieser Welt sein, aber das bloße Erkennen der Ursache als Ursache ist noch nicht die letzte Erkenntnis. Letztere besteht vielmehr in der Erkenntnis der Ursache nicht mehr als Ursache, sondern als Brahman. Wir haben es hier mit zwei verschiedenen Problemen zu tun: Das erste betrifft unseren Aufstieg von der Welt zu ihrer Ursache, das zweite besteht darin, diese Ursache als Brahman zu erkennen, das Höchste, Einzige und Transzendente. Es ist selbstverständlich, daß diese beiden progressiven Momente nicht zwei getrennte Dinge, sondern zwei Phasen unserer spirituellen Wanderung sind. Das Übergangsstadium ist nur eine Pause in unserem theologischen Aufstieg.

6.1 Von der Welt zu ihrer Ursache

Was läßt uns diese Welt übersteigen und uns ihrer Ursache nähern? Warum befriedigt uns diese Welt nicht, warum fühlen wir uns gedrängt, über sie hinaus zu gehen und nach etwas anderem als ihrer Basis und Grundlage zu suchen? Zwei Gruppen von ›Gründen‹ geben Antwort auf diese Frage. Die erste Gruppe betrifft unser Wissen von der Welt, die zweite Gruppe betrifft die Welt unseres Wissens.

Unser Wissen von der Welt: Wir wollen über diese Welt hinausgehen und nach ihrer Ursache suchen, weil wir entdecken, daß diese Welt kontingent ist und nicht in sich selbst den Grund ihres Seins enthält, daß sie nicht die endgültige Wirklichkeit ist. Aber unsere Erkenntniskräfte weisen uns auf ein Absolutes hin. Unsere Erkenntnis macht nirgends halt, auch nicht vor der Fülle des Seins. Zwei beinahe gegensätzliche Vorstellungen spielen hier zusammen: einerseits die Erkenntnis der Kontingenz der Welt und andererseits das Bewußtsein, daß unser Wissen etwas Absolutes voraussetzt oder postuliert. Das bedeutet, es gehört zum Wesen unserer Denkkraft, festzustellen: Entweder ist die Welt etwas Absolutes, oder das Absolute liegt jenseits der Welt. Das ist so beinahe schon aus dem Begriff unserer Vernunft selbst abzuleiten, denn das, woraus unsere Vernunft letztlich hervorgeht – oder in dem sie endet, indem sie keiner weiteren Erklärung oder Grundlage bedarf, – ist das Absolute. Das einzig ungelöste Problem ist das Wesen dieser Idee des Absoluten, über das die Vernunft sehr wenig aussagen kann. Mit einem Wort, wir gehen über die Welt hinaus, weil unser Intellekt uns immer dazu drängt, über das Erreichte hinaus zu gehen, ausgenommen dann, wenn er voraussetzt, daß es nichts ›außerhalb‹ der Welt gibt. Ob eine solche Voraussetzung logisch zu rechtfertigen ist oder eine ontologische Motivation hat, ist ein Problem, das wir hier nicht berücksichtigen können.

Die Welt unseres Wissens: Wir wollen die Welt transzendieren, weil wir entdecken, daß die Welt kein Absolutes ist. Aber weshalb entdecken wir die Kontingenz der Welt? Wir haben schon erwähnt, daß wir die Welt als das Absolute postulieren könnten, aber das wäre nur ein Streit um Worte, denn jene absolute ›Welt‹ wäre nicht diese Welt, die wir sehen und erfahren. Folglich bleibt das Problem bestehen. Die indische Spekulation würde folgendermaßen darauf antworten: Wir erfahren die Welt als kontingent, weil sie abhängig ist; wir können die Existenz einer letzten Ursache deswegen annehmen, weil eine solche Ursache existiert; und wenn wir eine solche Existenz ›nachweisen‹ wollen, so liegt das daran, daß die wahre Existenz uns dazu veranlaßt, die Welt zu transzendieren und zu sich selbst zu gelangen. Gott selbst ist die Ursache unseres Verlangens und der Antrieb unserer rationalen Dynamik. Wenn wir daher versuchen, die Existenz Gottes zu ›beweisen‹, setzen wir diese bereits voraus, denn wäre er nicht existent, so hätten wir nicht einmal den Wunsch, zu ihm zu gelangen.

Zweifellos wird der logische Verstand sagen, daß dies, obwohl es außer Zweifel steht, nicht die Existenz Gottes beweist, da das Argument eben diese Existenz voraussetzt. Die typische indische Antwort wäre: »Ich könnte meinen Gesprächspartner anklagen, in einen Teufelskreis gefallen zu sein, weil er nicht fähig wäre, die Frage, ob Gott existiert oder nicht, zu stellen, wenn dieser Gott nicht existierte. Würde Gott nicht existieren, könnte mein Gesprächspartner nicht existieren, geschweige denn fragen.« An dieser Stelle treten sowohl Meinungsverschiedenheiten wie Übereinstimmung klar zutage: Der eine entdeckt Gott als die logische Implikation und ontologische Voraussetzung der Frage nach seiner Existenz; der andere entdeckt Gott als die logische Schlußfolgerung und als das ontologische Ergebnis der Frage nach seiner Existenz. Beide Gedankengänge sind richtig, obgleich nicht austauschbar, und beide haben die gleiche formale Struktur: eine Einsicht in Gottes Existenz, abgeleitet aus den Gegebenheiten unserer tatsächlichen Erfahrung. Beide sind mehr Mittel oder vermittelnde Wege als unmittelbare Intuitionen: Der eine entdeckt Gott in der Implikation, der andere in der Schlußfolgerung.[67] Wir haben bisher durchgängig den Namen ›Gott‹ verwendet, um das Argument einfacher, lebendiger zu gestalten; aber wir befinden uns eindeutig noch im ersten Stadium auf dem Weg zur Erkenntnis der Ersten Ursache der Welt.

Die Antwort auf unsere erste Frage wäre dann: »Das, was uns dazu veranlaßt, die Welt zu transzendieren und sich ihrer Ursache zu nähern, ist Gott selbst.« Aber *wie* geschieht dies? Offensichtlich vermittels unserer Vernunft oder unseres Intellekts, wenn wir diesen Ausdruck vorziehen. Wiederum, wie führt Gott unseren Intellekt? Führt er ihn vermittels einer besonderen Erleuchtung oder mittels des natürlichen Lichtes unseres vorhandenen Intellekts? Wir können mit Sicherheit antworten, daß Gott sich des natürlichen Lichts unserer Vernunft bedient, soweit es um die Entdekkung dieser ersten Ursache geht, weil diese Wahrheit nicht jenseits der Grenzen der Vernunft ist. Aus diesem Grunde lassen wir die Frage offen, ob Gott unseren kognitiven Fähigkeiten eine besondere Erleuchtung zuteil werden läßt oder ob er uns mit unserer Vernunft und dem ihr eigenen natürlichen Licht allein läßt: das heißt, ob die *śruti* in uns das Wissen von Brahman erweckt oder ob eine besondere ›Gnade‹ erforderlich ist.

[67] Die Ost-West-Begegnung zwischen Sokrates und einem gewissen indischen Philosophen ist wohlbekannt. Der letztere fragte Sokrates nach dem Gegenstand seiner Philosophie. »Das menschliche Leben«, gab Sokrates zur Antwort. Der Weise aus Indien brach in schallendes Gelächter aus und fragte, wie man denn die menschliche Wirklichkeit kennen könne, ohne vorher die göttliche begriffen zu haben. Und tatsächlich teilte schon Sokrates' erster Schüler die Ansicht dieses indischen Denkers. Vgl. *Eusebius,* Praeparatio evangelica I,8 (bei *M. Schmaus,* Katholische Dogmatik II. München 1954, 64).

6.2 *Von der Ursache zu Brahman*

6.2.1 *Exkurs über Brahman*

Ehe wir mit unserer Erörterung fortfahren, muß eine indologische Anmerkung gemacht werden, um Mißverständnissen vorzubeugen. Im Hinduismus ist Brahman nicht eine Person und wird folglich auch nicht als persönlicher Gott, sondern als das Absolute betrachtet. Es kann daher mit Gott nur im überpersönlichen Sinne identifiziert und als Gott bezeichnet werden. Um jedoch dieses besondere Verhältnis (Brahman – Gott) in seinem eigenen Kontext zu verstehen, ist es notwendig, zuerst kurz einige Stufen in der Entwicklung des Begriffes Brahman zu erläutern und zweitens auf mehr theoretische Weise die Gründe für die Äquivalenz darzulegen, die ich in Übereinstimmung mit modernen Gelehrten zwischen Gott und Brahman feststelle, auch wenn meine Verwendung vielleicht nicht genau ihrem Sinn entspricht.[68]

Die Veden stellen Brahman hauptsächlich als geheimnisvolle Kraft dar, die dem Opfer, den heiligen Hymnen und dem Gebet (*mantra*) innewohnt, die die Götter stärkt und eine Art Grund für die ganze Existenz darstellt. Es gibt verschiedene Zugänge zu dieser Kraft, die nicht ausschließlich mit Opfer und Ritual verbunden sind; z. B. wird es im Atharva Veda mit dem *skambha*, der *axis mundi* oder mit der Stütze des Universums, und mit dem höchsten Herrn identifiziert.[69] In den Brahmanas wird Brahman bisweilen mit Prajāpati, dem Herrn der Geschöpfe, gleichgesetzt.[70] In den Upanishaden ist Brahman eng mit der Suche nach einem Urgrund, einem ersten Prinzip verbunden. »Brahman wird das Ziel genannt.«[71] In verschiedenen Upanishaden nähert man sich dem Geheimnis von Brahman mittels der upanishadischen Methode, der sukzessiven Korrelationen oder mikro-makrokosmischen Entsprechungen sowie der Identifikation zwischen kosmischen und psychologischen Wirklichkeiten. Der Höhepunkt dieser Gleichungen ist die Identifikation des *ātman* (des inneren Selbst) mit Brahman (dem kosmischen Grund). Auf verschiedenen Stufen wird Brahman mit Lebensatem,[72] Nahrung[73] und mit einer ganzen Serie von stufenweisen Identifikationen, die die

[68] Vgl. den Grundriß von *R. E. Hume* und die Einführung von *S. Radhakrishnan* zu ihrer Übersetzung der Upanishaden (*S. Radhakrishnan*, The Principal Upaniṣads. London 1953). Vgl. auch *G. G. Mukhopadhyaya*, Studies in the Upaniṣads. Calcutta 1960, 44ff. Zum Begriff »Brahman« vgl. *L. Renou*, ›Sur la notion de brahman‹: Journal Asiatique 237 (1949) 7–46; *J. Gonda*, Notes on Brahman. Utrecht 1950.

[69] Parameṣṭhin, vgl. AV X,7,17, etc.

[70] Vgl. SB XI,2,3,1, etc.

[71] MundU II,2,4.

[72] Vgl. KausU III,2; BU III,9,9; VI,1,13 (CU V,1,13); etc.

[73] Vgl. TU II,2; III,7–9; III,10,6; MaitU VI,12–14; CU VII,9,2, etc.

Chāndogya Upanishad angibt, gleichgesetzt.[74] All diesen liegt die Idee des Alls,[75] der Wirklichkeit aller Dinge,[76] der Wirklichkeit des Wirklichen,[77] des Unvergänglichen,[78] des Einen[79] zugrunde.

Eine Analyse würde zeigen, daß das Ziel dieser Suche das absolute Sein war und zwar nicht im abstrakten Sinne, sondern in enger Beziehung zur Erfahrung. Weil nun die Frage nach dem Sein immer ihren Ausgang von einer Analyse des Seienden nimmt und Seiendes in seiner Beweglichkeit auf die eigene ›Nichtdauer‹ hinweist, mußte Brahman auch das ›Nicht-Sein‹ umfassen.[80] All diese verschiedenen Annäherungsversuche an Brahman können als Hinweis auf das Geheimnis des Absoluten aufgefaßt werden.[81]

An diesem Punkt stellen sich zwei wichtige Probleme: das *erste* betrifft das Verhältnis zwischen Brahman und *ātman*. Obwohl dieses wichtige Verhältnis unsere Fragestellung nicht direkt betrifft, gibt es Anlaß zu einer vergleichbaren Frage. *Ātman*, das Ziel der inneren Suche, der innerste Geist oder das Selbst im Menschen, wurde im Laufe der Zeit mit Brahman, dem Urgrund des Seins, gleichgesetzt.[82] Jedes dieser beiden ist in seiner eigenen Sphäre endgültig und in gewisser Weise nicht reduzierbar auf etwas anderes, das eine im anthropologischen, das andere im kosmischen Bereich. Die Entdeckung dieser Identität war eine der sublimsten Höhen, die die indische Philosophie erreicht hat, und der Eckstein des Advaita-Vedānta,[83] obgleich es an dieser Stelle unmöglich ist, das weiter auszuführen.

Dennoch ist es nicht die einzige schöpferische Spannung im indischen Denken. Das *zweite* Problem ist, obwohl es weniger laut und nachdrücklich diskutiert wurde, nicht weniger wichtig als das erste und ebenso folgenschwer. Es ist die Frage nach dem Verhältnis zwischen Brahman und Gott. Beide Namen stehen für die gleiche Endgültigkeit, sie scheinen jedoch unterschiedliche Funktionen aufzuweisen. Brahman steht am Ende philosophisch-theologischer Überlegungen an der Grenze des Intellekts oder gerade dahinter, wobei er wesentlich immanent ist. Gott andererseits ist das Ziel und der ›Gegenstand‹ menschlicher Verehrung und Liebe. Die beiden

[74] CU VII; diese Reihe lautet: Name, Wort, Geist, Absicht, Gedanke, Meditation, Weisheit, Kraft, Wasser, Licht, Raum, Erinnerung, Hoffnung, Leben.

[75] CU VI,12,3; BU I,4,10; PrasnU IV,10–11, etc.

[76] Vgl. CU VI, 1,3–6.

[77] Satyasya satyam, BU II,1,20.

[78] MundU II,1,2; SU V,1; BU III,8,8, etc.

[79] BU III,9,1–9; MaitU VI,17; MandU 7.

[80] CU VI,2,1; TU II,7.

[81] Unsere Ausführungen können das Problem nicht erschöpfen, sondern sie sind nur als eine Einführung gedacht.

[82] Vgl. BU II,5,19; IV,4,25; CU VIII,14,1, etc.

[83] Vgl. O. *Lacombe*, L'Absolu selon le Vedānta. Paris 1937.

Namen beziehen sich letztlich auf eine Einheit, weil unser Wille und unser Intellekt nicht vor der absoluten Einheit stehenbleiben kann. Aber der Gott unserer Verehrung kann nicht nur Daseinsgrund und bloße Existenzbedingung sein – er muß auch eine Person, ein Subjekt, ein ›Ich‹ sein.

Was wir hier der Einfachheit halber als ›Gott‹ bezeichnen, hat im Laufe der Entwicklung der vedisch-upanishadischen Religion auf verschiedene Art und Weise Ausdruck gefunden. Neben der sogenannten »henotheistischen« Einstellung des Rig-Veda sind die zwei Symbole, die am meisten zur Gottesvorstellung beigetragen haben, der Purusha der späten vedischen Periode[84] und Prajāpati, der Herr der Seienden in den Brāhmaṇas. Als die üppige vedische Götterwelt von der Bühne verschwand, erschien sowohl die Einzigkeit Gottes als auch die Absolutheit von Brahman. Nach den Aussagen über Brahman in den ältesten Upanishaden, gegenüber einer Vielzahl von Göttern, gab es in der Kaṭha, Muṇḍaka und Śvetāśvatara-Upanishad eine entsprechende Bewegung zugunsten eines Gottes.[85] Obwohl nicht sehr oft zwischen Gott und Brahman unterschieden wird, erscheint Gott hier als von Brahman unterschieden und wird sogar seine Quelle genannt.[86] Wir werden auf diese Verbindung im Zusammenhang mit dem Begriff Īśvara zurückkommen.

Die moderne Forschung diskutiert dieses doppelte Problem noch immer.[87] Brahman ist das Endgültige, aber Gott wäre nicht von Bedeutung, wenn er nicht auch das Absolute und das Endgültige wäre. Nun scheint ihr Wesen – wenn wir so sagen dürfen – sehr verschieden zu sein. Das eine ist abstrakt, allgemein, gleichsam alles von unten durchdringend, allen gemeinsam und die Voraussetzung für alles, was ist; der andere ist konkret, persönlich, allumfassend, gleichsam von oben, zur Einheit aufrufend, aber dennoch transzendent, das Ende und Ziel von allem, was ist.

Das indische Denken setzt Gott mit Brahman gleich, obwohl ihre charakteristischen Eigenschaften sich nicht zu decken scheinen. Schließlich werden die Eigenschaften des Endgültigen uns nur durch unsere eigene Weise des Erkennens übermittelt. Die gleiche Kritik, die gegen eine übereilte Identifikation zwischen Brahman und *ātman* vorgebracht werden kann, trifft jedoch

[84] Vgl. RV X,90 etc. Vgl. *J. Gonda*, Viṣṇuism and Śivaism. A Comparison. London University (School of Oriental and African Studies) 1970, besonders das Kapitel »The Gods' Rise to Superiority«, 25–33.

[85] Vgl. die ausgezeichnete Beschreibung des puruṣa in MundU II, 1,2. Vgl. auch SU 1,8; V,5–6, etc.

[86] Vgl. MundU III,1,3.

[87] Vgl. *S. N. Dasgupta*, A History of Indian Philosophy, vol. I (1951), 42ff., auch *R. D. Ranade*, A Constructive Survey of Upanishadic Philosophy. Poona 1926; *J. Gonda*, The Concept of a Personal God in Ancient Indian Religious Thought: Selected Studies, vol. IV. Leiden 1975, 1–26.

auch auf eine zu einfache Gleichsetzung von Brahman und Gott zu. Ich möchte eine weitere Unterscheidung von fundamentaler Bedeutung einführen und versuchen, einiges Licht auf dieses Problem zu werfen:
Von einem essentialistischen Standpunkt aus, können wir der zuvor erwähnten Kritik zustimmen, die in der scholastischen Formulierung des Westens folgendermaßen ausgedrückt werden kann: Wenn Brahman irgendwie das »ens commune« ist, die Dasheit alles Seienden, das universelle Fundament und die ursprüngliche Bedingung aller Dinge, kann es nicht mit dem »ens realissimum« gleichgesetzt werden, dem lebendigen Gott, der Quelle alles Seinenden, der absoluten Realität, die nicht nur *in* allem ist, sondern auch *über* allen Dingen ist. Dieses Problem erfordert eindeutig eine unabhängige Untersuchung, jedoch sei wenigstens folgende Bemerkung gemacht.[88]
Obwohl wir uns davor hüten sollten, die Metaphysik auf die Anthropologie und erst recht auf die Psychologie zu reduzieren, so besteht doch zweifellos eine enge Verbindung zwischen den drei Disziplinen. Unsere Denkweise und unsere Untersuchungsmethoden sind nicht nur von der Natur des Gegenstandes bedingt, sie werden auch durch die anthropologische Struktur des Subjektes bestimmt. Es scheint dann so zu sein, daß unsere Erforschung des Absoluten zwei verschiedene Ausrichtungen haben kann, da der Gegenstand, den man sieht, je nach dem beschrittenen Weg verschieden ist. Vom metaphysischen Standpunkt aus sind die Upanishaden eines der Meisterwerke menschlichen Denkens auf der Suche nach dem Weltengrund, der Grundlage des Universums, nach der »Wahrheit des Wirklichen« (*satyasya satyam*). Aber die Suche kann auf zweierlei Weise durchgeführt werden: Wir können nach dem Grund, dem Absoluten, der Stütze suchen, oder wir können nach dem Ende, dem letzten Ziel, dem Höhepunkt suchen. Wir sind mit anderen Worten konstitutionell darauf festgelegt, dieses Prinzip entweder unten, unter den Grundstrukturen, die allen Wesen gemeinsam sind, zu suchen oder oben, am End- oder Höhepunkt alles Seienden. Ich spreche hier nicht nur von Immanenz und Transzendenz, obwohl das, was ich sage, eine gewisse Beziehung zu diesen beiden Kategorien haben mag. Immanenz oder Transzendenz beziehen sich auf den Gegenstand, während ich hier vorschlage, die zwei verschiedenen Methoden zu beschreiben, von denen das Subjekt, der Mensch, auf seiner Pilgerschaft zum Sein ausgehen kann. Ich will diese zwei Forschungsmethoden etwas eingehender beschreiben.
Die eine wird im allgemeinen so vorgehen, daß sie nach dem sucht, was allen Dingen der Welt gemeinsam zukommt und an dem alle teilhaben. Alles, was

[88] Vgl. die Philosophien von *K. Jaspers, M. Heidegger* u. a. Vgl. auch innerhalb der scholastischen Philosophie: »In verità l'Essere ci si presenta sempre come il fondamento assoluto di tutti gli oggetti e come ciò, che non può essere ridotto ad og-getto.« *J. B. Lotz,* Mythos, Logos, Mysterion: Il problema della demitizzazione. Rom 1961, 121.

ist, *ist*, und dieses ›*Sein*‹ ist alles, was ist. Jedes Wesen ist ein Seiendes, weil es ein Teil, eine Manifestation (*vivartavāda*), oder eine Umwandlung (*pariṇāmavāda*) jenes ›Seins‹ ist. Jenes *Sein* ist der Ursprung von allem, weil es alles *ist*. Alles, was ist, ist nichts als jenes; einige Griechen würden hier von der ersten Materie sprechen, und die Philosophen der Upanishaden nannten es Brahman. Alles, was wirklich ist, ist nur dieses Substrat, denn nur dieses Substrat ist allen gemeinsam. Dieses ist wirklich das All und der wahre Grund aller Dinge.[89] Was immer ein Wesen sein mag, es ist nur, insofern es Sein ist, Brahman, das Substrat von allem.[90] Der anthropologische Durst nach Einheit und die psychologische Neigung zur Immanenz mögen zwei wichtige Faktoren auf der Suche nach dem Weltengrund als der gemeinsamen Basis aller Wesen sein.[91] Wir finden auch eine gewisse weibliche Tendenz in dieser Vorstellung von Brahman, als ›Matrix‹ und Mutterschoß alles dessen, was ist.

Die zweite Vorgehensweise zeigt entgegengesetzte Merkmale. Das menschliche Verlangen nach Erhabenheit und seine psychologische Ausrichtung auf die Transzendenz sind hier die dominierenden Faktoren. Was hier gesucht wird, ist eher ein Prinzip der Verschiedenheit als der Identität. In dieser Vorstellung von Gott als Vater, Schöpfer, aktives Prinzip findet sich ein gewisser maskuliner Zug.

Die zweite Methode bedeutet die Suche nach der letzten Wirklichkeit nicht von unten, sondern von oben. Was allen Wesen gemeinsam ist, wird nur das allgemeinste sein, nämlich nur eine äußerliche Ähnlichkeit, die es uns gestattet, ähnlichen Dingen den gleichen Namen zu geben; tatsächlich ist jedoch jedes Wesen einmalig, und in der Tat gibt es kein gemeinsames Sein bzw. keine ›erste Materie‹, an der alle Dinge teilhaben und durch die sie bestehen.

Das Endgültige, das ich zu beschreiben versuchte, ist nicht nur Transzendenz; es ist auch Ursprung, Prinzip, Ursache, das Anderssein, das alle anderen Wesen erhält und hervorbringt. Wenn Brahman das *Eine* ist, ist Gott der *Andere*. Die Rückkehr aller Wesen zum Absoluten wird nicht als Auflösung jeglicher Individualität betrachtet, wie dies der Fall ist bei der

[89] Vgl. AV X,8,2. Vgl. *M. Eliade*, Yoga. London 1958, 115 et passim. Über skambha in der AV vgl. auch die interessanten Bemerkungen von *E. A. Solomon*, Summaries of Papers, Submitted to the XX Session of the All-India Oriental Conference. Bhuvaneswar 1959, 22–23.

[90] Im maṇḍala und yantra symbolisiert der Mittelpunkt (bindu) den undifferenzierten Brahman. Vgl. *M. Eliade*, a. a. O. 219; *G. Tucci*, The Theory and Practice of the Mandala. London 1961.

[91] Vgl. in Gauḍapāda, Āgamaśāstra III,3,9, den berühmten Vergleich, der sich auf einen von Krügen begrenzten Raum bezieht, der, wenn die Krüge zerbrochen sind, wieder zu dem leeren großen Raum wird, der er vor der Begrenzung durch die Krüge war (ähnliches ereignet sich mit den jīvas, den Seelen, und ātman).

Verschmelzung mit Brahman, sondern als eine Gemeinschaft mit Gott, eine Auferstehung aller Dinge der Erde, da der Weltengrund nicht eine tieferliegende und prä-existierende Identität, sondern eine erhabene Gemeinschaft ist, die erreicht werden soll.

Die erste Methode ist besonders auf Identität, Immanenz und Einheit ausgerichtet, die andere mehr der Verschiedenheit, der Transzendenz, des Andersseins bewußt. Der indische Geist ist weitgehend geneigt, nach Identität zu suchen; der semitische Geist andererseits betont charakteristischerweise die Einmaligkeit jedes Wesens und die Unterschiede zwischen den Wesen. Die erste, typisch indische Geistesart lotet die Tiefen des Seins aus, um die Wahrheit zu finden; die zweite ist nach oben gerichtet und sucht die Wahrheit in den erhabensten Höhen. Unterschieden gegenüber blind zu sein wäre ebenso einseitig wie der Identität gegenüber blind zu sein. Es gehört zu den Aufgaben einer reifen Philosophie, die beiden Tendenzen im Gleichgewicht zu halten, ebenso tief wie erhaben zu sein und ebenso hoch wie tief zu schauen.

Mit einem Wort, die Vorstellung von Brahman stimmt kaum mit der von Gott überein; die beiden Begriffe sind beinahe so gegensätzlich wie reine Potenz und reiner Akt. Aber selbst wenn wir einsehen, daß das Absolute jede Vorstellung übersteigt, sind unsere Gedanken darüber nicht belanglos, solange wir in dieser zeitlichen Welt leben.

Darüber hinaus werden kaum zwei Konzeptionen des Absoluten, die verschiedenen Traditionen entstammen, übereinstimmen. So sind z. B. die muslimische und die christliche Gottesvorstellung in vielen Punkten sehr ähnlich, unterscheiden sich aber wesentlich aufgrund der christlichen Lehre, von der Trinität Gottes, die den Glauben an Christus als Gottes Sohn möglich macht. Auch innerhalb des Christentums gibt es Unterschiede, wie etwa zwischen der thomistischen Gottesvorstellung und der von Duns Scotus; Leibniz und Descartes unterscheiden sich, wie jedes andere Paar von Denker aus verschiedenen metaphysischen Schulen. A fortiori ist auch die Vorstellung von Brahman nicht das theistische Gottesbild.

Von einem vitalen und existentiellen Standpunkt aus gesehen, weisen beide Konzeptionen, die von Brahman und die von Gott, auch wenn sie verschieden sind und selbst wenn eine falsch wäre, auf die gleiche Wirklichkeit hin (die Sein, letzte Wahrheit, das Absolute ist). Das Brahman, welches als passiv, nicht-aktiv, allem zugrunde liegend betrachtet und als Ursache dieser Welt erkannt wird, mag einer philosophischen Analyse nicht standhalten. Es mag uns andererseits auch zwingen, unsere Gottesvorstellung zu ändern. Trotzdem weist es sicherlich auf die gleiche Wirklichkeit hin, die die andere philosophische Tradition ›Gott‹ nennt. Ebenso mag Gott, der als Schöpfer, aktiv, transzendent, männlich und als Erhalter der Welt betrachtet wird, den Einwänden philosophischer Spekulation, seien sie alt oder modern, ausgesetzt sein. Es mag notwendig sein, daß wir unsere Konzeption seines Wesens grundlegend revidieren müssen. Dennoch weist die ›Gottes‹-Vorstellung ohne Zweifel auf dasselbe Mysterium hin, das die andere Tradition ›Brahman‹ nennt.

Tatsächlich ist es so, daß wir, wenn wir zur res significata, wie Thomas von Aquin sagen würde, vordringen und die oben genannte existentielle Ebene, die alle Vorstellungen übersteigt, erreichen wollen, uns bereits in diesem Absoluten vorfinden würden, das die endgültige Wirklichkeit und ihr Mysterium ausmacht. Man kann darüber aber nur sprechen, indem man Worte verwendet, die vom jeweilig Hörenden je nach der kulturellen Herkunft der Person verschieden verstanden werden. Es bleibt jedoch sicher, daß die verschiedenen Begriffe, die wir diskutiert haben, auf die letzte Wirklichkeit hinweisen, obwohl sie, wie wir gesehen haben, nur unzureichend sein können. Diese Wirklichkeit wird von keinem Begriff ganz erreicht, denn sie ist unerschöpflich, und Begriffe sind begrenzt und endlich. Gerade die Unendlichkeit der letzten Wirklichkeit gestattet auch ›fehlgeleitete Raketen‹, die ihr Ziel ontologisch verfehlen.

Aus diesem Grunde, glaube ich, sind wir berechtigt, die philosophischen Unterschiede, die zur Wesensordnung gehören, auszugleichen und unsere Suche nach der Natur und Funktion der letzten Wirklichkeit, die die indische Tradition Brahman nennt, fortzusetzen.[92] Schließlich werden wir nur aus einer lebendigen Tradition heraus zu ihrem Fortschritt beitragen. Dies gilt sowohl für die hinduistische als auch für die christliche Tradition.

Selbst auf der rein theoretischen Ebene ist das Problem weit davon entfernt, ausschließlich zugunsten der einen der beiden gegensätzlichen Vorstellungen gelöst zu werden. Selbst innerhalb der indischen Philosophie gibt es eine lebhafte Diskussion um den Begriff Brahman, und es wäre willkürlich, Brahman lediglich als undifferenziertes Sein zu definieren.[93]

Brahman ist nicht nur eine unbestimmte Grundlage, immanent und unbewußt; es ist auch höchstes Bewußtsein, das Transzendente.[94] Die *jñānins* (Lehrer der Erkenntnis) mögen Brahman, die *bhaktas* (Lehrer der Liebe) Gott entdeckt haben; doch erst dann kommt es zur Entdeckung der Beziehung von Brahman und Gott, die in gewisser Hinsicht genauso wichtig

[92] Ich möchte der bemerkenswerten Studie von *R. C. Zaehner*, At Sundry Times. London 1958, zustimmen bis auf die Interpretation des Advaita, den er mit einem monolithischen Monismus gleichsetzt. Ich glaube, daß der Advaita-Vedānta trotz seiner monistischen Gefahren – was für viele seiner Vertreter zutrifft – eine tiefere Wahrheit enthält, über die man nicht zugunsten eines unqualifizierten Theismus hinwegsehen sollte. Die christliche Trinität ist mehr als nur reiner Theismus. Gott ist dort nicht nur *eine* Person, doch nur *ein* Gott.

[93] Die Thematik von dem saguṇa- und nirguṇa-Brahman ist uns zur Genüge bekannt.

[94] Neben den vorangegangenen Darstellungen vgl. TU II,6; CU III,12,6; KathU IV,9; VI,13; MaitU VI,22; MundU II,2,8; SU I,13; BU IV,4,20; KenU II, etc.

ist wie die klassische indische Identifizierung von *ātman* und Brahman. Der persönliche Gott ohne das Gegengewicht von Brahman dürfte leicht zum anthropomorphen Idol werden. Das überpersönliche Brahman ohne seine ergänzende Erscheinung als Gott wird sich leicht in die bloße Abstraktion des ens commune auflösen. Wir glauben, die indische Weisheit bietet hier ungeheure Möglichkeiten, das Verständnis des Absoluten zu vertiefen.[95] Es ist genau die berühmte Pascalsche Unterscheidung zwischen dem Gott der Philosophen und dem Gott Abrahams, Isaaks und Jakobs, die man in Indien seit jeher zu überwinden versucht hat. Vor langer Zeit begannen die Upanishaden das Problem der Vereinigung zu diskutieren, das mittelalterliche indische Denkschulen mit erneuerter spekulativer Kraft aufgegriffen haben.[96] Es kann in der Tat nicht einen Gott für fromme Gläubige und einen anderen, einen Weltgrund für Philosophen, geben. Die Menschen können sich mit einem amorphen Brahman nicht zufrieden geben: Sie wollen auch ein lebendiges Brahman, reines Bewußtsein, vollkommene Seligkeit und höchstes Wesen – nicht als eine Art Gesamtsumme allen Seins, sondern als dasjenige, welches, obwohl es in allem ist, nicht einfach in ›alle Wesen‹ aufgelöst werden kann.[97]

Hat die indische Philosophie diese Synthese verwirklicht? Es ist hier nicht unsere Aufgabe, diese Frage zu erörtern, aber ich möchte daran erinnern, daß innerhalb des Christentums nicht einmal Thomas von Aquin völlig erfolgreich war, als er sich streng philosophisch bemühte, die Einheit zu realisieren zwischen einem aristotelisch-philosophischen Gott (dem ersten Beweger, der letzten Ursache und einem absoluten Sein ohne Beziehung zur Welt) und einem lebendigen Gott, der sich um die Menschen sorgt und die Welt so sehr liebt, daß er das ewige Wort, seinen eingeborenen Sohn, sandte, um sie zu retten.

Zusammenfassend könnte man sagen: Brahman und Gott sind materialiter die gleiche Realität, aber formaliter voneinander verschieden. Sie weisen beide auf dieselbe höchste Wirklichkeit, aber von zwei verschiedenen Standpunkten aus. Die Darstellung des Absoluten ist dabei grundlegend verschieden: Wir können die beiden Vorstellungen einander nicht gleichsetzen. Dennoch werden wir, wenn wir uns der oben geschilderten Doppelper-

[95] Vgl. *O. Lacombe*, L'Absolu selon le Vedānta. Paris 1937; *H. Jacobi*, Die Entwicklung der Gottesidee bei den Indern. Bonn-Leipzig 1923. *N. Macnicol*, Indian Theism. London 1915 (Delhi 1968); *J. Gonda*, Viṣṇuism and Śivaism. London Univ. 1970.

[96] Neben den verschiedenen Schulen des Vedānta und Nyāya-Vaiśeṣika möchten wir die bedeutende und einflußreiche Schule des Kashmir-Śivaismus und die anderen Bhakti-Schulen erwähnen. Vgl. auch *J. E. Carpenter*, Theism in Medieval India. London 1921.

[97] Vgl. die berühmte Textstelle der Gītā, BG IX,4–5; Vgl. auch VII,12.

spektive bewußt sind, verstehen, daß beide Sprachen trotz ihrer Unterschiede von derselben Sprache sprechen. Da beide das Absolute ausdrücken wollen, findet sich in beiden Betrachtungsweisen eine innere Dialektik, die auf den ergänzenden Aspekt hinweist. Der Begriff Brahman braucht den ›konkreten‹ Aspekt, und dies bringt den Begriff des Īśvara hervor mit den damit verbundenen Problemen. Andererseits ist es nicht ausreichend, Gott lediglich als obersten Herrn zu betrachten; an dieser Stelle stoßen wir auf die philosophische Diskussion um Gott und auf das philosophische Problem des ›Gottes der Philosophen‹. Es kann sein, daß die andauernde und tiefgreifende Untersuchung des Wesens des Absoluten eines der wichtigsten Ergebnisse der gegenwärtigen Begegnung der Philosophien und Kulturen ist. Ich füge, um Mißverständnisse zu vermeiden, hinzu, daß man bei jeder Bemühung, ein Verhältnis zu erhellen, gezwungen ist, die Bedeutung der Worte bis zu ihrer äußersten Grenze zu beanspruchen. Gott und Brahman sind nicht nur zwei Perspektiven des ›gleichen Dings‹, denn sowohl Gott als auch Brahman enthält die jeweilig andere ›Perspektive‹. Wir können ›sie‹ zwei Weisen, über ›das gleiche‹ zu sprechen, nennen, wenn wir die Sprache als zur Realität, ›von der sie spricht‹, zugehörig auffassen. In der abschließenden Analyse schlage ich nicht eine Synthese, sondern eine Verstehensmöglichkeit vor.

6.2.2 Der letzte Schritt des Argumentes

In der ganzen Geschichte der indischen Philosophie finden wir Argumente, die beweisen, daß ohne die Schriften die Wirklichkeit von Brahman nicht »erkannt« werden kann.[98] Um die Ursache der Welt mit dem Absoluten zu identifizieren, sind wir auf einen weiteren Erkenntnisschritt angewiesen. Auch wenn die meisten der erwähnten Überlegungen gebilligt würden, könnten sie noch keinen Beweis liefern. Die erste Ursache ist irgendwie göttlich, aber wenn Gott etwas mehr sein soll als eine Beziehung zur Welt, so müssen wir noch weiter forschen. Wir haben z. B. noch nicht einmal bewiesen, daß die Ursache dieser Welt eine einzige ist oder daß sie keine Entsprechung zu dem hat, was wir ›Ursache‹ in der empirischen Welt nennen. Wir werden uns hierbei nicht aufhalten, da wir glauben, dies könnte leicht bewiesen werden mit Argumenten, die den unsrigen gleichen. Alle empirischen Ursachen treffen in einer Ursache zusammen oder gehen von einer einzigen und höheren Quelle aus, die man letzte Ursache nennen kann. Ernsthafter ist die Frage, ob diese einzige und höchste Ursache mit dem absoluten und transzendenten Brahman identisch oder von ihm verschieden

[98] Vgl. *Sara Grant*, Śaṅkara's Conception of Śruta as a Pramāna: Research Seminar on Non-Biblical Scriptures, 340–359; *Tilmann Vetter*, Die Funktion von Zentralsätzen der vedischen Offenbarung im System Sarvajñātmans: Offenbarung, geistige Realität des Menschen, 121–132.

sei. Die Begriffe: Ursache der Welt, Demiurg, erster Beweger, Schöpfer, göttliche Kraft, Īśvara – um den verschiedenen philosophischen Vorstellungen entsprechend verschiedene Benennungen anzuführen – stehen, obwohl sie nicht gleichbedeutend sind, für das Prinzip der Welt, aber nicht für das Absolute *als solches.* All dies ist in der Vorstellung des Vedānta noch nicht Brahman, und unser Text sagt aus, daß Brahman *dasjenige* ist, *von welchem* das ganze Dasein dieser Welt ausgeht. Es bleibt zu prüfen, ob diese Ursache absolut mit Brahman identifiziert werden kann.

Wir kennen den philosophischen Beweggrund dafür: Wenn wir Brahman ohne jede Unterscheidung gleichsam für diese Welt verantwortlich machen, wenn wir es mit dieser Welt verketten, wird es schwierig sein, seine Transzendenz und gar seine Absolutheit aufrechtzuerhalten. Ein abhängiges Brahman, ein relatives Absolutes sind Widersprüche in sich im Rahmen einer *ātmavādin*-Ontologie. Andererseits würde eine vollkommene Unverbundenheit Brahman überflüssig, wenn nicht gar unvorstellbar machen, und dies würde allem widersprechen, was wir bisher gesagt haben, (insbesondere unserem Sūtra). Nichts kann über etwas ausgesagt werden, das nicht in Beziehung zu uns und zur Welt, in der wir leben, steht.

Einige vedāntische und thomistische Schulen haben diese Gefahr zu umgehen versucht, indem sie behaupteten, daß die Beziehung von Gott als der Ersten Ursache zur Welt nicht wirklich sei, daß die Wirklichkeit der Wirkung und ihren Varianten sich nicht auf die Einfachheit und Unabhängigkeit der Ursache auswirke, daß die göttliche Ursächlichkeit gerade von jenem einmaligen Typ sei, bei welchem die Abhängigkeit nur einseitig sei. Tatsächlich geht diese Theorie schon über den Dualismus hinaus und öffnet die Türe für eine advaitische Lösung; sie ist insofern der am wenigsten angreifbare philosophische Versuch.[99] Die monistische Stellungnahme andererseits versucht das Problem dadurch zu lösen, daß sie jede Art von Dualismus ablehnt, der die ausschließliche Wirklichkeit von Brahman entstellen könnte, obwohl sie damit einen neuen Dualismus schafft.

Tatsächlich können weder Dualismus noch reiner Monismus diesem Problem gerecht werden. Der Dualismus öffnet eine Lücke, die er nachher nicht überbrücken kann. Der Monismus vereinfacht die Streitfrage so sehr, daß er das Kind mit dem Bade ausschüttet und das Problem eliminiert, statt es zu lösen. Das bringt uns zu dem fast unvermeidbaren Paradox, das beinahe alle theologisch-philosophischen Schulen auf irgendeine Weise formuliert haben: Es gibt Identität und Verschiedenheit, beides in einem und dennoch wirklich. Die harmonische oder genauer widerspruchslose Synthese beider Perspektiven ist der Prüfstein echter Metaphysik. Doch zuerst wollen wir die beiden entgegengesetzten Aspekte des Problems beschreiben.

[99] Es erübrigt sich, in Erinnerung zu rufen, daß dies genau der thomistischen Position innerhalb der scholastischen Philosophie entspricht.

Es gibt Identität, denn wenn Brahman oder Gott oder das Absolute – drei Begriffe, die wir im Augenblick als synonym betrachten wollen – mehr ist als ein leeres Wort, kann es außerhalb seiner nichts geben. Die erste Ursache ist definitionsgemäß das äußerste, was unsere Denkkraft formell auf der metaphysischen Ebene erfassen kann. Entweder gibt es eine Erste Ursache, und diese Erste Ursache ist Brahman, oder es gibt überhaupt keine Erste Ursache. Oder umgekehrt, entweder Brahman ist die Erste Ursache, oder es gibt keinerlei Brahman. Wenn beide für sich und ohne jede Art von Beziehung nebeneinander bestehen könnten, wäre Brahman für uns ohne jeden Sinn. Es wäre nicht Erste Ursache und hätte weder mit der Welt etwas zu tun noch mit der Ersten Ursache. Es könnte nicht einmal als transzendent betrachtet werden; es gäbe nirgends Raum dafür, weder erkenntnismäßig noch seinsmäßig. Das heißt, alles, was wir je wissen können, ist in der Ersten Ursache enthalten: Könnten wir darüber hinausgehen, wäre es nicht mehr die *erste* Ursache. Ferner erschöpft sich alles Sein in der Ersten Ursache: Ein »Überwesen« wäre entweder eine andere Art von Wesen und damit in der Ersten Ursache enthalten, oder es stände mit dem ›Sein‹ in Verbindung, und dies wäre gegen unsere Voraussetzung. In solchem Falle wäre die Erste Ursache nicht länger Erste Ursache, noch wäre Brahman ohne Beziehung zu dieser angenommenen Ersten Ursache.
Andererseits *gibt es Verschiedenheit*, denn wenn die Erste Ursache nicht nur Erste Ursache und nichts sonst wäre – nämlich ›auch‹ Brahman – hätte sie nur im Hinblick auf weltliche Wesen eine Art ontologischer Priorität, aber sie wäre ontologisch von ihnen verschieden: Sie wäre ganz einfach ihre Ursache. Diese Ursache wäre nur der Herr *der* Welt, sie wäre aber nicht Brahman *in sich*. Wäre die erste Ursache nicht von ganz anderer Art als die Welt, könnte sie nicht Merkmale wie Vollkommenheit, Einfachheit, Unabhängigkeit und ähnliches besitzen, die von einer ersten Ursache gefordert werden. Wenn die erste Ursache nur das erste Glied in einer Kette von Kausalität wäre, warum sollte man dort aufhören? Was macht dieses besondere Glied zum absolut ersten? Was läßt uns annehmen, daß es keine vorhergehenden Glieder gibt? Die einzig mögliche Antwort muß den Wert der Metapher leugnen und aussagen, daß die erste Ursache *anderer* Art ist als ihre Wirkungen und deswegen *mehr als* nur *erste* Ursache. Mit anderen Worten, das An-erster-Stelle-Sein ist nicht eine numerische, sondern eine transzendente Eigenschaft. Das Wesen der ersten Ursache ist reicher und übersteigt die kausale Funktion: Sie besitzt ein eigenes, besonderes Wesen, hat eine andere Seite, die wir nicht kennen, und kann nicht einfach auf das Ursache-Sein reduziert werden. Die erste Ursache *in sich selber* und nicht nur *als Ursache* ist Brahman. Die Wirklichkeit, die die erste Ursache darstellt, erschöpft sich nicht in ihrer kausalen Funktion. Diese ist nur ihr Verhältnis zur Welt, zu uns: ihr erkennbarer Aspekt. Ihr innerstes Wesen, ihre unendliche Transzendenz, ihre verborgene Seite ist Brahman. So gibt es einen Unterschied

zwischen dem Begriff der ersten Ursache (als solchem) und dem Begriff von Brahman. Sie sind nicht das gleiche, obwohl sie sich doch auf die gleiche höchste Wirklichkeit beziehen. Was ist das Wesen der Identität und die Differenz zwischen diesen beiden Begriffen? Wir werden versuchen, diesen Punkt im letzten Abschnitt zu klären.

Vorerst müssen wir aber die Antwort auf jene Frage, von der wir ausgingen, etwas besser formulieren. Wir fragten: Wie kann aufgrund der Anerkennung einer ersten Ursache die Kenntnis von Brahman (wenn überhaupt) erreicht werden? Eine klare Lösung wäre die Krönung des kosmologischen Argumentes. Wir haben nun alle notwendigen Elemente für jene Antwort zusammen, die wir finden wollten. Insofern die menschliche Vernunft fähig ist, die Identität zwischen der ersten Ursache und Brahman zu erfassen, wird eine Art kosmologisches Argument verwendet werden. Soweit die Vernunft die Verschiedenheit entdeckt, wird das Argument unschlüssig bleiben und nicht bewiesen werden; sie wird aber ›bereit‹ sein, eine höhere Instanz anzuerkennen, sobald eine solche sich zeigen sollte.

Das Argument ist zweiteilig in seiner Struktur und kann in vier Leitsätzen formuliert werden:

1. Diese Welt verlangt eine Grundlage.
2. Diese Grundlage muß letztgültig und von dieser Welt verschieden sein.
3. Diese Grundlage existiert zumindest in dem Maße, in welchem diese Welt existiert und unsere Vernunft sie postuliert.
4. Ihr Wesen liegt jenseits unserer Erkenntniskraft, obwohl wir sagen können, daß sie ›existiert‹ und daß sie von der Welt ›verschieden‹ ist.

Der dritte Punkt zeigt, daß das Argument eine Schwachstelle hat, die eine gesamte Philosophie benötigt, um sie zu verteidigen: In welchem Maße *existiert* diese Welt tatsächlich, und welche Kraft hat unsere Vernunft, sie zu transzendieren? Nur von etwas, was existent ist, können wir etwas anderes Existentes ableiten. Dic Existenz als solche, der Akt der *Existenz,* ist das geheimnisvolle Bindeglied zwischen Gott und der Welt. Ob die Philosophie, die jemand hat, Ursache oder Wirkung der Annahme Gottes und der Anerkennung der Gültigkeit eines solchen Argumentes ist, wie es zuvor vorgelegt wurde, stellt uns vor ein anderes Problem, das aber die Grenzen dieser Untersuchung übersteigt.

7. Advaita und Trinität

7.1 Das Problem des Īśvara

Ich wende mich nun einem anderen Aspekt des Problems der Identität und der Verschiedenheit zwischen Gott und der ersten Ursache zu, wobei ich dem Geist dieses Werkes treu bleiben will, das in Übereinstimmung mit der indischen Inspiration zu sein bemüht ist, ohne sich jedoch den Werten zu entfremden. Die Frage ist die nach der Beziehung zwischen Brahman, dem Absoluten, dem Transzendenten, dem Unbekannten, und Īśvara, dem Herrn, dem Schöpfer, dem persönlichen Gott.

Ich beabsichtige mit dem Folgenden nicht, die indische Philosophie einer Kritik zu unterziehen oder ihr Dinge zuzuschreiben, die sie nicht sagt; auch möchte ich der christlichen Theologie keine Gewalt antun. Aber ich kann mich auch nicht von der stillen und demütigen Überzeugung freimachen, daß wir es hier nicht nur mit einer der tiefsten Intuitionen indischer Weisheit, sondern auch mit einer analogen Einsicht zu tun haben, die zumindest in einem Aspekt des christlichen Dogmas von der Trinität gefunden werden kann. Das Dogma von der Trinität erweist sich als die unerwartete Antwort auf die unvermeidliche Frage nach dem Vermittler zwischen dem Einen und der Mannigfaltigkeit, dem Absoluten und dem Relativen, zwischen Brahman und der Welt. Dies ist meiner Ansicht nach nicht nur ein Problem des Vedānta, sondern letzten Endes auch eines anderer Kulturen. So entstehen beispielsweise das »Amr« des Korans, der »Logos« des Plotin und der »Tathāgata« des Buddhismus aus ähnlichen Bedürfnissen ihrer jeweiligen Tradition, nämlich ein ontologisches Bindeglied zwischen den beiden entgegengesetzten und offensichtlich nicht reduzierbaren Polen zu finden: dem Absoluten und dem Relativen. Ehe ich mit diesem Thema fortfahre, möchte ich einen kurzen Exkurs zum indischen Begriff Īśvara einfügen.

Īśvara (auch *īśa* und *īśāna* genannt) ist der Herr, der allmächtige Gott und der Punkt, in dem die theistischen Tendenzen der Upanishaden zusammenlaufen, der zugleich den »Henotheismus« der Veden ersetzt und wieder aufleben läßt.[100] Eine der ältesten Upanishaden beginnt sogar mit dem Wort *īśa*: »All dies, was ist , immer sein mag, wird von dem Herrn umfaßt.«[101] In diesem Stadium gibt es keine klare Unterscheidung zwischen dem kosmischen und dem persönlichen Aspekt der Gottheit, zwischen Brahman und Īśvara. In den späteren Upanishaden wie der Śvetāśvatara wird der persönliche Aspekt bedeutender, und der Herr wird der Eine Gott genannt (*eka*

[100] Der Begriff »īśvara« kommt im Rig-Veda nicht vor (außer als Partizip īśāna, »kraftvoll, mächtig«), aber es gibt einige Hinweise im Atharva-Veda auf göttliche Mächte (z. B. AV XI,4,1 und 10; XIX,6,4; XIX,53,8; etc.). Vgl. allgemein zur Idee des īśvara oder der Gottesvorstellung außer der oben zitierten Literatur: *J. Gonda*, Die Religionen Indiens, Bd. I. Stuttgart 1960, 264ff.; *ders.*, The Concept of a Personal God in Ancient Indian Religious Thought, a. a. O.; *ders.*, Aspects of Early Viṣṇuism. Utrecht 1954 (Delhi ²1969); *G. Oberhammer*, Die Gottesidee in der indischen Philosophie des ersten nachchristlichen Jahrtausends: Zeitschr. f. kath. Theol. 89 (1967) 447–457, und auch *M. D. Shastri*, History of the Word Īśvara and its Idea: The Princess of Wales Sarasvati Bhavana Studies vol. X. Benares 1938, 35–63.

[101] IsU 1.

deva).[102] Doch selbst dort, wo Īśvara zum höchsten Herrn, Schöpfer, Herrscher, Beschützer und zur Zuflucht aufgestiegen ist,[103] bleibt er doch eng mit anderen Begriffen wie *ātman*, Brahman oder Purusha verbunden, wobei er in sich alle ihre Eigenschaften vereint.[104] Er ist der Herr der Zeit, er ist sowohl das Heute als das Morgen.[105] Aus Furcht vor ihm bläst der Wind, aus Furcht vor ihm geht die Sonne auf, und er ist Herr über den Tod.[106] Der Begriff des Īśvara in den Upanishaden ist so vielfältig, daß hier nur einige wenige seiner Aspekte genannt werden können.

Der heilige Text, der offensichtlich den größten Einfluß auf die philosophische und die religiöse Entwicklung der Gottesidee (unabhängig von ›konfessionellen‹ Unterschieden) hat, ist die Bhagavad Gītā, einer der drei Grundtexte des Vedānta, aus denen der *prasthānatraya* besteht. Wir können für unseren Zweck folgendes festhalten: In der Gītā enthüllt sich der Herr (unterschiedlich als Īśvara, Prabhu, Bhagavān, Puruṣottama und mit anderen Namen angesprochen) ganz als persönliches Wesen, das mit Krishna, der transzendent wie immanent ist, identifiziert wird. Was hier zusätzlich zu all seinen Eigenschaften, seinem unwandelbaren Wesen, seiner Kraft entscheidend ist, ist die Aktivität des Herrn, auf die die Gītā so viel Gewicht legt. Obwohl er ewig frei und von jedem Werk losgelöst ist, befaßt er sich doch mit dem Werk der Schöpfung, Erhaltung, Zerstörung und Erlösung der Welt.[107] Das Verhältnis zwischen Īśvara und Brahman wird in einem interessanten Abschnitt aufgezeigt, wo Brahman als der Mutterschoß bezeichnet wird, in den der Herr seinen Samen pflanzt und so zum Vater aller Dinge wird.[108] Das bemerkenswerteste Merkmal der göttlichen Offenbarung der Gītā ist jedoch die große Liebe Gottes zu den ihn Verehrenden und die liebende Hingabe (*bhakti*) der letzteren an ihren Herrn.[109]

Da der vedantische Begriff von Īśvara von Sāṃkhya und Yoga beeinflußt worden ist, soll erwähnt werden, wie die Idee in den Yoga-Sūtras des Patanjali beschrieben wird.[110] Patanjali erwähnt die Meditation des Īśvara

[102] Vgl. SU IV, 11ff.; VI,10ff.
[103] Vgl. BU IV,4,22; SU III,1ff. etc.
[104] Vgl. BU IV,4,15; SU III,7ff.; MundU II,1,2ff. etc.
[105] Vgl. KathU IV,13.
[106] Vgl. TU II,8.
[107] Vgl. BG III,22–4; IV,13–14.
[108] BG XIV,3; vgl. MundU III,1–3.
[109] Vgl. die ausgewählten Texte über ›Gott‹, ›Bhakti‹ und ›Parā Bhakti‹ in *R. C. Zaehner*, The Bhagavad-Gītā. Oxford 1969, 453ff. 437ff. 446ff.
[110] Vgl. z. B. *K. C. Bhattacharya*, Studies in Philosophy, vol. 1 (Calcutta 1956), The notion of Īśvara, in Kapitel 5: Studies in Yoga Philosophy, 317–326; *G. Oberhammer*, Gott, Urbild der emanzipierten Existenz im Yoga des Patañjali: Zeitschrift f. kath. Theol. 86 (1964) 197ff.

oder die Hingabe an ihn als eine der Möglichkeiten, das Ziel des Yoga zu erreichen.[111] Īśvara wird sodann als ein besonderer Geist (*puruṣa*) beschrieben, der von dem Einfluß des Leides (*kleśa*), der Tat (*karma*) und ihrer Ergebnisse frei ist;[112] er ist allwissend, der Guru aller vorangegangener Gurus und nicht durch Zeit begrenzt.[113] Das Symbol, das ihn ausdrückt, ist die mystische Silbe OM.[114] Der Kommentar des Vyāsa fügt hinzu, daß der wesentliche Unterschied zwischen einer befreiten Seele und Īśvara der ist, daß Īśvara ewig frei ist und nie gebunden war.[115] So ist Īśvara im Bereich des klassischen Yoga, obwohl er keine zentrale Figur gewesen ist, als möglicher alternativer Weg akzeptiert worden, wahrscheinlich weil es theistische Schulen gegeben hat, die seine Verehrung befürwortet haben. Er ist sozusagen das Ideal des Yogi, weil er ewig, befreit und rein ist.[116]
Die Schule des Nyāya-Vaiśeṣika hat hauptsächlich als Gegenangriff gegen die buddhistische Ablehnung Īśvaras eine Konzeption und einen rationalen Beweis für die Existenz Īśvaras in seiner Eigenschaft als Schöpfer entwickelt, ohne sich auf die ›Offenbarung‹ zu stützen.[117] Das einzige andere klassische System (*darśana*), in dem Īśvara eine zentrale Rolle gespielt hat, ist natürlich der Vedānta mit seinen verschiedenen Schulen. Die Position Śaṅkaras kennen wir bereits.[118] Seine Jünger waren so darauf bedacht, die absolute Reinheit und Transzendenz Brahmans und seine vollständige Unberührtheit von der Welt zu erhalten, daß sie Īśvara in den Bereich der *māyā* verbannten, da er es ist, der mit der Schöpfung der Welt zu tun hat und folglich an dem kosmischen Spiel teilhat. Dies führt entweder zu einem praktischen Dualismus (zwischen einem *para* und einem *apara* brahman, zwischen *nirguṇa* und *saguṇa*, zwischen *pāramārthika* und *vyāvahārika*) oder zu einer illusionistischen Vorstellung von Īśvara. Sowohl Īśvara als auch die individuelle Seele (jīva) sind nur Überlagerungen Brahmans.[119] Doch, so sagt Vidyāraṇya,

[111] Īśvarapraṇidhānād va, YS I,23.
[112] YS I,24.
[113] YS I,25–26.
[114] YS I,27.
[115] Vyāsa Bhāṣya zu YS I,24.
[116] Vgl. *G. Oberhammer*, a. a. O.
[117] Vgl. *G. Oberhammer*, Zum Problem des Gottesbeweises in der indischen Philosophie: Numen XII,1 (Jan. 1965) 1–34; *G. Chemparathy*, An Indian Rational Theology, a. a. O.
[118] Vgl. oben Kapitel III,3. Parameśvara (der höchste Herr) hat zwei Formen, sagt Śaṅkara, die eine ist nirguṇa und die andere ist saguṇa, die die erste nicht erreicht: dvirūpe parameśvare nirgunaṃ rūpam anavāpya saguṇa evāvatiṣṭhanta (BSBh IV,4,19). Vgl. auch *P. Hacker*, Eigentümlichkeiten der Lehre und Terminologie Śaṅkaras, a. a. O.
[119] Vgl. Pañcadaśī III,37.

»wegen seiner Verbindung mit seiner Macht (*śakti*) wird Brahman selbst (bzw. erscheint er als) Īśvara.«[120]

An dieser Stelle kann ich nicht auf die theistischen Schulen eingehen, in denen Īśvara unter verschiedenen Namen und in verschiedenen Formen offensichtlich die zentrale Rolle spielt, da sich dort eine andere Problematik eröffnet. Ebensogut könnte ich mich mit einer dieser Schulen wie z. B. dem Vaiṣṇava Pāncarātra, dem Śaiva Siddhānta oder dem Kashmir Śaivismus in einen Dialog einlassen, was in der Tat etwas einfacher wäre. Da ich aber meine Problemstellung auf die vedantische Theologie begrenzt habe, werde ich fortfahren, allgemein die Funktion Īśvaras im Vedānta zu untersuchen, ohne ausdrücklich auf eine seiner historischen Formen Bezug zu nehmen.

Trotz der Tatsache, daß Brahman die absolute und einzige Ursache des Universums ist, bleibt noch Raum für Īśvara aus den folgenden Gründen:

1. Brahman ist absolut transzendent und gewissermaßen jenseits von Sein und Nicht-Sein. Es ist reines Schweigen und vollkommenes Nichts, wahrhaft un-bedingt, d. h. beziehungslos. Es kann so keine äußerliche Funktion wahrnehmen, und aus diesem Grunde taucht die Gestalt des Īśvara auf. Sicherlich wird von Brahman oft gesagt, daß es reines Sein, reines Bewußtsein und reine Glückseligkeit ist, *sat*, *cit* und *ānanda*. Aber dieses sat ist ausschließlich statisches Sein ohne Beziehung; cit ist reines Bewußtsein, d. h. nicht das Bewußtsein von etwas – nicht einmal von sich selbst; darüber hinaus besteht das *ānanda* von Brahman in Fülle und Selbstgenügsamkeit. Mit anderen Worten, Brahman ist völlig frei von Beziehungen, und es ist gerade Īśvara, der dafür sorgt. Īśvara ist in einem relativen Sinne Existenz, Bewußtsein und Glückseligkeit. Er ist eigentlich die Offenbarung von Brahman, sozusagen die Erstgeburt aus dem unerforschlichen Schoß von Brahman. Īśvara ist Gott.

2. Brahman kann keine Person sein, da er sonst Beziehungen hätte (zu Dingen oder Personen) und diese Beziehungen seine Absolutheit gefährden würden. Īśvara ist der personale Aspekt von Brahman, wie immer sein Wesen verstanden wird.[121]

[120] Pañcadaśī III,40. Die Reaktion eines berühmten Vedānta-Kommentators des 20. Jahrhunderts ist aufschlußreich: »Brahman und Īśvara werden manchmal die höhere und die niedere Gottheit genannt. Diese Unterscheidung ist irreführend und wahrscheinlich nur auf die überspitzte sprachliche Ausdrucksweise einiger Systematiker der Scholastik zurückzuführen. Zweifellos gibt es einen Unterschied zwischen den beiden *Konzeptionen.* Dennoch ist Īśvara in Wirklichkeit nicht von Brahman verschieden.« *K. C. Bhattacharya,* Studies in Vedantism, 34 (zitiert nach *G. G. Mukhopadhyaya,* Studies in the Upaniṣads, a. a. O. 75).

[121] Jeder Student der indischen Philosophie wird die Unterscheidung des Brahma-Sūtras zwischen dem nicht personalen Aspekt – apuruṣa-vidha – und dem personalen Aspekt – puruṣa-vidha – der Gottheit verstehen. Vgl. als Gegensatz zu der übertriebenen Vereinfachung *G. Guénons,* der das höchste Brahman mit

3. Brahman als solches kann nicht Schöpfer der Welt sein, dafür gelten dieselben Gründe wie für seine absolute Transzendenz. Īśvara ist daher der ›Aspekt‹ von Brahman, der für die Erschaffung der Welt verantwortlich ist.[122]

4. Brahman kann nicht für die Rückkehr der Welt zu ihrem Ursprung (welcher Brahman selbst ist) verantwortlich gemacht werden. Mit anderen Worten, die *Gnade des Herrn, die Zerstörung der māyā,* die Realisierung von Brahman bilden genau die Rolle und Funktion von Īśvara. Īśvara ist der Herr und der Guru.

5. Man kann von Brahman, das ohne Attribute (*nirgūna*) ist, in folgender paradoxer Formulierung sprechen: Brahman ist Brahman, aber es weiß nicht, daß es Brahman ist. So ist in einem gewissen Sinne Brahman nicht. Zweifellos ist Īśvara Brahman, und er weiß, daß er Brahman ist. Die Seelen der Lebewesen, die *jīvas*, sind Brahman, aber sie wissen es noch nicht. Sie werden es durch die Gnade des Herrn (Īśvara) erkennen und durch die Identifikation mit ihm. Auch die ganze übrige Welt ist Brahman – es gibt nichts, was nicht Brahman ist, insofern es ist –, aber sie weiß nicht um diese Identität und hat keine Möglichkeit, darum zu wissen, außer in der sukzessiven Wanderung der Seelen, die von »Dingen« zu *»jīvas«* werden, von *jīvas* zu Īśvara und von Īśvara zu Brahman. Es gibt kein wirkliches Werden in der Welt (nichts, was nicht ist, kann zum Sein kommen, und nichts, was *ist*, braucht zu werden).[123] Es gibt nur eine Vergegenwärtigung dessen, was wirklich *ist.* Īśvara ist das Bindeglied, die Ursache dieser Entdeckung, der Gott, der handelt und dem die Geschöpfe zustreben, indem sie seinem Rufe folgen.

6. Brahman ist so unveränderlich und verborgen, so jenseits jeglicher Fähigkeit zu handeln, daß Īśvara in Bezug zum Universum und zu den Seelen seine Funktionen wahrnehmen muß. Sogar Īśvara oder vielmehr Vishnu wird als zu entfernt angesehen; so offenbart er sich, wenn er in der Welt handeln will, in den *avatāras,* in deren verschiedenen Gestalten er erscheint und zur Erde herabsteigt.[124]

7. Schließlich hütet Īśvara eifersüchtig die Transzendenz – oder Immanenz (welche im Sinne seiner Unzugänglichkeit das gleiche ist) – von Brahman. Īśvara tut alles *für* und *als* Brahman. Folglich ist er von Brahman verschieden

Brahman und den niederen mit Īśvara gleichsetzt: L'homme et son devenir selon le Védānta. Paris 1925, 105, die Tatsache, daß Śaṅkara Brahman auch Parameśvara nennt. Vgl. dazu verschiedene Texte und Erläuterungen in *O. Lacombe,* a. a. O., 217ff.

[122] Noch einmal, kāraṇa-brahman ist verschieden vom reinen Brahman und auch von dem immanenten ātman (kārya-brahman) des Universums, was vielmehr Hiranyagarbha wäre.

[123] Vgl. BG II,16, etc.

[124] Vgl. *G. Parrinder,* Avatar and Incarnation. London 1970.

und doch identisch mit ihm. Ansonsten (wenn Brahman nicht das Letzte wäre) würden alle Funktionen Īśvaras bedeutungslos sein.
An dieser Stelle versuchen die philosophischen Schulen den Widerspruch zu erklären und die Spannung aufrechtzuerhalten, selbst wenn sie dabei nicht viel Erfolg haben. Hier wollen wir nun unsere eigene Auffassung von dem Sūtra darlegen. Dem mathematischen Problem der drei Körper vergleichbar, handelt es sich auch hier um drei Feststellungen, die als nahezu unbestreitbar gelten können:
1. Es gibt Brahman oder Gott oder die Gottheit als das Absolute, ohne Beziehung, unveränderlich, einmalig, einfach.
2. Es gibt die Welt mit all ihren verschiedenen Wesen, von den Göttern bis hinunter zur Materie, und mit all den Eigenschaften, die nicht auf Brahman zutreffen: Veränderlichkeit, Offenbarheit, Vielfältigkeit usw.
3. Es gibt eine Relation, »X«, die Ursache, Vermittler oder ähnliches zwischen Brahman und der Welt ist. Hinsichtlich dieser Relation, Ursache, dieses Vermittlers gibt es jedoch ein tiefes Dilemma. Denn wenn kein Bindeglied existiert, zerstört der Dualismus, der damit entsteht, sowohl den Begriff von Brahman wie den dieser Welt: Er zerstört Brahman, weil dann ein zweites (die Welt) existieren würde, das ebenso letztlich wäre wie Brahman selbst; damit wäre Brahman nicht mehr Brahman. Die Welt wäre dann nicht mehr die relative Welt, sondern notwendigerweise autark, ihre eigene Grundlage, und würde so zum Absoluten werden. Mag es auch paradox erscheinen, so führt der Dualismus doch zu einem höchst monolithischen Monismus. Wenn es kein Bindeglied zwischen Brahman und der Welt gibt, so ist dies deshalb der Fall, weil nur eines von beiden existiert; entweder die Welt, wenn wir diese Welt als Ausgangspunkt nehmen (in welchem Falle wir, logisch betrachtet, nicht berechtigt sind, überhaupt von ›Brahman‹ zu sprechen); oder Brahman, wenn wir das Absolute als Ausgangspunkt nehmen (in welchem Falle es keinen Platz für die ›Welt‹ gibt). Jedenfalls ist es eine gewagte Aussage zu behaupten, das Absolute sei relativ oder umgekehrt, ohne weitere Unterscheidungen oder Qualifizierungen. Wenn es andererseits eine Verbindung ontologischer Art gibt, so ergibt sich daraus ein Monismus, der sowohl Brahman als auch die Welt zerstört. Eine solche Verbindung würde Brahman an die Welt fesseln und die Welt zu etwas Unveränderlichem, Vollkommenem machen; es würde aber auch die Welt an Brahman fesseln; es würde die Unvollkommenheit des Relativen zur Unzulänglichkeit des Absoluten, ja es würde zum Absoluten selbst.
Der einzige dialektische Ausweg wäre hier zu zeigen, daß es eine Art Verbindung gibt, die keine totale Bindung zwischen den beiden Bezugspunkten zuläßt. Andernfalls würden die Merkmale des einen im anderen ›widergespiegelt‹ werden und umgekehrt, und diese Widerspiegelung würde sogar das Wesen dessen, was Brahman und Welt sein sollen, trüben. Das bedeutet, daß die Verbindung Brahman und Welt nicht wirklich verbindet.

Das ist in der Tat das, was Śaṅkara und Thomas von Aquin unter anderem behauptet haben. Aber selbst die advaitische und die thomistische Antwort, daß dieses ›Bindeglied‹ nur ›real‹ von der einen Seite sei, aber ›unreal‹ von der anderen Seite her, vermag die Schwierigkeiten nicht völlig zu lösen.
Genau an dieser Stelle treffen wir jedoch auf Īśvara und zugleich auf eine der Funktionen Christi – trotz der vielen Verschiedenheiten, die zwischen den beiden bestehen. Denn bei der Kreuzung zweier Linien mag es einen Berührungspunkt geben, einen Berührungspunkt von zwei Linien, die sich in entgegengesetzter Richtung bewegen und mehr einem Kreuz als zwei parallelen Linien gleichen.[125]

7.2 Christologischer Kommentar

Ich wage nun eine neue Auslegung des Brahma-Sūtra I,1,2, eine Deutung, die der christlichen Tradition nicht fremd sein wird und doch von der Bedeutung des Textes nicht abweicht. Ich möchte zur Lektüre des Folgenden vom Leser einen aufgeschlossenen Geist erbitten. Wir haben es hier nicht mit kristallisierten Begriffen philosophischer Systeme zu tun, sondern wir versuchen, zu der lebendigen Wirklichkeit zu gelangen, die durch unsere Begriffe mehr oder weniger hinreichend wiedergegeben werden.
Das, von welchem alle Dinge ausgehen und zu welchem alle Dinge zurückkehren und durch welches alle Dinge sind (in ihrem Sein erhalten werden), ist Gott. Wir entdecken darin jedoch zwei ›Momente‹: Das ›erste‹ ist der unsichtbare Ursprung, aus dem die Lebensquelle entspringt, das ›zweite‹ ist primo et per se nicht eine schweigende Gottheit, ein unzugängliches Brahman, nicht einmal Gott Vater, Quelle alles Göttlichen, sondern im wahren Sinne Īśvara, Gott der Sohn, der Logos, der Christus.[126]

[125] Ich möchte hier daran erinnern, daß diese Abhandlung keine neue Lösungen geben, sondern nur das Problem im Lichte zweier verschiedener Traditionen darlegen will. Für ein vertieftes Studium dieses Problems möchte der Autor auf seine übrigen Werke verweisen.

[126] Wir wollen dieses Kapitel nicht zu einem vollständigen bhāsya ausbauen, sondern nennen nur einige Texte der Heiligen Schrift, welche – ohne erschöpfend zu sein – einen Einblick in das vorliegende Problem geben sollen. Für ein weiteres Studium verweisen wir auf folgende Literatur: *U. Lattanzi,* Il primato universale di Cristo secondo le S. Scritture. Rom 1937; *J. Bonsirven,* L'Evangile de Paul. Paris 1948; *ders.,* La Règne de Dieu. Paris 1957; *E. Walter,* Christus und der Kosmos. Stuttgart 1948; *F. Mussner,* Christus, das All und die Kirche. Trier 1955; *F. Prat,* La théologie de Saint Paul. Paris ^{8}1923; *O. Bauhofer,* Die Heimholung der Welt. Freiburg 1936; *F. X. Durrwell,* La résurrection de Jésus, mystère de salut. Paris 1954; *E. Mersch,* La théologie du Corps mystique. Paris ^{3}1949; *J. Pinsk,* Hoffnung auf Herrlichkeit. Colmar 1942; *A. Frank-Duquesne,* Cosmos et Gloire. Dans quelle mesure l'univers a-t-il part à la chute, à la Rédemption et à la Gloire finale? Paris 1947; *A. Grillmeier,* Christ in Christian Tradition. From the Apostolic Age to Chalcedon. New York 1965; *ders.,* Mit ihm und in ihm. Christologische Forschungen und Perspektiven. Freiburg 1975.

Das ›Das‹ unseres Textes ist Gott, das Absolute, nicht ein platonischer Demiurg oder eine zweitrangige Gottheit. Es ist die eine Ursache, die letzte Realität – dennoch ist es davon verschieden, denn es ist sein Ausdruck,[127] sein Abbild,[128] sein Offenbarer.[129] Wir können bemerken, daß dieses ›Das‹ eine göttliche Person ist, von Gott ›gezeugt‹[130] und mit ihm wesensgleich ist,[131] jedoch verschieden bleibt in seinem Dasein und in seiner Personalität.[132]

Dieser Anfang und dieses Ende aller Dinge[133] besitzt zwei Naturen, wenngleich sie nicht gleichgeartet und nicht auf derselben Ebene sind. Er hat zwei Gesichter und zwei Seiten.[134] Das eine Gesicht ist der Göttlichkeit zugewandt und deren voller Ausdruck und Träger,[135] das andere ist der ›äußeren‹ Welt zugewandt, ist ihr Erstgeborener,[136] ihr Erhalter,[137] der Spender ihres Daseins.[138] Dennoch sind es nicht zwei, sondern es ist eines, ein Prinzip, eine Person.[139]

Eine weitere Bemerkung soll, in Treue zum Text versuchen, eine von den berühmten *bhāsyakāras* (Kommentatoren) angedeutete, wenn auch nicht ausdrücklich bestätigte Nuance zu formulieren. Diese Beobachtung wird die beiden Hauptpunkte betonen, die mit der Bedeutung von 1) *dem Woraus,* und 2) *dem Ursprung usw.* im Text zu tun haben.

1) *Yataḥ,* »von welchem«, ›woraus‹ ist eine der geeignetsten Bezeichnungen für das höchste Prinzip[140] und das aus zwei Gründen. Dasjenige, ›von welchem‹ die Welt ausgeht, ist ein reines ›Wovon‹, nicht nur in Bezug auf die Welt, sondern auch als solches. Das heißt, es ist eine reine Relation.[141] Sein entscheidendstes Merkmal besteht darin, ein ›von einem‹ zu sein, daher ist es ein ›Hervorgebrachtes‹, ein ›Gezeugtes‹, ein ›Ausdruck‹, ein ›Abbild‹. Der Logos ist in sich selbst das volle Wort, die völlige Offenbarung Gottes, des Vaters. Er ist wirklich Gott von Gott, Licht vom Licht.[142] Das heißt, sogar das eigene ›Gesicht‹, das ein Abbild des Göttlichen ist, ist von dessen

[127] Vgl. Hebr 1,3.
[128] Vgl. 2 Kor 4,4; Kol 1,15; etc.
[129] Vgl. Joh 7,16; 12,45; 14,9.
[130] Vgl. Joh 1,14.18; 3,18; 6,46.
[131] Vgl. Joh 10,30; 17,11.21–22; 1 Joh 5,7.
[132] Vgl. Joh 1,1; 7,29; 17,5.
[133] Vgl. Offb 1,8; 2,8; 21,6; Kol 1,17.
[134] Vgl. Phil 2,7; 2 Kor 8,9; Hebr 2,14.
[135] Vgl. Joh 1,2; 2 Kor 4,4; Joh 6,57.
[136] Vgl. Röm 8,29; Kol 1,15.18; Offb. 1,5.
[137] Vgl. Kol 1,17; 2,10.
[138] Vgl. Kol 1,16; 1 Kor 8,6.
[139] Vgl. Joh 8,18.21.25.58.
[140] Vgl. Joh 16,28.
[141] Vgl. BS I,4,27, wo Brahman »yoni«, der Mutterschoß, die Quelle bedeutet.
[142] Vgl. Symbolum Epiphanii (DS 44); Nicaeni (DS 125) etc.

Ursache verschieden, obgleich seine substantielle Identität hierdurch nicht verringert wird; denn der Logos besitzt die ganze göttliche Natur, die dem Vater, der Quelle der Gottheit, zu eigen ist.[143] Darüber hinaus ist es das, von welchem die Welt ausgeht, das Alpha und das Omega, das, von welchem alle Dinge ihr Dasein nehmen und in welchem alle bestehen. Obwohl die Tradition die beiden Ordnungen, das Natürliche und das Übernatürliche, mit Bezug auf ihre jeweiligen Bewegungen ad extra und ab intra, ›schöpferisch‹ und ›innertrinitarisch‹, nicht vermischt hat, hat sie doch daran festgehalten, daß die beiden Ordnungen, obwohl ihr Wesen voneinander verschieden ist, aus dem gleichen letzten Akt entspringen.[144]

Die vedāntische Intuition, die Brahman transzendent, absolut und ohne Beziehung zur Welt sieht und ihn dennoch als deren Ursache und den Herrn in Īśvara anerkennt, ist mehr als eine bloß rationale Arbeitshypothese, mehr als ein Notbehelf, um die beiden ungleichen Pole des Problems irgendwie zu erklären. Sie entspringt vielmehr einem echten theologischen Instinkt, der von den rishis überliefert und in der *śruti* bewahrt wurde. Hier liegt der Grund, weshalb wir die Schrift heranziehen dürfen, selbst wenn wir nicht völlig mit der Tradition übereinstimmen.

Hier haben wir den Fall einer gegenseitigen Befruchtung religiöser Traditionen, worauf ich im vorangegangenen Kapitel angespielt habe. Es scheint, daß die Diskussion um die Relation von *saguṇa*- und *nirguṇa*-Brahman, sicherlich der Versuchung, entweder in einen Dualismus oder in einen Monismus zu verfallen, kaum widerstehen kann. Wenn *saguṇa*-Brahman diesseitig ist, bleibt die Kluft unüberbrückt – und die zwei Ordnungen sind nicht reduzierbar: Dualismus. Wenn es mit dem *nirguṇa*-Brahman identisch ist, fällt die Kluft in sich zusammen – werden die beiden Ordnungen vereint: Monismus. Ebenso gilt, wenn Gott der Schöpfer und die Schöpfung wirklich sind, zeichnen sich eine gegenseitige Abhängigkeit und ein Dualismus ab. Wenn der Vorgang nur ein innergöttliches Abenteuer ist, hat die Schöpfung keine eigene Beständigkeit, und der Monismus wird unvermeidlich.

Indem ich sowohl die indische Problematik als auch die christliche Tradition bedenke, will ich versuchen, diese Spannung zu formulieren, wobei ich als Bezugspunkte hauptsächlich die beiden wichtigsten advaitischen Schulen verwenden werde.

[143] Vgl. die dogmatischen Formulierungen: »Christus est verus Deus, Verbum Patris, idemque Patris Filius, ipsi consubstantialis, ab ipso non separatus, genitus non factus, unigenitus, unus de trinitate...« (Christus ist wahrer Gott, Wort des Vaters, derselbe des Vaters Sohn, ihm wesensgleich, von ihm nicht getrennt, gezeugt, nicht geschaffen, eingeborener, einer der Trinität...), in jeder christlichen Theologie.

[144] »Deus enim cognoscendo se, cognoscit omnem creaturam... Sed quia Deus uno actu et se et omnia intelligit, unicum Verbum eius est expressivum creaturarum.« (Denn Gott erkennt, indem er sich sich selbst erkennt, die ganze Kreatur... Aber da Gott zu einem Akt sich und alles erkennt, ist sein einziges Wort der Ausdruck aller Geschöpfe.) *Thomas v. A.*, Sum. Theol. I, q. 34, a.3.

Der Īśvara der Śaṅkaraschule ist in der Tat hauptsächlich auf die Welt der Erscheinung ausgerichtet. Er kann noch Gott genannt werden, aber er ist nicht länger mit dem Absoluten identifizierbar, mit Brahman.[145] Dieser Īśvara ist wesentlich *saguṇa*, er beansprucht jedoch irgendwie auch *nirguṇa* zu sein. Die Verschiedenheit zwischen Brahman und Īśvara wird hier überbetont, um damit die absolute Reinheit des ersteren zu bewahren.

Der Īśvara unseres Kommentars gehört mit Sicherheit nicht nur zur Welt der *māyā* allein. Er ist nicht nur Geschöpf, sondern ebenbürtig mit Brahman, aber dennoch verschieden in seiner eigenen Existenzform wie in seiner Funktion gegenüber der Welt. Unser Sūtra verweist uns wirklich auf Brahman und nicht auf einen von *māyā* beeinflußten Īśvara, denn im letzteren Fall würde die Lücke bestehen und das Problem ungelöst bleiben. Es handelt sich nicht um ein *saguṇa*-Brahman oder um eine erste Emanation, es geht auch nicht um eine bloße Modalität der Gottheit. Stattdessen verweist das Sūtra, in Begriffen der christlichen Tradition, über Gott den Sohn auf Gott, den Vater. Es weist auf einen Īśvara, der, obgleich er *saguṇa* ist, nicht aufgehört hat, *nirguṇa* zu sein. Vielleicht war es das, was Bādarāyaṇa dachte, als er es ablehnte, entweder die Realität von Brahman oder die der Welt aufzugeben, obwohl er sich darüber im klaren war, daß diese nicht miteinander identisch waren.[146]

Andererseits tritt der Īśvara Rāmānujas, obwohl dieser versucht, die gleiche Spannung zu überwinden, auf die andere Seite. Er ist Brahman, und die Schöpfung Īśvaras ist der Leib des Absoluten. Es gibt sozusagen keinen Bruch in der Kontinuität zwischen ihm und der Welt. Beide bilden miteinander ein Ganzes, das eine, vollständige Brahman.[147] Die Identität wird hier überbetont, damit Īśvara irgendwie die Realität der Welt oder zumindest der *jīvas*, der Seelen, zu retten vermag.

Der Īśvara unserer Interpretation gehört nicht nur zur Welt des Göttlichen. Er ist nicht lediglich ein Aspekt des Göttlichen. Er ist wirklich menschlich oder vielmehr weltlich, ohne aufzuhören, göttlich zu sein. Unser Sūtra weist auf eine Realität hin, die nicht nur die zwei Pole miteinander verbindet, sondern diese beiden Pole selbst ausmacht, ohne ihnen zu gestatten zusammenzufallen.

In der christlichen Sprache, die ich verwendet habe, um aufzuzeigen, wie eine Begegnung stattfinden kann, würde ich sagen, daß Īśvara nach unserer Interpretation auf das Mysterium Christi hinweist. Er ist einzig in seiner

[145] Vgl. *Ram Pratap Singh*, The Vedānta of Śaṅkara. Baroda 1949, im Gegensatz zu den älteren Kommentatoren wie *Sureśvara* und *Padmapāda* und den jüngeren wie *S. N. Dasgupta* und *S. Radhakrishnan*.

[146] Vgl. BS I,1,21; 1,2,8ff.; etc.

[147] Und dennoch kann seine Vorstellung vom Menschen als īśvarayāṃśa, als ein Teil Īśvaras (vgl. Śrībhāṣya II,1,15), nur einen flüchtigen Einblick in das Problem der Partizipation geben.

Existenz und seinem Wesen nach als solcher Gott gleich.[148] Er ist nicht *der* Gott, sondern er ist ihm *gleich,* Sohn Gottes, Gott von Gott. Darüber hinaus hat er eine doppelte Natur, aber diese zwei Naturen sind ›ohne Vermischung‹ und ›ohne Veränderung‹ und doch ›untrennbar‹ und ›unteilbar‹.[149] Er ist mehr als ein Vermittler, er ist gewissermaßen, als der ganze Christus, die ganze Wirklichkeit der Welt, insofern sie wirklich ist, d. h. so wie sie ist – oder sein wird, wenn wir innerhalb eines zeitlichen Rahmens sprechen –, in ihm verkörpert, eins mit ihm, den mystischen Leib bildend. So ist Christus (Īśvara) eins mit der *wirklichen* Welt – oder er wird es sein, wenn wir die Zeit miteinbeziehen – und eins mit Gott dem Vater, so daß Gott alles in allem sein kann und nichts jenseits, neben oder hinter ihm bleiben wird.[150]

Ich kann an dieser Stelle nicht fortfahren, alle Funktionen Īśvaras, die ich hier angedeutet habe, zu behandeln. Ich wollte nur aufzeigen, daß diese Interpretation alle Forderungen des Textes erfüllt und die Problematik der indischen Spekulation fortführt. Dennoch ist unser Īśvara paradox und geheimnisvoll. Er verlangt ›Glaube‹ – nicht als blindes Vertrauen, sondern als höhere Form der Erkenntnis – um ihn anzunehmen, vor allem, weil er ein lebendiger Gott ist und keine abstrakte, gedachte Hypothese. Eine andere Art und Weise, das gleiche zu sagen, besteht darin, daß die advaitische Erfahrung nötig ist, um diese ›Erkenntnis‹ zu verwirklichen. In der Tat ist die diskursive Vernunft nicht in der Lage, die beiden gegenteiligen Forderungen des Dilemmas zu verteidigen, ohne in einen Widerspruch zu fallen.[151] Soweit zum *yataḥ*.

2) *Janmādi,* ›der Ursprung, etc.‹: Der Durst nach Ewigkeit, der dem indischen Geiste eigen ist, hat zuweilen dazu geführt, den Doppelsinn der Hervorbringung etc. Īśvaras zu übersehen. Es gibt eine Hervorbringung, Erhaltung der Welt als solcher in einer zeitlosen oder ›ewigen‹ Weise; es gibt aber auch die Entwicklung, die Evolution all jener Handlungen, die gleichzeitig mit der Entfaltung der Dinge stattfinden. Der Īśvara unseres Kommentars erfüllt beide Rollen: Er ist das, aus welchem das Sein ist, in einer immerwährenden Weise und das, welchem das Sein im zeitlichen Verlauf seiner Entwicklung sich annähert oder zu dem es wird. Diese doppelte Funktion Īśvaras, nämlich ›die Welt im Sein zu erhalten‹, in der Zeit und ›außerhalb der Zeit‹, ist letztlich ein und dasselbe, denn es gibt nicht zwei Welten, eine in der Ewigkeit und eine in der Zeit. Um gerade eine solche

[148] Vgl. MandU 6, ein Text, der einen eigenen Kommentar im Hinblick auf dieses Problem erfordern würde.

[149] Vgl. diese vier bekannten Bestimmungen des Konzils zu Chalcedon, DS 301.

[150] Vgl. 1 Kor 12,12; 15,28; Kol 3,8; Gal 3,28; Röm 12,5; Eph 1,23.

[151] Dies ist gegenwärtig die Schwierigkeit der Neo-Vedānta-Philosophie, d. h. man versucht die gegensätzlichen Aussagen der Texte mittels der dialektischen Methode aufzuheben, während diese eigentlich nur im Lichte einer intuitiven Erkenntnis sinnvoll sind.

Dichotomie zu vermeiden, habe ich den Begriff der *Tempiternität* eingeführt.[152] Dieser versucht, der nicht-dualistischen Intuition dessen, was sonst als doppelte ›Dimension‹ der Zeit und der Ewigkeit gesehen werden müßte, Ausdruck zu verleihen. Der Prozeß ist somit tempitern, zeitewig. Um die Funktion Īśvaras zu verdeutlichen, wird es jedoch richtig sein, die beiden ›Momente‹ des Prozesses zu beschreiben.

a) Um uns den überzeitlichen Ursprung, die Hervorbringung und Erhaltung der Welt vorzustellen, wollen wir all das als bereits erfüllt betrachten und so tun, als wenn jedes Wesen das Ende seiner Zeit erreicht hätte und somit den Faktor der Zeit beiseite lassen. Aber dies ist nur eine Vorstellung, wir müssen die Phantasie und selbst das Denken übersteigen, wenn wir einen flüchtigen Blick in die tempiterne Realität tun wollen, welche mehr ist als bloße Zeitlosigkeit. Aus einer solchen Perspektive gibt es nur Gott, der als absolutes ›Ich‹ ein ewiges ›Du‹ besitzt, das ihm ebenbürtig ist und trotzdem kein zweites Ich, sondern ein Du ist. Dieses Du, welches der Sohn ist, ist der ganze Christus, der neue Himmel und die neue Erde eingeschlossen: Alle menschlichen Wesen haben an diesem Christus Anteil, finden ihren Platz in ihm und sind ganz das, was sie sind, wenn sie mit dem Sohn eins sind. Alles, was ist, d. h. die Gesamtheit der Realität, ist nichts als Gott: Vater, Christus und Heiliger Geist. Alles, was existiert, ist nichts als Brahman, als sat, cit und ānanda, als Sein, Bewußtsein und Glückseligkeit, d. h. *sat* als Grund all dessen, was auf die eine oder andere Weise das ›Sein‹ ausmacht; *cit* als geistige Verbindung, die die gesamte Realität umfaßt und durchdringt; und *ānanda* als die vollkommene Fülle, die alles in sich aufnimmt und inspiriert, das zu ihr strebt. Es gibt nicht zwei Brahman: *nirguṇa*-Brahman »ist« saguṇa genau dann, wenn es ist, ebenso wie *śabda-brahman parabrahman* ist, wenn es ausgesprochen wird.

b) *In der Zeit:* das heißt, Īśvara ist in der zeitlichen Entwicklung aller Wesen, die hier auf der Erde pilgernde Wesen sind, Dinge im Werden, wandernde Geschöpfe; Īśvara ist auch das, aus dem sie hervorgehen, zu dem sie zurückkehren und durch welches sie erhalten werden. Das Wachstum aller Dinge in der Zeit ist nichts als eine vollständigere Verwirklichung ihres Seins in Īśvara, sagt der Vedānta, und in Christus, wie unser Kommentar uns eröffnet.[153] Welche Art von Realität diese zeitliche Welt auch immer besitzen mag, auch sie wird erhalten, bedingt, hervorgebracht und angezogen durch den göttlichen und menschlichen Mittler, auf den in diesem Brahma-Sūtra hingewiesen wurde.

[152] Vgl. *R. Panikkar*, El presente tempiterno. Una apostilla a la historia de la salvación y a la teologia de la liberción: Teología y mundo contemporaneo (Homenaje a Karl Rahner). Hrsg. v. *A. Vargas-Machuca*. Madrid 1975, 133–175; *ders.*, La tempiternidad: Sanctum Sacrificium, V Congreso Eucarístico Nacional. Zaragoza 1961, 75–93.

[153] Vgl. Eph 1,10; 4,2–13.

Trinitas reducit dualitatem ad unitatem, »die Trinität führt den Dualismus zurück zur Einheit«, sagt der heilige Augustinus, der den Endzustand der Welt mit folgenden Worten schildert: »et erit unus Christus amans seipsum«, »es wird nur mehr der eine Christus sein, der sich selbst liebt«[154] – natürlich nicht aus Selbstsucht, sondern weil die Fülle der Gottheit leiblich in ihm wohnt.[155] In ihm ist alles zusammengefaßt, und der Geist wird ihm jenes Leben verleihen, das nur aus dem Vater allein überfließen kann.[156]
Diese Idee weiterzuentwickeln, indem man sie erschöpfend behandelt, würde einen vollständigen Kommentar (*bhāsya*) erfordern. Letztlich haben wir nur den einen Kommentar zu geben: *Das, von dem diese Welt ausgeht und zu dem sie zurückkehrt und wodurch sie erhalten wird, das ist Īśvara, Christus.*[157]

[154] In Epist. ad Parthos (PL XXXV, 2055). Wir müssen hier davon absehen, parallele Vorstellungen darzulegen, z. B. in der śivaitischen Theologie (deren Grund-Konzeption lautet, daß nur Śiva Śiva verehren kann).
[155] Vgl. Kol 2,9.
[156] Vgl. 1 Kor 12,6; Eph 1,11; 4,6.
[157] Vgl. Joh 12,31.

NACHWORT

Die Last unserer These bestand darin, daß viele philosophische und religiöse Texte der Menschheit einen sensus plenior, einen volleren Sinn enthalten.[1] Wenn ich diesen Ausdruck verwende, so will ich nicht die Hindu-Tradition mit der Tradition des Alten Testamentes gleichsetzen oder hinzufügen, daß alles seine Vollendung im Christentum findet. Gott sorgt für alle seine Kinder, er leitet ihre Schritte zum neuen Himmel und zur neuen Erde mittels der verschiedensten Traditionen der Menschheit. Wir müssen uns zurückhalten, einen religiösen Text oder eine religiöse Tradition abzulehnen – eine Haltung, die sich oftmals als fatal erwiesen hat –, nur weil diese nicht mit unseren Ideen und Formulierungen, die bereits Gestalt angenommen haben, übereinstimmen. Erst wenn wir die res significata, die Wirklichkeit, erreicht haben, haben wir das Recht, eine lautere Kritik zu üben, denn nur dann können wir zu einer Synthese auf höherer Ebene gelangen. Eine solche Synthese würde neue und alte Elemente (nova et vetera) verwenden, wobei alles Überflüssige beiseite gelassen wird.

Es mag angebracht sein, den Ausdruck »vollerer Sinn« näher zu bestimmen, und zwar in Richtung auf einen sensus semper plenior, eine immer reichere Bedeutung heiliger Texte. Der Leser gehört auch zum Text.[2] Wenn der Leser sich ändert oder den Text aus einer anderen Perspektive betrachtet, kann der Text fähig sein, auch eine andere Bedeutung hervorzubringen. Von einem jeden solchen Text kann es einen fortschreitenden sensus plenior geben. Die Theorie des sensus plenior setzt ein Sich-Entfalten sowohl des menschlichen Bewußtseins als auch der göttlichen Offenbarung voraus. Es ist nicht der ›christliche‹, sondern der *neue* Sinn, der hervortreten und den vollständigeren Sinn eines Textes hervorheben kann. Darüber hinaus verwischt der neue Sinn, den wir in unserem Sūtra finden, nicht die Unterschiede zwischen den beiden Traditionen, sondern verweist auf einen Ort der Begegnung und die Möglichkeit gegenseitiger Befruchtung.

Ich habe die ganze Zeit gewagt, von Christus zu sprechen, und dabei versucht, Mißverständnisse zu vermeiden. Ich habe keinerlei unnötige Polemik, die sich um die Verwendung dieses Namens dreht, ins Spiel gebracht. Ich hätte stattdessen von Logos oder dem Wort oder von *śabda* oder *vāc* oder ähnlichem oder sogar vom Herrn sprechen können, was noch

[1] Wenn unsere Ansicht richtig ist, mag sie etwas Licht auf das schwierige theologische Problem des ›impliziten Glaubens‹ werfen, denn diese Texte enthalten das implizite Objekt dieses Glaubens und zeigen dessen Entwicklung.

[2] Vgl. *R. Panikkar*, The Texture of a Text: In Response to Paul Ricoeur: Point of Contact. New York (April/Mai 1978) Vol. II, Nr. 1, 51–64.

besser gewesen wäre, kulturell neutraler und in einer Begegnung angemessener zu verwenden. Wenn jedoch das Wort ›Christus‹ verwendet worden ist, liegt dies nicht an dem ›christlichen Imperialismus‹ oder einer ähnlichen Absicht, sondern an dem Grund, der bereits in der Einleitung gegeben worden ist, daß nämlich Christus der Name ist, den die Christen verwenden, um diese Wirklichkeit auszudrücken. Meine Verwendung dieses Namens impliziert jedoch keinerlei Monopolisierung noch irgendeine andere Form von Exklusivität.

Es ist offensichtlich, daß weder der Verfasser der Brahman-Sūtras noch deren Kommentatoren einen Augenblick ausdrücklich an Christus dachten. Jeder hatte das Ziel seiner Frömmigkeit (iṣṭa-devatā) vor Augen. Es ist auch eine unbestreitbare Tatsache, daß der lebendige Christus, an den die Christen glauben, mit dem Īśvara des Vedānta nicht gleichgesetzt werden kann. Die christliche Theologie neigte besonders in den letzten Jahrhunderten dazu (im Zeitalter der Kirchenväter war dies anders), die Unterschiede zwischen den Christen und den ›nicht-christlichen‹ Religionen herauszustellen und den Akzent auf die Neuheit der christlichen Wirklichkeit zu legen, Neuheit als Offenbarung und als ontologische ›Neuschöpfung‹.[3] Ohne all dies zu unterschätzen, wage ich zwei Behauptungen, die unser Thema ergänzen.

Erstens, im Bereich der Philosophie: Die Rolle Īśvaras im Vedānta – die postuliert wird, um die Verbindung zwischen Gott und der Welt zu erläutern, ohne die Absolutheit des ersten und die Relativität des Zweiten aufzugeben – entspricht funktionell der Rolle Christi im christlichen Denken. Es ist gerade diese Entsprechung, die in der indischen Philosophie einen Ort für Christus und in der christlichen Theologie einen Ort für Īśvara bereitstellt. Wenn wir bei der Geschichtlichkeit Christi beginnen, so wesentlich sie auch sein mag, setzen wir uns der Gefahr aus, in hohem Maße mißverstanden zu werden. Der christliche Geschichtsbegriff ist nicht nur dem indischen Geist irgendwie fremd, sondern ein solcher Begriff ist in der Tat a posteriori zur Inkarnation Christi. Von der christlichen Vorstellung der Geschichte auszugehen, so wichtig dies auch für das Verständnis des historischen Christus sein mag, bedeutet, den christlichen Begriff von Christus vorauszusetzen. Wir sollten nicht vergessen, daß die erste philosophische Interpretation Christi, mit einer Rede nicht über das ›Fleisch‹, sondern über den ›Logos‹, der ›Fleisch‹ wurde, beginnt. Die meisten philosophischen Mißverständnisse in Bezug auf Christus und die Inkarnation von seiten der indischen Philosophen würden verschwinden, wenn die christliche Theologie versuchen würde, auf eine Weise von Christus zu sprechen, die dem Gesprächspartner im Dialog verständlich wäre. Wie dieses

[3] Vgl. die nahezu klassische Studie von *K. Prümm,* Christentum als Neuheitserlebnis. Freiburg 1939.

Gespräch weitergeführt werden soll – oder wie über dessen Inhalt und Ergebnisse zu bestimmen wäre –, kann nicht im Bereich dieses Essays liegen.[4]

Zweitens, könnte man, wenn man eine bestimmte theologische Sprache verwenden würde, von einem geschichtlichen Akt göttlicher Vorsehung sprechen, der die Menschheit auf verschiedene Art und Weise entsprechend der Zeit und dem Ort inspiriert und das menschliche Leben mit all seinen Komponenten – Philosophie und Religion eingeschlossen – zu seiner Fülle führt, wobei der Mensch und seine Ideen zum letzten Ziel der Geschichte geleitet werden. Keiner kann für sich in Anspruch nehmen, die ›Stunde‹ Gottes den konkreten Plan der Vorsehung in den unbestimmten Ereignissen des menschlichen Ringens auf der Erde zu kennen; aber auch niemand kann rechtens gegen den friedlichen Ausdruck einer Überzeugung Widerspruch einlegen.[5] Eine solche Überzeugung ist, daß Christus immer und überall wirksam gewesen ist – daß er nicht nur anwesend war, als Gott alle Dinge schuf, den Himmel an seinen Ort stellte und den Wassern ihren Lauf wies –, sondern auch, als die indischen rishis sangen und die *śruti* offenbarten – denn Gottes Weisheit (*sophia, śakti*) »war jeden Tag auf's neue entzückt, vor Gott in der Welt zu spielen, denn ihre Freude ist es, mit den Kindern der Menschen zu sein« (Spr 8,30f.). Doch in diesem Bereich hat die Philosophie zu schweigen, und die Theologie muß ihre Unzulänglichkeit bekennen.[6]

Um Mißverständnisse zu vermeiden, will ich in diesem Zusammenhang zwei Autoritäten zitieren. Welchen Wert diese Arbeit auch haben mag, sie kann sicher nicht Neuheit für sich in Anspruch nehmen. Wir könnten viele andere anerkannte Beispiele anführen, doch mögen diese zwei hier genügen.

Ich habe mutatis mutandis das versucht zu tun, was die Scholastik und vor allem Thomas von Aquin mit der griechischen Weisheit im allgemeinen und mit Aristoteles im besonderen getan haben. Es wäre nicht schwierig nachzuweisen, daß ich unseren Text wörtlicher genommen habe als Thomas von Aquin das aristotelische Gedankengut.[7] Der aristotelische Gott könnte weder ein Schöpfer sein noch ein Vater, der seine Kinder liebt. Darüber hinaus war der Zeitbegriff des Aristoteles unvereinbar mit den Erfordernissen der christlichen Inkarnationslehre, wie sie von Thomas und seiner Zeit verstanden wurde. Außerdem beziehe ich mich, wenn ich von Thomas'

[4] Vgl. *R. Panikkar,* La demitologizzazione nell'incontro del Cristianesimo con l'Induismo: Archivio di Filosofia. Padua 1961, 243–266.

[5] Vgl. Spr 8,22ff.

[6] Vgl. 1 Kor 13,1–3.

[7] »…Man sollte nicht vergessen, daß sogar die elementaren Begriffe über die physikalische Substanz, über die Materie und die Form, und vor allem über Potenz und Akt von Aristoteles anders definiert werden als von Thomas von Aquin. Denn die thomistische Vorstellung vom Sein ist eine andere als die des Aristoteles.« Vgl. *E. Gilson,* Der Geist der mittelalterlichen Philosophie. Wien 1950.

Verweitung des aristotelischen Denkens spreche, nicht auf einzelne moralische Probleme wie die Sklaverei oder auch bestimmte christliche Vorstellungen wie die Gnade, ich meine vielmehr die fundamentalen philosophischen Begriffe. Obgleich diese unendlich verschieden vom christlichen Denken sind, scheute sich Thomas nicht, sie zu benutzen – und umzuformen – und den »Philosophen« pro domo sua zu »kommentieren.«

Man muß zugleich darauf hinweisen, daß Thomas intellektuell vollkommen im Recht war, dies zu tun: Er führte nicht lediglich die akademische Arbeit eines Interpreten aus, sondern er erfüllte die theologische Aufgabe der Assimilation, nämlich einer Erläuterung der christlichen Wahrheiten, indem er das aristotelische Gedankengut adoptierte und in passender Weise umgestaltete. Er war nicht um eine aseptische »wissenschaftliche« Hermeneutik besorgt, sondern suchte nur die Wahrheit.[8]

Thomas folgte dabei nur dem traditionellen christlichen Verfahren aller Zeiten, das auf der Voraussetzung beruht, daß das Christentum die volle Wahrheit sucht und daß man durch die ›Verchristlichung‹ eines Wertes (in diesem Falle der Philosophie des Aristoteles) diesen Wert nicht verletzt, sondern ihn heller und reiner leuchten läßt. Er gedachte seinen Zeitgenossen das zu vermitteln, was Aristoteles sagen wollte, vielleicht nicht im psychologischen, wohl aber im ontologischen Bereich, sofern Aristoteles Wahrheiten ausdrücken wollte, die jenseits der Worte liegen.[9] Wenn der christliche Aristoteles des Thomismus, wie wir annehmen wollen, mehr Wahrheit besitzt als der historische, ist der wahre Aristoteles der des 13. Jahrhunderts.

Ich sagte oben »mutatis mutandis« aus mehreren Gründen. Der erste Grund, der sich aufdrängt, ist offensichtlich nicht zu meinen Gunsten. Ich wage nicht meinen Versuch, eine nicht-christliche Philosophie zu überdenken, mit den Leistungen des Divus Thomas zu vergleichen. Soweit es meine Person, meine Gedanken und Methoden betrifft, so kann ich mir nicht anmaßen, auch nur im entferntesten dem großen Scholastiker gleichzukommen. Aber es gibt noch eine andere Begründung, die mir zum Vorteil gereichen kann. Sieben Jahrhunderte menschlicher Erfahrung haben uns gelehrt, zu sehen, was der heilige Thomas, von seinem christlichen Drang angetrieben, erreicht hat, obwohl heute nicht alles, was er gesagt hat, akzeptierbar ist. Unsere Perspektive heutzutage ist jedoch anders, und wir besitzen neue Werkzeuge. Es ist sicher möglich, daß Thomas glaubte, den historischen Aristoteles wiederzubeleben (obwohl einige sehr deutliche Zeichen Anlaß geben, dieses zu bezweifeln). Wir sind uns in unserer Zeit dessen wohl bewußt, daß er es

[8] »Studium philosophiae non est ad hoc quod sciatur quid homines senserint, sed qualiter se habeat veritas rerum«, sagt *Thomas*, Aristoteles kommentierend, De Coelo 1,22.

[9] ›Sub verbis latent significata verborum‹ ist etwas, was der heilige Thomas nie vergaß. Sum. Theol. II–II, q. 8, a.1.

nicht getan hat, aus exegetischen, dialektischen und philosophischen Gründen. So enthält meine Deutung ein kritisches Verständnis der christlichen Dynamik, »alle Dinge neu in Christus zusammenzufassen.«[10] Wir sind uns heute kritisch der Tatsache bewußt, daß das christliche a priori, daß Christus der alleinige Vermittler und das Christentum die wahre Religion sei, an die Zeit, den Ort, die Kultur und ein bestimmtes menschliches Verständnis gebunden sind. Außerdem würde das philosophische und theologische Bewußtsein heute nicht mehr die Methode der spolia Aegyptiorum gutheißen: d. h., das christliche Recht und die Pflicht, die Erde und alle menschlichen und kulturellen Werte als ihnen (den Christen) in Ewigkeit vom Schöpfer hinterlassen zu betrachten. Jede christliche Reflektion heute muß ihren Ausgangspunkt neu bedenken und sich schließlich vor der Menschheit rechtfertigen.

Ich möchte wiederholen, daß meiner Meinung nach die Entdeckung von Śaṅkara und Rāmānuja für die heutige christliche Theologie zumindest ebenso wichtig ist, wie es die Assimilation von Platon und Aristoteles in früheren Zeiten war.

Minutis minuendis wage ich zu denken, daß ein Versuch wie meiner von der bemerkenswerten Begegnung des heiligen Paulus mit den Männern von Athen inspiriert und erleuchtet werden kann und seine Rechtfertigung von daher erhalten mag.[11] Dort war bekanntlich ein heidnischer Schrein für einen unbekannten und namenlosen Gott, und Paulus sagte, daß er genau den Gott verkündete, den sie, ohne ihn zu kennen, dort verehrten.[12] Es erübrigt sich zu sagen, daß es nicht eifrige ›Strategie‹ war, die den heiligen Paulus dazu veranlaßte, solch bedenkenswerte Worte zu sprechen und eine solche Haltung einzunehmen. Er hat nicht einen *anderen* Gott verkündet, sondern vielmehr das wahre Gesicht Gottes enthüllt. Nachdem er weiter gesagt hatte, daß Gott nicht weit von seinen Zuhörern entfernt sei, denn »in ihm leben wir, bewegen wir uns und sind wir«, konkretisierte er diese kühne Feststellung mit dem Ausspruch eines griechischen Dichters: »Denn auch wir sind seine Nachkommen.«[13] An dieser Stelle werden wir an einen Refrain der großen kosmologischen Hymne des Rig-Veda erinnert: »Welchen Gott sollen wir mit unserer Opfergabe verehren?«[14] Eine der möglichen Bedeutungen des Textes ist die des geheimnisvollen Wesens der Gottheit, die niemals voll erfaßt werden kann und der man sich folglich nur durch offenes

[10] Eph 1,10.

[11] Vgl. Apg 17,16–34.

[12] ὅ οὖν ἀγνοοῦντες εὐσεβεῖτε, τοῦτο ἐγὼ καταγγέλλω ὑμῖν.

[13] Eine Analyse dieses von *Aratus* (Phenomenes 5) verwendeten γένος, das vom heiligen Paulus aufgegriffen und akzeptiert wurde, wäre hier äußerst fruchtbar und aufschlußreich.

[14] RV X,121. Vgl. *R. Panikkar,* The Vedic Experience, 67–72.

Fragen angemessen nähern kann. Was auf dem Areopag eine Widmung im Dativ war, ist hier eine Frage im Dativ: Gott ist der ›Wem?‹ unserer Suche. Gott ist in allen Religionen wirksam: Das christliche Kerygma verkündet keinen neuen Gott, sondern die mirabilia Gottes,[15] deren Alpha und Omega das in Gott verborgene Christusgeheimnis ist.[16] Dies bedeutet, daß Christus noch nicht ›vollendet‹, noch nicht ›entdeckt‹ ist, bis der ›letzte Augenblick‹ oder das ›Ende‹ gekommen ist. Der Vorgang selbst hat noch ein offenes Ende.

Auf den Spuren des heiligen Paulus glauben wir nicht nur vom unbekannten Gott der Griechen sprechen zu können, sondern auch von dem *verborgenen Christus des Hinduismus* – verborgen und unbekannt und doch gegenwärtig und wirksam, da er einem jeden von uns nahe ist. Der heilige Paulus mußte gegen zwei verschiedene Fronten kämpfen, um die christliche Position zu verteidigen. Auf der einen Seite waren die Juden, die versuchten, selbst wenn sie konvertiert waren, das Christentum zu einer reformierten Sekte des Judentums zu machen.[17] Die Griechen auf der anderen Seite neigten dazu, das Christentum zu einer Art Gnosis oder zu einem Zweig griechischer Weisheit zu machen.[18] In beiden Fällen war der Kampf der gleiche – gegen den Versuch gerichtet, die Bedeutung Christi herabzumindern und ihn losgelöst vom zentralen Mysterium der Trinität zu interpretieren. Der heilige Paulus reagierte darauf, indem er zeigte, wie das Mysterium Gottes in Christus offenbart worden ist, und wie er – *der Pantokrator,* der Erlöser des Kosmos, der Anfang und das Ziel aller Dinge, der Erstgeborene, der Logos – zugleich Jesus, der Sohn Marias ist, gekreuzigt von den Menschen und von den Toten auferstanden, um die ganze Schöpfung zusammenzufassen und sie zu Gott dem Vater zurückzuführen, alle verstreuten Teile[19] der pilgernden Menschheit sammelnd, die noch voller Erwartung ist, da die Kinder Gottes noch nicht offenbar geworden sind.[20]

Am Ende möchte ich eine theologische Schlußfolgerung formulieren, die unmittelbar aus diesem christologischen Ansatz folgt: die Einheit Christi. Was immer Gott ad extra tut, geschieht durch Christus. So ist das Erkennen der Anwesenheit *Gottes* in anderen Religionen gleichbedeutend mit der Verkündigung des Wirkens Christi in ihnen, »denn in ihm hat alles Bestand«.[21]

[15] Dies ist ein in der Heiligen Schrift immer wiederkehrendes Thema; vgl. Ps 9,2; 25,7; 39,6; 70,17; 74,2; 97,1; etc.; Sir 42,17, etc.

[16] Vgl. Eph 3,9; Röm 16,25, etc.

[17] Die beiden Briefe an die Römer und die Galater sind die wichtigsten in diesem Kampf.

[18] Vgl. 1 und 2 Kor

[19] Vgl. Joh 6,12.

[20] Vgl. Röm 8,19.

[21] Kol 1,17.

GLOSSAR

Die Wörter sind dem Sanskrit entnommen, sofern keine näheren Angaben erfolgen.

adhyāsa	Übertragung, falsche Zuweisung (der Eigenschaften des Relativen auf das Absolute)
Advaita	Nicht-Zweiheit, eine nicht dualistische philosophische Sichtweise der Wirklichkeit, nicht mit Monismus zu verwechseln
aham	Ich, das absolute Ich
ahaṃkāra	Ich-Prinzip, individuelle Ich-Zentriertheit, Egoismus
ajñāna	Unwissenheit
ānanda	Freude, Glück(seligkeit)
antaryāmin	der innere Lenker, das selbst, das von innen führt
anumāna	(Schluß)-folgerung, ein Erkenntnismittel *(pramāna)*
arthāpatti	Implikation
asya	›Des‹ (Gen.)
ātman	das Selbst
ātmavāda	Lehre, die die Existenz des Selbst annimmt
avatāra	›Herabstieg‹, Inkarnation Vishnus in Tier- oder Menschengestalt
avidyā	Unwissenheit (der eigentlichen Wirklichkeit)
avyakta	nicht-offenbar
bandha	Fessel (Unerlöstheit)
Bhagavān	›Erhabener‹, der Herr (der allgemeinste Gottesname)
bhakta	Anhänger, Gläubiger
bhakti	Liebe Gottes, Frömmigkeit, Hingabe
bhāsya	Kommentar
bhedābheda	Philosophie der Unterscheidung und Nicht-Unterscheidung (zwischen Gott und Welt)
bindu	›Tropfen‹, Punkt, kosmologisches Prinzip
Brahman	das Absolute, der Welt-Grund
buddhi	Vernunft, Unterscheidungsfähigkeit
cit	Bewußtsein, Geist
citta	Denken, Verstand
darśana	Vision, Welt-Sicht, philosophisches System
dharma	universales kosmisches Gesetz, Ordnung, Religion
doxa	(Gr.) Herrlichkeit
dvaita	Dualität, Dualismus als philosophisches System
ens commune	(Lat.) allgemeines Sein, die abstrakte Idee von Sein, das allen Wesen gemein ist
ens realissimum	(Lat.) absolut wirkliches Sein (Gott)

ex nihilo	(Lat.) (Schöpfung) aus dem Nichts
extra ecclesiam nulla salus	(Lat.) ›außerhalb der Kirche kein Heil‹
filioque	(Lat.) die Auseinandersetzung um die Trinität zwischen der lateinischen und der griechischen Theologie, wobei die erste annimmt, daß der Hervorgang des Heiligen Geistes aus dem Vater ›und aus dem Sohn‹ geschieht
Guru	Meister, Lehrer
Hiraṇyagarbha	›Der goldene Keim‹, kosmologisches Prinzip im Veda, später mit dem Schöpfer (Brahmā) gleichgesetzt
Homöomorphismus	(Gr.) Theorie, die in der vergleichenden Religionswissenschaft Anwendung findet, um funktionelle Gleichwertigkeiten in zwei oder mehreren Religionen aufzudecken
idam	›Das‹, die Welt
iṣṭadevatā (iṣṭadeva)	Der ›erwählte‹ Gott, den jemand verehrt, der persönlich bevorzugte Gott
Īśvara, īśa	der Herr, Gott
janmādi	Ursprung etc. (Erhaltung und Zerstörung)
jijñāsā	Verlangen nach Wissen, Drang nach der befreienden Erkenntnis (des Absoluten)
jīva	das individuelle Selbst
jñāna	Erkenntnis, höhere Weisheit
jñānin	der Weise
kaivalya	›Isolation‹, Abgeschiedenheit (letztes Ziel des Yoga-Systems)
kāraṇa	Ursache
karma	Akt, Handlung, Folgen vergangener Handlungen
kenosis	(Gr.) Entäußerung, Leerwerdung, Erniedrigung (Christi)
kerygma	(Gr.) Botschaft, Verkündigung (des Wortes Gottes)
kleśa	Leid, Unglück des Selbst
kosmotheandrisch	(Gr.) Drei-Einheit von Welt, Gott und Mensch
manas	Verstand
mantra	Vers des Veda, heiliges Wort, Gebet
māyā	göttliche Kraft, Illusion, Weltillusion
mokṣa	Befreiung, Erlösung
mumukṣutva	das Verlangen nach Befreiung
naiṣkarmya	Nichthandeln, Handeln frei von dem Verlangen nach etwas
nāma-rūpa	Name und Form, Charakterisierung des endlichen Seins

neti neti	›Nicht so und auch nicht so‹ als Hinweis auf die endgültige Wirklichkeit oder das Selbst, das nur in der Negation zum Ausdruck gebracht werden kann
nirguṇa	(Brahman) ohne Eigenschaft
nirvāṇa	Erlöschen, Befreiung (hauptsächlich im Buddhismus)
Orthopraxie	(Gr.) richtiges Handeln
Pantokrator	(Gr.) der Herrscher des Alls, Bezeichnung für Christus und auch für Gott
paramā gati	höchstes Ziel
pāramārthika	die höchste Ebene des Absoluten
Parameśvara	der höchste Herr, Gott
pariṇāmavāda	Lehre von der Schöpfung als Umwandlung (der Ursache zur Wirkung)
pramāṇa	Erkenntnismittel
praṇava	die heilige Silbe *OM*
prasthāna	Grundlage, Ausgangspunkt
prasthāna-traya	die drei maßgebenden Texte des Vedānta (Upanishaden, Bhagavad-Gītā, Brahma-Sūtra)
Purusha	*(puruṣa)* der Ur-Mensch, Person
Puruṣottama	höchster Purusha, Gott
ratio	(Lat.) Verstand
res significata	(Lat.) die bezeichnete Wirklichkeit
ṛṣi	Weiser, Seher (des Veda)
śabda	Wort
saccidānanda	Brahman als Sein (*sat*), Bewußtsein (*cit*) und Glückseligkeit (*ānanda*)
saguṇa	(*Brahman*) mit Eigenschaften
śakti	göttliche Macht, schöpferische Kraft Gottes, hypostasiert als weibliche Gottheit
saṃhāra	Zerstörung, Untergang (der Welt und Ende einer kosmischen Periode)
sampradāya	Tradition, religiöses System und Gemeinschaft, die einer Tradition folgen
saṃsāra	Welt, Kreislauf
saṃskāra	›Sakrament‹, Riten im Zusammenhang mit dem Lebenszyklus
sanātana dharma	›Ewige Religion‹, die Hindu-Orthodoxie
sat	Sein
satkārya-vāda	Schöpfungslehre, wonach die Wirkung (die Welt) bereits in der Ursache präexistiert
sensus plenior	(Lat.) ›vollerer Sinn‹, tiefere Bedeutung (eines heiligen Textes)
skambha	Säule, Stütze des Universums

sophia	(Gr.) Weisheit
sṛṣṭi	Schöpfung, Emanation
śruti	›Gehörtes‹, Offenbarung des Veda, heilige autoritative Schriften des Hinduismus
sthiti	Dasein, Erhaltung (der Welt)
sūtra	lit. ›Faden‹, kurzer Aphorismus
svarūpalakṣaṇa	wesentliche Definition
taṭasthalakṣaṇa	nebensächliche Definition
Tempiternity	(Lat.-engl.) Einheit von Zeit und Ewigkeit
upamāna	Analogieschluß, ein Erkenntnismittel (*pramāna*)
vāc	das Wort, Stimme, heiliges Prinzip im Veda
Viśiṣṭādvaita	Lehre der ›qualifizierten Nicht-Zweiheit‹, Vertreter: *Rāmānuja*
vivartavāda	Schöpfungslehre, die besagt, daß die Welt eine illusorische Manifestation ist
vyāvahārika	weltliche Realität, relative Ebene